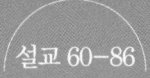

설교 60-86

마이스터 에크하르트의 중세 고지高地 독일어 작품집 Ⅲ

M. 에크하르트 지음
이부현 역주 / 부산가톨릭대학교 부설 인문학연구소편

메타노이아

Meister Eckhart. Deutsche Werke Band 3 (ISBN 978-3-17-002740-4)
Copyright © 1977/2003/2023 W. Kohlhammer GmbH, Stuttgart.

All rights reserved. No part of this book may be used or reproduced in any manner whatever without written permission except in the case of brief quotations embodied in critical articles or reviews.

Korean Translation Copyright 202* by **METANOIA**
Korean edition is published by arrangement with **W. Kohlhammer GmbH**
through **BC Agency, Seoul**

이 책의 한국어판 저작권은 BC에이전시를 통해
저작권사와 독점 계약한 '메타노이아'에 있습니다.
저작권법에 의해 보호를 받는 저작물이므로 무단 전재와 복제를 금합니다.

MEISTER ECKHART

Die deutschen und lateinischen Werke

Herausgegeben im Auftrage der Deutschen Forschungsgemeinschaft

Die deutschen Werke

Herausgegeben und übersetzt von
JOSEF QUINT

Dritter Band

*

Predigten Dritter Band

W. KOHLHAMMER VERLAG

MEISTER ECKHARTS

PREDIGTEN

Herausgegeben und übersetzt

von

JOSEF QUINT

*

DRITTER BAND

W. KOHLHAMMER VERLAG

- 일러두기 -

* 번역문 사이사이에 등장하는 ( ) 안의 숫자는 번역본의 원전 Meister Eckhart, Die deutschen Werke Meister Eckharts Predigten, hrsg. und übersetzt von Josef Quint, Bd. Ⅲ, Stutt-gart·Berlin: Verlag von W. Kohlhammer, 2000.-unveränderter Nachdruck.(이하에서는 DWⅢ로 줄임)의 쪽수임을 밝힌다.

* (-역자) 또는 (-퀸트)라는 표시는 역자 또는 이 책을 편집자이면서도, 중세독일어를 현대독일어로 번역한 퀸트가 임의로 삽입한 문구를 말한다.

* 각주는 퀸트가 단 각주 중에서 역자가 임의로 선정한 것이다.

* 각주에 역주라고 표시되지 않는 각주는 퀸트의 주이다.

* 역자의 역주도 상당부분 퀸트에 힘입고 있다.

* 설교 제목에 나오는 성경 인용은 에크하르트가 사용하고 있는 불가타판 70인역을 사용했다. 반면에 각주나 역주에 나오는 성경 인용은 https://www.catholic.or.kr/에서 끌고 왔다. 불가타판본과 https://www.catholic.or.kr/에 나오는 판본의 경우, 장과 절이 일치하지 않을 수도 있음을 밝힌다.

* Eckhart의 성경 인용문에 나오는 got(Gott)는 하느님으로 번역하고, 그 이외에는 신이라 번역했다.

* 그 이외 인용 문헌의 줄임표는 책 끝머리를 참조하기 바란다.

- 인사말 -

 본 연구소는 인문학의 지속적 발전을 위해 철학, 역사, 문학 전공자 중심으로 2002년에 설립되었다. 본 연구소는 정기 간행물 발간, 월례 집담회, 고전 독해, 각종 연구 프로그램 참여, 일반 시민 강좌, 동·서양 고전 번역 등의 주요 사업을 목표로 하여 연구 활동을 해왔다. 대부분의 사업이 성공적으로 수행되었으나, 동·서양 고전 번역 사업은 그동안 몇 권의 단행본을 출판하는 데 그쳤다.

 동·서양 고전 번역 사업을 2021년부터 다시 논의하여, M. 에크하르트의 『중세 고지 독일어 작품』 1-5권과 『라틴어 작품』 1-5권을 향후 10년간 연구번역 출판하기로 기획했다. 그 기획의 하나로 우선 2025년도까지 『중세 고지 독일어 작품』 1-5권을 번역 출판하기로 했다.[1] 1권은 『M. 에크하르트의 설교 1-24』, 2권은 『M. 에크하르트의 설교 25-59』, 3권은 『M. 에크하르트의 설교 60-86』(이상은 J. 퀸트Quint가 편집하고 현대독일어로 번역), 4-1권은 『M. 에크하르트의 설교 87-105』, 4-2권은 『M.

---

1) 서지 사항은 다음과 같다.
 Meister Eckhart, Die deutschen und lateinische Werke, Herausgegeben im Auftrage der Deutschen Forschungsgemeinschaft, Stuttgart·Berlin: Verlag von W. Kohlhammer, 1936ff.
 Abteilung Ⅰ: Die deutschen Werke,
 Bd. 1: Meister Eckharts Predigten(1-24) hrsg. von übersetzt von Josef Quint,1958.
 Bd. Ⅱ): Meister Eckharts Predigten(25-59) hrsg. von übersetzt von Josef Quint, 1971 - unveränderter Nachdruck, 1988.
 Bd. Ⅲ: Meister Eckharts Predigten(60-86) hrsg. von übersetzt von Josef Quint, 1976.
 Bd. Ⅳ-1: Meister Eckharts Predigten(87-105), hrsg. von übersetzt von G. Steert, 2002.
 Bd. Ⅳ-2: Meister Eckharts Predigten(106-117), hrsg. von übersetzt von G. Steert, 2018.
 Bd. Ⅴ: Meister Eckharts Traktate, hrsg. von übersetzt von Josef Quint,1963. - unveränderter Nachdruck,1987.

에크하르트의 설교 106-117』(이상 G. 슈티어Steer가 편집하고 현대독일어로 번역), 5권은 J. 퀸트가 편집하고 현대독일어로 번역한 『마이스터 에크하르트의 논고』이다.

2023년 10월에 1권 『M. 에크하르트의 설교 1-24』가, 그리고 12월에는 5권 『M. 에크하르트의 논고』 등이 메타노이아 출판사에서 출간되었다. 2024년에는 10월에 2권 『M. 에크하르트의 설교 25-59』가 메타노이아 출판사에서 출간되었다. 그리고 2025년 6월 중 3권 『M. 에크하르트의 설교 60-86』이 메타노이아 출판사에서 출간될 것이다.

그리고 2025년 12월 안으로 4-1권(『M. 에크하르트의 설교 87-105』)과 4-2권(『M. 에크하르트의 설교 106-117』)을 한 권으로 묶어 메타노이아 출판사에서 번역 출판할 계획이다. 『라틴어 작품』 1-5권의 번역 출판은 그 이후에 진행할 것이다.

M. 에크하르트의 연구번역 작업을 수행하고 있는 이부현교수께 감사드린다. 부디 계속 건강했으면 한다. 할 수 있는 만큼의 연구 지원을 다할 것이다. 이 번역 출판 기획이 제대로 진행되기를 하느님께 기도하겠다.

2025년 5월 18일
부산가톨릭대학교 부설 인문학연구소장

염 철 호 신부

- 머리글 -

이 책은 Meister Eckharts Predigten, hrsg. und übersetzt von Josef Quint, unveränderter Nachdruck, 2000. Bd. Ⅲ. in den deutschen und lateinischen Werke, herausgegeben im Auftrage der Deutschen Forschungsgemeinschaft, Stuttgart·Berlin·Köln·Mainz: Verlag von W. Kohlhammer.(이하에서는 DWⅢ으로 줄임)에 나오는 중세 고지(高地) 독일어 작품집 Ⅲ권의 원문과 주요 각주를 옮기고 있으며, 또 각주의 주요 부분을 참조하여 역자가 역주를 붙인 책이다. 이 작품은 모두 27개의 설교로 이루어져 있다.

중세 고지 독일어 번역이 가능했던 것은 순전히 J. 퀸트의 현대독일어 번역 덕분이다. 그의 현대 독일어본과 대조해가면서, 중세 고지 독일어 원문을 틈틈이 읽은 지는 벌써 29년이 넘었다. 하지만 언제나 다시 보면, 늘 제 자리에 서 있는 느낌이다. 그리고 M. O'C Walshe가 번역한 영어본(Meister Eckhart, Sermon & Treatise, Vol. Ⅰ, Ⅱ, Watkins, London 7 Dulverton, 1898-1976)도 본문을 이해하는 데나 역주를 붙이는데, 많은 도움을 주었다.

번역을 정확하고 꼼꼼하게 하려고 애쓰기보다는, 편안하고 즐거운 마음으로 하려고 노력했다. 그것이 에크하르트의 근본적인 사상에 부합하는 태도라 생각했다. 그래서 가능하면 단어 하나하나에 신경 쓰기보다는 전체 맥락에 따라, 그의 뜻을 옮겨 내는데, 초점을 맞추었다. 이 번역서는 어디까지나 후학들이 에크하르트를 읽는데, 조금이라도 도움이 되었으면 하는 생각에서 시작되었다. 앞으로 다른 번역자가 나와 완성도를 높여가기를 기대한다.

이 시대에 하필이면 왜 에크하르트인가? 그것도 최첨단 기술(AI) 시대에. 이 머리글은 이 시대에 우리가 어떻게 살아야 할 것인가? 에 대한 번역자 개인의 주관적인 시대적 고민을 담고 있을 뿐이다.

오늘은 정보화 사회(computerized society)가 된 지 오래다. 오늘은 인공 지능(AI)의 시대를 넘어서 인간 지능이 할 수 있는 모든 영역을 총괄하는 통합적 인공 지능(AGI, artificial general intelligence)의 시대로 넘어오고 있다. 우리는 인간의 감정과 사고방식 안에 숨어 있는 방대한 잠재적 패턴을 슈퍼컴퓨터에 저장하고, 그것에 학습 프로그램을 설치하여 슈퍼컴퓨터가 스스로 학습할 수 있게 하였다. 그래서 통합적 인공 지능은 어떤 영역에서도 우리의 물음에 어느 정도 해박하게 답할 수 있게 되었다.

특히 AGI는 확실한 데이터가 있는 영역, 곧 자연 과학과 기술(특히 컴퓨터)의 분야, 금융, 의학, 약학 영역의 일은 거의 오늘날 우리의 에이전트(agent)인 양, 에이전트 역할도 하고 있다. 그뿐만 아니라, 일상생활의 영역 가운데 일정한 패턴이 있는 모든 직업, 곧 컴퓨터 관련 업종, 언론, 광고업, 운수업, 여행업, 전화 서비스 일부 등의 일 대부분을 대신할지도 모른다. 그리고 2030년이 되면, 인간의 지적 능력이 할 수 있는 모든 영역의 일을 다 할 것이라고 일부 전문가는 말하고 있다.

그렇다고 사람의 모든 직업이 아예 없어지는 게 아니라, 급속하게 변화할 따름이다. 이때까지는 일정 수준의 전문 지식 또는 일정 수준의 전문 기술을 갖고 있으면, 꽤 괜찮은 임금을 받으면서 먹고 살 수 있었다. 그래서 학벌 위주의 사회가 형성되었다. 하지만 이제는 각자의 적성과 능력에 맞는 수준의 다양한 지식과 다양한 기술을 지니고 AI와 잘 협업할 수 있는 사람이 끌고 가는 사회가 될 것으로 예상된다. 물론 노동 시간도 대단히 줄어들 것이다.

전통적 의미에서 단순히 In-put 된 지식과 기술을 갖고, 그 지식과 기술을 out-put 하는 시대는 거의 끝났다. 비유하면, 우리는 전문 지식과 기술을 가지고 있는 의사에서 나름의 전문 지식과 사람과 이해하고, 사랑하는 공감 능력을 지니고 몸으로 일하는 건강한 간호사의 개념으로 직업이 전환될 것이다. 일정 지식을 가르치던 교사도 마찬가지다. 이제 교사는 학생들의 다양한 차이를 인정하고, 학생들과 소통하고 상담하면서, 친구처럼 지내는 역할로 넘어갈 것이다.

긍정적으로 생각한다면, 인간의 노동 시간이 급격히 줄어들 뿐만 아니라, 지식 위주의 수직적 계층 사회에서 공감 위주의 수평적 인간관계가 중시되고, 활동적인 건강한 몸(등산, 수영, 테니스, 여행 등)의 중요성이 부각 되는 시기가 오고 있다. 물론 기본 소득을 전제로 보편적 사회 복지 사회로의 전환도 필수적이다.

하지만 우리는 여태까지 대체로 일정한 직업을 갖고 일정한 성과를 내기 위해, 평생을 살아왔을 뿐, 자신만의 시간을 갖고 자기 나름의 삶을 주체적으로 살아온 경험이 별로 없기에, 기존 질서의 변화는 오랫동안 우리를 혼란스럽게 할 것이다. 더구나 AI의 발전을 통제도 예측도 할 수 없는 이 시점에서. 어떻게 살아야 할까?

인간이란 무엇인가? 역사란 무엇인가? 일이란 무엇인가? 지능이란 무엇인가? 인간의 뇌(brain)란 무엇인가? 학습이란 무엇인가? 지식이란 무엇인가? 민주주의란 무엇인가? 소통(communication)이란 무엇인가? 이성이란 무엇인가? 정신이란 무엇인가? 의지란 무엇인가? 믿음이란 무엇인가? 주체란 무엇인가? 자유란 무엇인가? 예술이란 무엇인가? 종교란 무엇인가? 창작이란 무엇인가? 전통적으로 우리가 사용해왔던 말마디들이 이제 다 혼미해졌다. AI의 등장과 함께 이 말마디의 의미들이 다 혼란에 빠지기 시작했다.

그런데 AI의 답변은 항상 추상적이다. 구체적이지 않고, 개별적이지도 않다. 0과 1의 언어를 가지고 소통하는 AI는 감각적으로 확실한 데이터를 바탕으로 하면 할수록, 그만큼 더 최상의 답변을 제공할 것이다. 하지만 인간의 삶은 항상 그때마다 변하는 구체적이고 개별적인 경험에 따른 그때그때마다의 결정을 바탕으로 한다. 내 생각도, 내 의지도, 내 감정도, 그리고 이를 포괄하는 끝을 알 수 없을 정도로 광활한 내 마음도 흐르는 강물처럼 끊임없이 변한다. 이것이 바로 변화무상한 인간의 지식과 삶의 모습이다.

AI는 먹고 살기 위해 인간이 하는 대부분의 일을 대신 해줄 것이다. 하지만 먹고 사는 것은 내가 인생을 제대로 살기 위한, 필요조건이 아닐까? 내 몸이 없으면, 나는 살 수 없다. 하지만 나는 몸만으로 살지 않는다. 몸은 내가 내 나름의 정체성을 갖고 삶을 살아내기 위한 필요조건이 아닐까? 인간은 빵만으로 살지 않는다. 그렇다면 구체적인 나의 삶을 의미 있고, 행복하게 해주는 충분조건은 무엇일까?

눈에 보이는 물질적이고 유형적인 게 오늘날 우리 삶을 지배하고 있다. 권력과 명예를 위한 표장(表裝)인 얼굴과 몸매, 좋은 학벌, 좋은 집, 좋은 차, 좋은 옷, 좋은 직장 등이 우리 삶의 목표이다시피 되어 있다. 하지만 여기에 매몰되어 있는 한, 행복은 없다. 왜냐하면, 우리는 끊임없이 그것들을 추구하다가 죽기 때문이다. 일만 하다 죽기 때문이다. 언제 우리는 쉴 수 있을까? 잠자는 시간이 쉬는 시간일까?

AI는 쉬지 않는다. 잠을 자지도 먹지도 않는다. 감정도 의지도 없다. 그래서 정신적 외상도 내상도 없다. 계속 일만 한다. 그것도 상상을 초월하는 엄청난 속도로. 한마디로 일의 화신(化神)이다. 그래서 끊임없이 정보를 저장하고, 학습하고 생산한다. 하지만 그와 반대로 인간이 삶의 의미와 기쁨을 느끼고 살려면, 편히 쉬어야 한다. 마음이 편해야 편히 쉬는 것이다. 인간이 삶의 의미를 깨닫고 행복해지는 방식은 편히 쉬는 데 있다. 어떻게 하면, 편히 쉴 수 있을까?

오늘날은 정보 전쟁의 시대이다. 정보는 돈이니까 그렇다. 그런데 그 많은 정보가 인간이 삶의 의미와 행복을 깨닫는데, 도움이 될까? 그렇지 않다. 오히려 정보에서 초연할 때, 인간은 삶의 의미와 행복을 깨닫는 법이다. 그래서 선사들은 언어도단(言語道斷)을 말하고 있다. 곧, 언어의 길을 잘라버리라고 말하고 있다. 많은 정보는 오히려 인간의 자기 이해를 더욱 가로막고 있기 때문이다. 실제로 오늘날 우리는 어느 시대보다 정보가 많지만, 인간의 자기 이해는 더욱 더 오리무중(五里霧中)에 빠져 있다.

오히려 우리는 더욱 더 단순해져야 한다. 노자 말대로 주어진 것에 '만족'하고 스스로 그러한 자연(自然)의 모습대로 살아야 한다. 그래서 땀 흘러 밭을 갈고, 힘겹게 아이들을 낳아, 키우고, 저녁에는 가족들과 화덕에 둘러앉아 즐겁게 식사하고, 감사기도를 드리고 편히 잠을 자야 한다. 어쩌면 우리는 생명과 함께 사는 농부로 다시 돌아가야 한다. 평생 빨리 습

득해 써먹을 수 있을 수 있는 지식이 아닌 사서삼경(四書三經) 같은 책을 읽고, 산과 들을 돌아다니면서 계절의 변화를 느끼면서 살아야 한다.

그렇다면, 최첨단 AGI 시대의 수많은 정보를 거부하고 살아야 할 것인가? 그렇지 않다. 거부할 수도 없고, 거부할 필요도 없다. 오히려 자기의 고유한 능력과 관심에 따라 AGI와 지적 협업을 하고 살아야 한다. 하지만 그것만으로 인간의 삶의 문제가 해결되지는 않는다는 걸, 제대로 이해하고 살면 된다. AGI의 급격한 발전에 휘둘리지만 않고 사는 유연한 마음이 중요하다. 필요하면 우리는 AGI를 사용하되, 여전히 우리에게 주어진 인간의 길을 가면 된다. 어느 시대보다 인간은 자기 정체성을 갖고 자신의 길을 묵묵히 걸어가야 한다. 그렇다면, 인간의 길이란 무엇인가?

예컨대 나는 이 시대에 다시 M. 에크하르트를 데리고 오고 싶다. 그를 동무 삼아 인생을 살고 싶다. 그는 우리에게 감각적 경험에 바탕에 두는 모든 지식과 감각적인 모든 행복에 초연하라고 말하고 있다. 그는 그런 것을 "버리고 떠나있어라." "그냥 손에 놓아두고 있어라."라고 말하고 있다. 곧, 그런 것에 휘둘리지 말라는 것이다. 그럴 때, 그는 우리가 감각적 정보와 경험에서 비롯되는 것과 전적으로 다른 기쁨과 행복, 그리고 만족을 경험한다고 말한다. 후자의 경험을 느끼고 자유롭게 살아가는 게 인간이 걸어가야 할 길이 아닐까?

그는 감각적 경험과 정보를 시간에 따른 것, 공간에 따른 것이라 말하고 있다. 오늘날 시간과 공간은 감각적인 대상 세계를 측정하는 추상적인 측정 지표로 주로 이해되고 있다. 하지만 우리는 시간도 공간도 잊어버린 채, 놀이에 빠지고, 일에 빠지고, 책에 빠지고, 음악에 빠지고, 사랑에 빠진다. 그럴 때 우리는 감각적 경험과 전적으로 다른 차원의 경험을 한다. 에크하르트의 말로 하면, 우리는 '영원'을 경험한다. 이 전적으로 다른 경험의 영역을 고·중세 서양사람들은 '이성'(신학적 용어로는 영성)의 영역, '정신'의 영역이라 불렀다.

눈에 보이지 않지만 내가 감각적 사물 세계에서 초연해질 때, 나에게 느닷없이 다가오는 정신적 경험이 가능한 걸 미루어 볼 때, 정신적 세계가 우리에 앞서 미리 주어진 것이라고 고·중세 사람들은 생각했다. 왜냐하면, 우리는 이러한 정신적 세계를 우리 쪽에서 만들어낼 수 없기 때문이다. 그러한 세계는 그냥 주어지기 때문이다. 그러한 세계에 대한 경험이 그냥 주어진다면, 우리가 할 수 있는 일은 그러한 경험을 받을 수 있도록 시간과 공간 그리고 감각적 경험에 사로잡혀 있는 나라는 그릇을 말끔하게 비우면 된다.

나라는 그릇을 말끔히 비우는 게 M. 에크하르트의 말로 하면 바로 '휴식'(requies)이다. 그는 우리가 편하게 휴식할 때, 신이 내 영혼 가운데 탄생한다고 말한다. 그래서 나도 내 영혼 가운데서 신을 낳는다고 말한다.

내가 신이고, 신이 내가 된다고 말한다. 신의 것이 나의 것이고, 나의 것이 신의 것이라고 말한다. 신은 자신인 바와 자신의 것 전부를 갖고 나와 하나이게 된다고 말한다. 이는 인간의 정신적 경험의 측량할 수 없는 충만함을 표현하는 말로 해석할 수 있다.

유형적이고 물질적인 경우, 나는 하나하나씩 충족시킬 수밖에 없다. 목이 마르면 물을 마신다. 배가 고프면 밥을 먹는다. 잠이 오면 잔다. 좋은 옷을 입고 싶으면 입는다 등등으로 하나씩 충족시킬 수밖에 없다. 하지만 정신적 경험의 경우, 내가 편하게 휴식하면, 나는 즉각적으로 전적으로 다른 정신적 경험이 한방에 주어진다. 만약 내가 불안하면, 그와 반대의 정신적 경험이 한방에 주어진다. 유형적 경험은 하나하나씩(부분 부분적으로) 가능하지만, 정신적 경험은 한방에 전체가 주어진다(頓悟).

그런데 우리는 편안한 휴식과 불안 사이를 왔다 갔다 한다. 그래서 우리는 다양한 정신적 경험을 하고 산다. 그 까닭에 『금강경』은 '어디에도 머물지 않고 마음을 낳아라.'(應無所住而生其心)라고 말하고 있다. 어디에도 메이지 않고, 생각하고 행동한다면, 우리는 다시 인생의 풍부한 의미와 행복을 느끼게 될 것이다.

이러한 모든 깨달음은 개별적이고 구체적이다. 객관성을 표방하는 정보가 아니라, 개별적이고 구체적인 깨달음이 삶을 충만하게 해줄 것이다. 따라서 나의 삶도 지극히 개별적이고 구체적이다. 나는 나의 삶에서 비롯하는 나의 구체적이고 개별적인 경험에 따라 살아야 한다. 그 방식은 내가 '휴식' 가운데 사는 것이다. 곧, '도구적인 것'에 그다지 구애되지 않고 사는 것이다.[1]

에크하르트를 다년간 같이 읽고 같이 토론에 참여하고 계시는 불교 계통의 철학 선생님, 그리스도 계통의 신학·철학 선생님들, 문학 전공 선생님, 역사학 전공 선생님, 환경 공학 전공 선생님 등 여러 선생님께 진심으로 감사드린다.

물심양면으로 이 번역 사업에 도움을 주신 인문학연구소장 염철호 신부께 감사드린다. 그리고 어려운 상황에서 이 책의 출판을 흔쾌히 맡아주신 메타노이아 출판사의 정현정 사장님과 권서용 선생님께 감사드린다. 또한 공부만 할 수 있도록, 평생 나에게 세심하게 마음을 써준 아내에게 고마운 마음 전하고 싶다.

2025년 5월 18일
부산가톨릭대학교 인문학 연구소에서

역자 이 부 현

---

1) 필자가 사용하는 '도구적인 것'이란 말마디의 의미는 깨나 포괄적이다. '삶을 이해하고 삶의 태도를 와 관계하는 이성'이 아닌 '도구적이고 계산적인 이성'(AGI도 이에 해당함)을 포함하여, 몸, 경제적 기반, 정치적 기반 등 인간 삶에 없어서는 안 되는 삶의 필요조건에 해당하는 모든 것을 지칭하는 말이다. 이들은 삶의 필요조건이지, 충분조건은 아니다. 한마디로 필자는 삶의 필요조건이 너무 절대시 될 때, 인간의 삶이 극도로 피폐해짐을 말하기 위해 '도구적인 것'이란 말을 사용하고 있다.

제4부 / 작품집 Ⅱ의 텍스트와 이 4부의 텍스트(작품집 Ⅲ)를 꼼꼼하게 대조해보고, 작품집 Ⅰ, 작품집 Ⅱ, 작품 Ⅴ 그리고 라틴어 작품집들과의 주의 깊은 검토를 통해 에크하르트의 참된 작품으로 인정된 설교들

05 일러두기

06 인사말

08 머리글

---

24 **설교 60**(Pf. 45, QT 45)
나는 모든 것에서 안식처를 찾고 있었다.
In omnibus requiem quaesivi

---

32 **설교 61**(Sievers 25, Evans Ⅱ 45)
주님의 자애가 땅에 가득하네.
Misericordia domini plena est terra etc.

---

40 **설교 62**(Pf. 55, QT 48)
하느님은 부자를 위해 가난한 사람을 만드셨다.
Got hât die armen gemachet durch die rîchen.

---

47 **설교 63**(Jundt 7)
하느님은 사랑이시다.
Deus caritas est, etc.

---

55 **설교 64**
영혼은 신과 하나이지, 신과 하나로 결합된 것이 아니다.
die sele die wirt ain mit gotte vnd nit veraint.

---

60 **설교 65**
하느님께서는 사랑이십니다. 사랑 안에 머무르는 사람은 하느님 안에 머무르고 ….
Deus caritas est et qui manet in caritas in deo ….

68 **설교 66**

잘하였다. 착하고 성실한 종아, 네가 작은 일에 성실하였으니,
네 주인의 기쁨으로 들어서거라.
Euge serve bone et fidelis, quia super pauca fuisti fidelis,
intra in gaudium domini tui.

80 **설교 67**(Jundt 9)

하느님은 사랑이십니다. 사랑 안에 머무르는 사람은 하느님 안에
머무르고 하느님께서도 그 사람 안에 머무르십니다.
Got ist diu minne, und der in der minne wonet, der wohnet in gote
und got in im.

88 **설교 68**(Pf. 69)

하느님의 나라가 가까이 온 줄 알아라.
Scitote, quia prope est regnum dei.

99 **설교 69**(Pf. 69)

조금 있으면 너희는 나를 더는 보지 못할 것이다.
Modicum iam non videbitis me.

112 **설교 70**(Pf. 41, QT 53)

조금 있으면 너희는 나를 더는 보지 못할 것이다.
Modicum et non videbitis me etc.

120 **설교 71**(Pf. 19, QT 37)

사울은 땅에서 일어나 눈을 떴으나 아무 것도 볼 수가 없었다.
Surrexit autem Saulus de terra apertisque oculis nihil videbat.

135 **설교 72**(Pf. 98, QT 56)

예수께서는 군중을 보시고 산으로 오르셨다.
Videns Jesus turbas, ascendit in montem etc.

145 **설교 73**(Pf. 73, QT 33)
하느님과 인간들에게 사랑받는 사람의 기억은 축복 속에서 이어진다.
하느님께서 그를 영광 안에 있는 성인과 걸맞게 하셨다.
Dilectus deo et hominibus, cujus memoria in benedicatione est.
similem illum fecit in gloria sanctorum.

153 **설교 74**(Pf. 86)
하느님과 인간들에게 사랑받았던 사람의 기억은 축복 속에서 이어진다.
하느님께서 그를 영광 안에 있는 성인과 걸맞게 하셨다.
Dilectus deo et hominibus, cujus memoria in benedicatione est.
similem eum fecit in gloria sanctorum.

165 **설교 75**(Pf. 86)
내가 너희에게 새로운 계명을 준다. 내가 너희를 사랑한 것처럼,
서로 사랑하여라.
Mandatum novum do vobis, ut diligatis invicem, sicut dilexi vos etc.

174 **설교 76**(Pf. 7, QT 35)
아버지께서 우리에게 얼마나 큰 사랑을 주시어 우리가 하느님의 자녀들이라
불리게 되었는지를, 그리고 우리는 하느님의 자녀이게 되었는지를 생각해보십시오.
Videte qualem caritatem dedit nobis pater, ut filii dei nominemur et simus.

186 **설교 77**(Pf. 49)
보라, 나는 나의 천사를 보낸다.
Ecce mitto angelum meum.

193 **설교 78**(Pf. 28)
가브리엘 천사가 보내졌다.
Missus est Gabriel angleus etc.

198 설교 79(Pf. 91, QT. 41)
하늘아, 환성을 올려라. 땅아, 기뻐 뛰어라.
Laudate caeli et exultet terra.
나는 세상의 빛이다.
Ego sum lux mundi.

205 설교 80(Pf. 97, QT. 55)
어떤 부유한 사람이 있었다.
Homo quidam erat dives.

212 설교 81(Pf. 97, QT. 55)
거세고 빠른 강의 물살이 하느님의 도성을 즐겁게 하네.
지극히 높으신 분의 처소(천막)를 성스럽게 하네.
Flumininis impetus laetificat civitatem Dei : sanctificavit taberculum suum Altissimus.

224 설교 82(Pf. 62, QT. 54)
이 아기가 과연 무엇이 될 것인가? 주님의 손길(손)이
그 아이와 함께 하시도다.
Quis, putas, puer iste erit? Etenim manus domini cum ipso est.

232 설교 83(Pf. 99, QT. 42)
정신이 새롭게 되어야 한다.
Renovamini spiritu.

241 설교 84(Par. an. 57, Evans II, 42)
소녀야, 일어나라.
Puella, surge.

247 설교 85(Par. an. 58, Evans II, 43)
소녀야, 일어나라.
Puella, surge.

251 **설교 86**(Pf 9, QT 28, Evans Ⅱ, 2)

예수께서 어떤 성으로 들어갔는데, 마르타라 불리는 어떤 부인이 자신의 집으로 주님을 맞아들였다.
Intrvit Jesus in quoddam castelum, et mulier quaedam, Martha nomine excepit illum etc.

274 **역자 후기**

310 **[참고] 인용 문헌 줄임표**

제4부

작품집 Ⅱ의 텍스트와 이 4부(작품집 Ⅲ)의
텍스트를 꼼꼼하게 대조해보고,
작품집 Ⅰ, 작품집 Ⅱ, 작품 Ⅴ
그리고 라틴어 작품집들과의 주의 깊은
검토를 통해 에크하르트의 참된 작품으로
인정된 설교들

설교 60(Pf. 45, QT 45)

나는 모든 것에서 안식을 찾고 있었다.
In omnibus requiem quaesivi

— 집회서 24, 11[1]

(10쪽) 이 성경 구절은 예수 시라크의 지혜서(집회서)에 쓰여 있다.[2] 이번 경우 우리는 집회서의 24장에 나오는 성경 구절을 영원한 지혜가 영혼과 속삭이는 대화로 해석해 보고자 한다.[3] "나는 모든 것에서 안식(ruowe)을 찾고 있었다."라고 지혜가 말하자, (11쪽) 영혼이 이에 "나를 창조하신 분이 내 천막에서 쉬었네."(집회서 24, 12)[4]라고 답한다. 셋째,

...

1) 참조. "나는 누구의 땅에 머물까 하고 이 모든 것 가운데에서 안식처를 찾고 있었다." 집회서 24, 7.
 *. 에크하르트는 라틴어 불가타(vulgata)판에 따라 성경의 장과 절을 인용하고 있다. 하지만 이 번역본은 가톨릭 Good News에 나오는 한국어판 성경에 따라 장과 절을 인용하고 있다. 따라서 그가 인용하고 있는 장과 절은 여기서 인용되는 장과 절이 서로 다를 수 있음을 밝혀 둔다.
2) 퀸트에 따르면, 이 성경 구절은 성모 승천 축일 미사의 독서에 나오는 것이다. 역주.
3) 에크하르트는 집회서 24장의 성경 구절을 자신이 하고 싶은 말을 하기 위해 임의로 변경시키고 있다. 역주.
4) 참조. "그때 만물의 창조주께서 내게 명령을 내리시고 나를 창조하신 분께서 내 천막을 칠 자리를 마련해 주셨다. 그분께서 말씀하셨다. '야곱 안에 거처를 정하고 이스라엘 안에서 상속을 받아라.'" 집회서 23, 8. 역자.

영원한 지혜는 "나의 안식은 거룩한 도읍에 있네."(집회서 24, 14)[5] 라고 말한다.

사람들이 나에게 무엇을 묻는다면, 나는 최선을 다해 그에 답해야만 할 것이다. 사람들은 (첫째-역자) 나에게 창조주께서 모든 피조물을 창조하셨을 때, (12쪽) 의도하신 것이 무엇인가 라고 묻는다면, 나는 '안식'을 의도하셨다고 답할 것이다. 둘째, 사람들이 만약 나에게 거룩한 삼위일체는 자신의 모든 작용 가운데서 도대체 무엇을 추구하는가 라고 묻는다면, 나는 '안식'이라고 답할 것이다. 셋째, 사람들이 나에게 영혼이 자신의 모든 운동 가운데서 무엇을 추구하는가 라고 묻는다면, 나는 '안식'이라고 답할 것이다. 넷째, 사람들이 나에게 모든 피조물은 자신들의 자연적인 욕망과 운동 가운데서 무엇을 추구하는가 라고 묻는다면, 나는 '안식'이라고 답할 것이다.[6]

(13쪽) 첫 번째, 우리는 신적 본성을 지닌 신적 얼굴이 모든 영혼의 욕망을 신적 본성을 향하여 미치고 넋이 나가도록 한다. 이는 영혼이 신적 본성으로 향하도록 하기 위함이다. 왜냐하면, 신적 본성 곧, '안식'은 신께 매우 맛나고 신의 마음을 매우 흡족하게 하기에, 신은 자신으로부터 이 '안식'을 바깥으로 드러내어 모든 피조물의 자연적 욕망을 자극해 신

---

5) 참조. "그분께서는 이처럼 사랑받는 도성에서 나를 쉬게 하셨다. 나의 권세는 예루살렘에 있다." 집회서 24, 11. 역자.
6) 참조. DW Ⅰ, 379쪽 8행 이하. : In Sap. n. 27.

자신으로 향하도록 하신다. 창조주께서는 '안식'을 자신으로부터 바깥으로 드러내어 모든 피조물을 '안식'을 갖고 형성하시기 위해, 자기 자신의 '안식'을 추구할 뿐만 아니라, 또한 창조주께서는 모든 피조물을 자신과 더불어 다시 최초의 원천 곧, '안식'으로 끌어들이고자 하신다. (14쪽) 그래서 신께서는 모든 피조물 가운데서 자기 자신을 사랑하신다. 신께서는 모든 피조물 가운데서 자기 자신에 대한 사랑을 추구하시듯이, 또한 자기 자신의 '안식'을 추구하신다.

두 번째, 거룩한 삼위일체는 '안식'을 추구하신다. 아버지께서는 아들 안에서 모든 피조물을 쏟아 내시고 형성하시는 가운데, 아들 안에 '안식'을 추구하신다.[7] 아버지와 아들은 영원한 측량할 수 없는 사랑이신 성령이 양자로부터 흘러나오는 가운데서 성령 안에서 '안식'을 추구하신다.

세 번째, 영혼은 모든 자신의 능력들과 운동에 있어서 '안식'을 추구한다. 우리가 그것을 의식하든 그렇지 않든 간에 관계없이, 우리가 안식을 추구하지 않고서는 결코 눈을 떴다 감았다 조차도 하지 않는다. (15쪽) 우리는 자신(자신의 안식-역자)을 방해하는 어떤 것을 자신에서부터 내밀어 내고자 하든지, 아니면 (16쪽) 자신이 안식을 누릴 수 있는 어떤 것으로 향하고자 한다. 우리는 이 두 가지의 것을 위해 모든 일을 행한다. 우리는 신과 닮은 것이 피조물 안에 없다면, 우리는 어떠한 피조물에도 사랑과 기쁨을 가질 수 없다고 나는 또한 자주 말해 왔다. 내가

---

7) 이때 아들은 모든 피조물의 '원형들'(이념들)을 내포하고 있는 아들이다. 참조. DW Ⅰ, 16쪽 3행 이하.

사랑하는 피조물은 무엇이든지 그 가운데 내가 신과 닮은 것을 가장 잘 인식하는 그런 피조물이다. 그런데 모든 피조물에 있어서 신과 가장 닮은 것은 안식 이외에 그 어떤 것도 없다.[8] 세 번째,[9] 우리는 그 가운데 신께서는 안식하시는 영혼은 어떠해야 하는지를 잘 알아야 한다. (무엇보다도-역자) 영혼은 순수해야 한다. 어떻게 영혼이 순수해질 수 있는가? - 영혼이 정신적인 사물에 몰두함으로써이다. (17쪽) 그렇게 하면 영혼은 고양된다. 만약 영혼이 더욱 더 고양되면 될수록, 영혼은 명상적 기도(andâcht)에 있어서 그만큼 더 순수해진다. 영혼이 명상적 기도에 있어서 더욱 더 순수해지면 순수해질수록, 영혼은 자신의 활동에 있어서 더욱 더 힘차게 된다.[10] 별들이 지상에 더 가까이 빛나면 빛날수록, 별들은 자신의 작용에 있어 더 미미하다고, 한 스승이 별들에 관해 말한다. 이는 별들이 최적의 거리에서 돌고 있지 않기 때문이다. 별들이 최적의 거리에서 도달할 때는 그것들이 가장 높이 떠 있을 때이다. 이때 우리는 지상에서 그 별들은 볼 수 없지만, (17쪽) 그 별들의 지상에 대한 작용은 가장 세차고 강력하다. 성 안셀무스는 (첫째,-역자) "(안식과 거리가 먼-역자) 편치 않은 외적인 일에서부터 좀 벗어나라."라고 영혼에게 말한다. 그는 둘째, "그대의 영혼을 (안식과 거리가 먼-역자) 편치 않게 하는 내적 생각의 소용돌이에서 달아나 숨어라." 라고 영혼에게 말한다. (19쪽) 그는 셋째, "참으로 우리가 신께 안식 이외 그 어떤 것도 제공해서는 안 된다."라고 영혼에게 말한다. 신께서는 금욕이나 기도, 그리

...

8) 참조. DW Ⅱ, 286쪽 7행 이하, 612쪽 10행 이하. : DW Ⅰ, 298쪽 1행 이하.
9) 이 경우, 세 번째는 앞에서 언급된 세 번째의 연장이다. 역주.
10) 참조. DW Ⅰ, 156쪽 6행 이하.

고 모든 고행을 눈여겨보시지도, 원하지도 않으신다. 안식과 반대되는 경우, 그러하다.[11] 신께서는 우리가 그분께 편안한 마음을 선사하는 것 이외, 어떤 것도 원하지 않으신다. 신께서는 영혼 가운데 아주 은밀하게 신적 작용을 하시기 때문에, 어떠한 피조물도 거기에 가담할 수도 엿볼 수도 없다. 심지어 우리 주님 예수 그리스도의 영혼조차도 그 안으로 결코 들여다 볼 수 없다. (20쪽) 영원한 지혜는 너무나 섬세하고, 너무나 광채에 빛나는 것이기에, 신만이 영혼 가운데 홀로 작용하시는 그곳에 어떠한 피조물들이 섞여드는 것을 참아내지 못한다. 따라서 영원한 지혜는 어떠한 피조물이 거기로 들여다보는 것을 참지 못한다. (21쪽) 우리 주님께서 "나는 나의 여자 친구를 광야로 데려가서 그녀의 마음에 말하고자 한다."라고 말씀하신다.[12] 곧, 자신의 여자 친구를 모든 피조물에서 벗어난 광야로 데려간다고 말씀하고 계신다. 안셀무스는 넷째, "영혼은 신 가운데 안식해야 한다."라고 말하고 있다. 그래서 만약 영혼 가운데로 들어서는 것이 어떠한 척도(mâze)를 갖고 파악되는 것이라면, 신은 영혼 가운데 신적 작용을 할 수 없다. 척도는 어떤 것을 자신 속에 받아들여야 할 것인가, 어떤 것을 자신 바깥으로 내보내야 할 것인가를 정하는 기준이다. 하지만 신적 작용은 이와 같지 않다. 신적 작용은 한계가 없고, 신적 계시에 있어서 닫혀 있지 않은 채, 모든 것을 포함하고 있다. 따라서 (22쪽) 다윗은 "신께서는 케루빔 위에 좌정하고 계신다."라고 말하고 있지만(시편 80, 2),[13] 세라핌 위에 좌정하고 계신다고 말하

---

11) 참조. DW V, 247쪽 1행 이하, 429쪽 1행 이하.
12) 참조. "그러나 이제 나는 그 여자를 달래어 광야로 데리고 가서 다정히 말하리라." 호세아서 2, 16. 역자.

고 있지 않다.[14] 케루빔은 지혜 곧, 인식을 뜻한다.[15] 인식은 신을 영혼으로 그리고 영혼은 신으로 데려간다. 하지만 인식은 영혼을 신 안으로까지는 데려가지는 못한다. 따라서 신께서는 자신의 신적 작용을 인식 속에서 행하지 않으신다. 왜냐하면, 인식은 영혼 가운데서 척도에 둘러싸여 있기 때문이다. 오히려 더 나아가 신께서는 신으로서 신적으로 영혼에 작용하신다. (그래서 인식이 영혼을 신께로 데리고 간 다음에-퀸트) 최상위의 능력이 모습을 드러낸다. - 그 최상위의 능력이 바로 사랑이다.[16] - 이 최상위의 능력이 신 안으로 꿰뚫고 들어가 인식과 모든 영혼의 능력들과 함께 영혼을 신 안으로 데려가서 영혼을 신과 하나로 결합시킨다. 거기서 신께서는 영혼의 능력 위에서 작용하시는데, 영혼 안에서가 아니라, 신 안에서 신적으로 작용하신다. (23쪽) 거기서 영혼은 신적 본성에 흠뻑 젖어 신적 본성에 세례받게 된다. 그 가운데 영혼은 신적 생명을 받고 신적 질서를 수용한다. 따라서 영혼은 신에 따라 질서 지워진다. (24쪽) 우리는 스승들이 자연에 관해 서술하는 것으로부터 이를 다음과 같이 쉽게 설명할 수 있다. 곧, 아이가 어머니의 몸속에 수태되면, 그 아이는 일정한 사지와 외양을 지닌다. 그러나 만약 영혼이 신체 속으로 쏟아 부어지면, 그 아이가 최초로 가졌던 형태와 외양이 사라진다. (25쪽) 그리고 어떠한 통일성을 지니게 된다. - 이는 영혼 때문에 그러하다. - 그리고 영혼에 의해 다른 모습과 영혼의 생명에 따라 또

• • •
13) 참조. "이스라엘의 목자 시여, 귀를 기울이소서, 요셉을 양 떼처럼 이끄시는 분이시여. 커룹들 위에 좌정하신 분이시여, 광채와 함께 나타나소서." 시편 80, 2. 역주.
14) 케루빔은 지혜와 관계하고, 세라핌은 사랑과 관계한다. 역주.
15) 참조. DW II, 216쪽 6행 이하.: DW I, 317쪽 4행 이하.
16) 여기서 에크하르트는 통상적 경우와 달리 사랑을 지혜 위에 놓고 있다. 역주.

다른 외양을 갖게 된다. 이런 몸에 대한 논의는 영혼에도 그대로 해당한다. 만약 영혼이 전적으로 신과 하나 되고, 신적 본성 가운데서 세례받게 되면, 영혼은 모든 자신의 장애와 무능력 그리고 불안정을 잃어버리고 신적 생명 덕분에 완전히 새롭게 태어난다. 그리고 자신의 모든 삶의 방식과 덕이 신적 방식과 신적 덕에 따라 질서 지워진다. 이를 다음과 같은 촛불에 관한 이야기로 쉽게 설명할 수 있다. 곧, 촛불은 처음에 심지에서 타오를 때, 시커멓게 그을음이 나지만, (26쪽) 불꽃이 심지에서부터 더 높이 타올라 가면 갈수록, 불꽃은 더욱 더 밝아진다. 이같이 영혼이 자신을 넘어 더 높이 올라가면 갈수록, 영혼은 더욱 더 순수하게 되고 더욱 더 투명하게 되고, 신은 영혼 가운데서 더욱 더 완전하게 자신의 신적 작용을 신적으로 행하실 수 있게 된다. 만약 산이 땅으로부터 2마일 정도 높게 솟아 있다면, 그리고 우리가 그 산 위의 먼지나 모래에 글자를 쓴다면, 바람도 비도 이 글자를 훼손하지 못할 정도로 이 글자는 온전히 머물러 있을 것이다. 따라서 올바르게 정신적인 사람은 올바른 평화 가운데서 온전히 드높여져 있어야 하며, 신적 작용에 있어서 아무런 동요 없이 머물러야 한다.[17] 정신적인 사람은 쉽게 고뇌에 빠지고, 화내고 초조해지는 것 등을 부끄럽게 여긴다.[18] 그러한 사람은 참으로 정신적인 사람일 수 없기 때문이다.

네 번째, 모든 피조물은 본성적 욕구에 따라 안식을 추구한다. 그것

---

17) 참조. DW I, 120쪽 7행 이하.
18) 참조. DW V, 59쪽 21행 이하.

들은 알든 모르든 그렇게 한다. 모든 피조물은 이를 자신의 작용에서 입증하고 있다. 돌이 땅바닥에 놓이기 전까지는, 땅으로 끊임없이 떨어지고자 하는 운동을 돌로부터 **빼앗을** 수 없다.[19] 이와 같은 것을 불도 행한다. 불은 위로 타오른다. 모든 각각의 피조물은 자신의 자연적 자리를 추구한다. (28쪽) 이런 점에서 모든 피조물은 신적 안식과 유사한 것을 드러내고 있다. 신께서 모든 피조물에 투사한 신적 안식과 유사한 것을 드러내고 있다.

(29쪽) 신이시여, 우리가 신적 안식과 똑같은 것을 추구하고, 그것을 신에서 찾을 수 있도록 우리를 도우소서. 아멘.

• • •
19) 참조. DW V, 39쪽 1행 이하.

작품집 Ⅱ의 텍스트와 이 4부의 텍스트를 꼼꼼하게 대조해보고, 작품집 Ⅰ, 작품집 Ⅱ, 작품 Ⅴ
그리고 라틴어 작품집들과의 주의 깊은 검토를 통해 에크하르트의 참된 작품으로 인정된 설교들

설교 61(Sievers 25, Evans II 45)

주님의 자애가 땅에 가득하네.
Misericordia domini plena est terra etc.

− 시편 33, 5[20]

(35쪽) 다윗 왕은 "주님의 자애가 땅에 가득하네."(시편 33, 5)[21]라고 말하고 있다. 이에 대해 성 아우구스티누스는 이 땅이 비탄과 고통으로 가득 차 있기에, 주님의 자애가 이 땅에 가득하지만, 하늘나라에는 어떠한 고통도 없기에, 주님의 자애가 없다고 말하고 있다.[22] 따라서 다윗 왕은 "우리 주님 말씀의 권능으로 하늘이 세워졌고, 그분의 입술의 숨결로부터 하늘의 모든 능력이 도래했네."(시편 33, 6)[23]라고 말하고 있다. 이에 대해 성 아우구스티누스는 하늘에 계신 아버지의 말씀은 (그분에 의해−역자) 낳아진 외아들이며, (36쪽) 입술의 숨결은 성령이라고 말하고

• • •
20) 참조. "그분은 정의와 공정을 사랑하시는 분, 주님의 자애가 땅에 가득하네." 시편 33, 5. 역자.
21) 퀸트에 따르면, 이 설교는 삼위일체 축일 미사 때 행해졌다. 그리고 뒤이어서 나오는 로마서 11, 33은 이 축일 미사의 독서에 나온다. 그리고 아우구스티누스가 주석하고 있는 시편 33, 5는 이 축일의 입당송에 나온다. 그리고 뒤이어 나오는 시편 33, 6이 이 설교의 주된 내용을 이룬다. 역주.
22) Augustinus, En. in Ps. 32 Sermo 2 n. 4, PL 36, 287.

있다. 따라서 이 성경 구절은 오늘 거룩한 삼위일체 축일에 잘 들어맞는다. 왜냐하면, 이 성경 구절에서 우리는 거룩한 삼위일체를 이해할 수 있기 때문이다. 곧, 다윗이 "하늘이 세워졌다."라고 말할 때, (하늘이 세워지라고 말씀하시는-역자) 말씀에 있어서 아버지의 권능이 드러나고, 다윗이 '아버지의 말씀으로'라고 말할 때, 아들의 지혜가 드러나고, 다윗이 "입술의 숨결로부터 하늘의 모든 능력이 도래했네."라고 말할 때, 성령의 선성(güete)이 드러나기 때문이다. 성 바오로가 탈혼 상태로 제3의 하늘로 올라가서 우리가 말로써 도무지 표현할 수 없는 그런 것을 보고는 큰 소리로 "오, 하느님의 풍요와 지혜는 높으십니다. 당신의 판단은 헤아리기 어렵고, 당신의 길은 알아내기 정녕 어렵습니다."[24]라고 말했을 때, 그는 이를 잘 알고 있었을 것이다. (37쪽) 성 아우구스티누스는 성 바오로의 이 말을 해석하여, 그가 탈혼 상태로 제3의 하늘로 올라간 것은 영혼에 있어서 3가지 종류의 인식을 의미하는 것이라고 말한다. 첫 번째 종류의 인식방식은 우리가 감각적 오관을 갖고 인식할 수 있는 피조물에 대한 인식이다. 그리고 인간을 마주 보고 있는 모든 대상에 대한 인식이다. 그 가운데서는 우리는 신을 제대로 인식하지 못한다. 왜냐하면, 모든 피조물은 감각적이고 거칠기 때문이다. 두 번째 인식은 정신

● ● ●

23) 참조. "주님의 말씀으로 하늘이, 그분의 입김으로 그 모든 군대가 만들어졌네." 시편 33, 6. 에크하르트는 불가타판 성경에 나오는 시편 32. 6을 인용하고 있다. 불가타판 성경에 나오는 시편 32, 6은 다음과 같다. "Verbo Domini caeli firmati sunt, et spiritu oris eius omnis virtus eorum" "주님의 말씀으로 하늘들이 세워졌고, 주님 입술의 숨결로 하늘들의 모든 능력이 만들어졌다."로 번역할 수 있다. 따라서 에크하르트가 인용하고 있는 성경 구절과 우리가 가톨릭 굿 뉴스에서 인용하고 있는 성경 구절은 서로 다를 수 있음을 밝혀둔다. 역주.
24) 참조. "오! 하느님의 풍요와 지혜와 지식은 정녕 깊습니다. 그분의 판단은 얼마나 헤아리기 어렵고 그분의 길은 얼마나 알아내기 어렵습니까?" 로마서 11, 33. 역자.

적 인식이다. 우리는 인식 대상이 현재 있지도 않은데도, 무엇인가 인식할 수 있다. 마치 내가 이전에 만난 본 동무가 1천 마일이나 멀리 떨어져 있는데도, 나는 그 동무를 머리에 떠올릴 수 있다. 나는 기억의 도움을 받아 그 동무를 인식할 수밖에 없다. 예컨대 그의 옷이나 그의 모습이나 그를 만난 장소와 시간에 대한 기억을 통해 그를 인식할 수밖에 없다. 이런 인식 역시 거칠고 또한 질료적이라서, 이런 인식에 있어서 우리는 신을 인식할 수 없다. 우리는 장소나 (38쪽) 시간 그리고 모습 등을 갖고 신을 인식할 수 없다. 제3의 하늘은 순수한 정신적 인식 가운데 성립한다. 거기서는 영혼은 모든 물질적 대상으로 현존하는 사물과 유형적 사물들로 완전히 벗어난다. 거기서는 우리는 소리 없이 듣고, 질료 없이 인식한다. 거기서는 흰색도 검은색도 붉은색도 없다. 이러한 순수한 인식 가운데서 영혼은 본성상 하나이며 위격에 있어 셋인 그러한 신을 온전히 인식한다. 이러한 인식에 관해 성 요한은 "빛은 이 세계(신적 이념의 세계-역자)에 온 모든 사람을 비춘다."라고 말하고 있다(참조. 요한 1, 9).[25] 여기서 그는 (이 성경 구절을 쓸-퀸트) 그 당시의 자신이 인식한 지적 상태를 반영하고 있다. (39쪽) 우리는 (요한의-퀸트) 이 말을 그가 신 이외 아무것도 인식하지 않았다. 그리고 모든 것을 신적으로 (곧, 신 가운데 존재하는 이념적 세계로-퀸트) 인식했다는 말로 그리고 이러한 인식 속으로 들어서는 모든 사람은 참으로 빛을 받을 것이고, 그 이외 다른 사람은 결코 그렇게 되지 못할 것이라는 말로 순수하게 이해해야 한다. 그러므로 그는 '이 세계(신적 이념의 세계-역자)에 온 모든 사람'

⋯
25) 참조. "모든 사람을 비추는 참빛이 세상에 왔다." 요한 1, 9. 역자.

이라고 말하고 있다. 만약 그가 이러한 세계를 지상적이고 질료적인 세계라고 생각했다면, 요한이 말하는 이 세계는 참이 아닐 것이다. 왜냐하면, 이러한 세계 가운데는 맹목적인 사람과 나쁜 죄인들이 많기 때문이다. 오히려 그는 그 가운데서 자신이 거룩한 삼위일체를 인식했던 그러한 순수 인식을 염두에 두었을 것이다. 삼위일체 가운데서 신인 "말씀은 시원 안에 계셨고, 말씀은 신과 함께 나란히 계셨고, 말씀은 신이다."(참조. 요한 1, 1)[26] 이에 대해 아우구스티누스는 만약 요한이 그 이상으로 더 많이 말했다면, 아무도 그를 이해하지 못했을 것이라고 말하고 있다.[27] 이것이 바로 제3의 하늘이다. 거기서 성 바오로는 탈혼 상태에 빠졌던 것이다. 따라서 다윗 왕은 "우리 주님 말씀의 권능으로 하늘이 세워졌다."라고 말하고 있다. 욥은 또한 "하늘은 마치 하늘이 구리 틀에 부어 만들어진 것처럼, 단단히 세워졌네."라고 말하고 있다.(욥 37, 18)[28]

우리는 하늘에서 다음을 주목해야 한다. 곧, 하늘은 확고하게 지속적이고, 순수하고, 모든 것을 자신 속에 지니고 있고, 풍성히 열매 맺는다는 등의 4가지를 배워야 한다. 신께서 그곳에 거주하시는 하늘이고자 하는 사람은 이러한 하늘과 같아야 한다. (첫째-역자) 우리는 하늘이 그러한 것처럼 확고하게 지속적이어야 한다. 좋은 글들에 따르면, 좋은 사람에게 (바깥에서-역자) 닥쳐오는 일은 그 좋은 사람을 변화시키지 않

∙∙∙
26) 참조. "한 처음에 말씀이 계셨다. 말씀은 하느님과 함께 계셨는데 말씀은 하느님이셨다." 요한 1, 1. 역자.
27) 참조. Augustinus, In Joh. tr. 2. c. 1 n. 2, PL 35, 1389.
28) 참조. "그분과 함께 하늘을 펴실 수 있단 말입니까? 부어 만든 거울처럼 단단한 저 하늘을?" 욥기 37, 18. 역자.

는다. (41쪽) 한 동무의 의지는 자기 동무의 의지와 함께 하나의 의지이다. 따라서 신과 함께 하나의 의지를 갖는 사람도 이와 온전히 같다. 곧, 악과 선, 기쁨과 슬픔 등 모든 것은 그에게 하나이다. 따라서 우리 주님은 "반석 위에 지은 집은 무너지지 않는다."라고 말씀하신다(마태오 7, 24).[29] 좋은 글에 따르면, 지상에서 2마일이나 3마일 위에는 어떠한 비도 우박도 바람도 없는 법이다. 그곳은 너무나 고요하여 우리가 모래 위에 글자를 쓴다고 하더라도, 그 글자는 (비 등에 의해-퀸트) 훼손되지 않고, 온전히 머물러 있을 것이다. (42쪽) 여기서 너무나 쉽게 변하고 흔들리는 사람은 죄들로 인해 얼마나 신과 멀리 떨어져 있는지를 우리는 알 수 있다.

두 번째, 우리는 하늘에 있어서 하늘의 순수성과 투명성을 배워야 한다. 이는 우리가 물에 있어서 알 수 있는 것과 같다.[30] 만약 물이 흐리다면, 우리가 그 물 위에 드리우는 것이 물에 선명하게 모습을 드러내지 못할 것이다. 왜냐하면, 물은 흙과 뒤엉켜 있기 때문이다. 그러나 만약 물이 맑고 흙과 뒤엉켜 있지 않다면, 우리가 그 위에 드리우는 것이 물에 선명하게 모습을 드러낼 것이다. 이런 논의는 우리에게도 그대로 해당한다. 우리가 지상의 사물들과 뒤섞여 있다면, 우리는 신의 순수성과 투명성을 인식하지 못할 것이다. 하지만 예언자(확인 불가-역자)는 우리의 순수성은 신의 순수성에 비하면, 불순한 것 같다고 말한다. (43쪽)

---

29) 참조. "그러므로 나의 이 말을 듣고 실행하는 이는 모두 자기 집을 반석 위에 지은 슬기로운 사람과 같을 것이다." 마태오 7, 24. 역자.
30) 참조. DW II, 81쪽 4행 이하, 603쪽 4행 이하.

따라서 성 베른하르트는 "눈이 그러한 것처럼, 왜 손은 태양을 인식하지 못하는가? 영혼이 모든 지체에 다 현존하는 데도 도대체 왜 그러한가?"라고 묻는다.[31] 이는 손은 눈처럼 순수하지 않기 때문이다. 만약 손이나 발이 눈이 그러한 것처럼 해들을 자신 안에 받아들일 수 있다면, 손이나 발도 눈처럼 해들을 잘 인식할 것이다. 왜 귀에는 단맛이 입에서처럼 잘 느껴지지 않고, 왜 입에는 달콤한 노래와 멜로디가 귀에서처럼 잘 들리지 않는가? 이는 각각이 다른 목적으로 형태지워졌기 때문이다. 신체적인 사람이 정신적인 사람처럼 왜 정신적인 것을 잘 인식하지 못하는가? 이도 온전히 앞의 논의와 같다. 만약 신체적 감각으로 정신적인 것을 인식하고 맛을 느끼고자 하는 것은 잘못된 것이며, 오류에 빠지는 것이다. 여기서 나는 이에 대해 더는 말하지 않겠다. (44쪽) 하지만 이교도 스승(아리스토텔레스—역자)이 좋은 사람도 인생의 절반을 죄인들과 마찬가지로 보낸다. 곧, 잠을 자면서 지낸다고 말하고 있다. 나쁜 사람도 자면서 죄나 좋지 않은 일을 행하지 않는다. 좋은 사람도 또한 그렇게 한다. 그런데 좋은 사람은 나쁜 사람보다 앞서는 것이 하나 있다. 곧, 좋은 사람은 꿈에 좋은 것을 꿈꾼다. 이것이 순수한 사람의 확실한 징표다. 만약 어떤 나쁜 것이 그의 꿈속에 나타난다면, 그는 꿈속에서 그것에 대항하여 싸운다. 이것은 그 사람이 깨어 있을 때 그것을 극복했다는 징표이다. 그러나 우리가 꿈속에서 그 나쁜 것을 기꺼이 즐긴다면, 우리는 깨어 있을 때 그것을 극복하지 못했다는 징표이다.

...

31) 참조. Bernhard v. Clairvaux, In Cant. Sermo 31 n. 2(Ed. Cist. t. 1 220쪽 15행 이하).

세 번째, 하늘은 모든 것을 포섭하고 자신 속에 그 모든 것을 지닌다. 우리는 사랑 가운데 모든 것을 자신 가운데 지닐 수 있다. 곧, 동무와 적 등 모든 것을 자신 속에 지닐 수 있다. (45쪽) 우리는 신 가운데서 동무를 사랑하고, 신의 사랑을 위해 적을 사랑할 수 있다. 그리고 신이 창조한 모든 것이 신계로 우리를 이끄는 한, 우리 주님이신 신의 관점에서 그것들을 사랑할 수 있다.

네 번째, 하늘은 풍성히 열매 맺는다. 곧, 하늘은 모든 작용을 돌보고 도운다. 그래서 하늘은 집을 지을 때, 목수보다 더 많은 일을 행한다. (46쪽) (다섯째, -퀸트) 하늘은 우리 주님의 옥좌이다. 그래서 성경은 "하늘은 옥좌이며, 땅은 발판이다."라고 말하고 있다(이사야 66, 1).[32] 이교도 스승(아리스토텔레스-역자)은 시간도 장소도 질료도 없다면, 모든 것은 하나일 것이라고 말하고 있다. 질료는 영혼에는 똑같은 하나의 존재(ein wesen)에 차이를 만든다.[33] 그래서 영혼은 『아가(雅歌)』에서 "초가 인장에 찍히듯이, 나를 당신께 찍어 주세요."라고 말하고 있다.(아가 8, 6)[34]

...

32) 참조. "주님께서 이렇게 말씀하신다. '하늘이 나의 어좌요 땅이 나의 발판이다. 너희가 나에게 지어 바칠 수 있는 집이 어디 있느냐? 나의 안식처가 어디 있느냐?" 이사야 66, 1. 역자.
33) 보편적 인간성의 관점에서 보면, 인간은 차이 없는 하나의 존재이다. 하지만 모든 인간은 질료로 인해 각기 다른 개별적 인간이 된다. 질료는 차이를 낳는 개별화의 원리이다. 역자.
34) 참조. "인장처럼 나를 당신의 가슴에, 인장처럼 나를 당신의 팔에 지니셔요. 사랑은 죽음처럼 강하고 정열은 저승처럼 억센 것, 그 열기는 불의 열기 더할 나위 없이 격렬한 불길이랍니다." 아가 8, 6. 역자.

(47쪽) 좋은 신이시여, 우리에게도 이런 일이 일어나도록 우리를 도우소서. 아멘.

설교 62(Pf. 55, QT 48)

하느님은 부자를 위해 가난한 사람을 만드셨다.
Got hât die armen gemachet durch die rîchen.

- 잠언 22, 1[35]

(56쪽) 신께서는 부자를 위해 가난한 사람을 만드시고, 가난한 사람을 위해 부자를 만드셨다.[36] 신께서 그대들에게 빌린 것이 있다면, 신께서는 그것을 그대들에게 되돌려 주실 것이다. 많은 사람은 신을 믿는다(an got gloubet)고 말하지만, 신을 신뢰하지 않는다(engloubet niht). 우리가 신을 신뢰하는 것보다 신을 믿는 것이 훨씬 더 대단한 일이다. 우리는 어떤 사람에게 5실링을 빌려주고는 그 사람이 그것을 되돌려 줄 것이라고 그 사람을 신뢰하지만, 그 사람을 믿지는 않는다. 신을 우리

---

35) 참조. "서로 마주치는 부자와 가난한 이 이들을 모두 지으신 분은 주님이시다." 잠언 22, 2. 역자.
36) 이 설교는 구체적인 성경 텍스트를 갖고 말하고 있지 않다. 아마도 짧은 강의나 저녁 무렵의 강화일 것이다. 그리고 "하느님은 부자를 위해 가난한 사람을 만드시고, 가난한 사람을 위해 부자를 만드셨다."라는 말은 인간은 부유하기 위해 먼저 가난해야 한다. 또는 가난해지면 부유하게 된다는 것을 말하기 위해 인용하고 있는 듯 하다.

가 믿으면서도 그분이 빌려준 가난을 그분이 되갚아 주실 것이라고 그분을 왜 신뢰하지 못하는가?[37] (57쪽) 모든 것을 손에서 놓은 사람은 백 배나 되돌려 받을 것이다. 그러나 백 배나 받을 것을 의도하는 사람에게는 아무것도 주어지지 않을 것이다. 왜냐하면, 그는 모든 것을 포기하지 않고, 백 배를 다시 받고자 하기 때문이다. 하지만 우리 주님은 모든 것을 포기하는 사람에게 백 배나 주실 것이라고 약속하신다.(마태오 19, 29)[38] 만약 우리가 모든 것을 손에서 놓아버린다면, 우리는 백 배나 받고, (덤으로-역자) 영원한 생명도 받을 것이다.[39] (58쪽) 포기의 결과가 비록 우리에게 주어진다고 하더라도, 이런 이유 때문에 포기하는 사람들은 여전히 모든 것을 포기한 사람이 아닐 것이다. 따라서 이러한 사람에게는 아무 것도 주어지지 않을 것이다. 신 가운데 그것이 지식이든, 인식이든, 기도든, 그것이 무엇이든 간에, 어떤 것을 추구하는 사람은 그것을 발견하게 되겠지만, 신을 보지는 못할 것이다. 그리고 비록 내가 철저하게 추천하는 지식·인식·내면성 등을 찾는다고 하더라도, 그것들이 그에게 머물러 있지 않을 것이다. (59쪽) 그러나 만약 우리가 아무것도 추구하지 않는다면, 우리는 신을 보고, 그분 가운데 있는 모든 것을 보게 될 것이고, 또 그것들이 우리에게 머물러 있을 것이다.[39]

---

37) 참조. Augustinus, En. in Ps. 77 n. 8, PL 36, 988.
38) 참조. "그리고 내 이름 때문에 집이나 형제나 자매, 아버지나 어머니, 자녀나 토지를 버린 사람은 모두 백 배로 받을 것이고 영원한 생명도 받을 것이다." 마태오 19, 29. 역자.
39) 참조. DW II, 26쪽 3행 이하.

우리는 아무것도 추구하지 않아야 한다. 인식(verstân)도 지식(wiz-zen)도 내면성도 안식도 추구하지 않아야 한다. 오히려 신의 의지만 유일하게 추구해야 한다.[40] 이렇게 사는 것이 옳기에 이렇게 사는 영혼은 신께서 자신에게 그분의 신성 전부를 주시기를 바라지도 않고, 마치 신께서 자신에게 한 마리 모기를 주는 것인 양, 신성 전부를 받음으로써 위로를 받으려고 하지도 않을 것이다.[41] 신 인식은 신의 의지 바깥에서는 아무 것도 아니다. 신의 의지 가운데는 모든 것과 어떤 것(이념적인 것-역자)이 있으며, 이 모든 것은 신의 마음에 들며, 완전한 것이다. (60쪽) (반면에-역자) 신의 의지 바깥에서는 모든 것은 존재하지 않으며, 신의 마음에 들지 않으며, 불완전하다.[42] 우리는 소멸하는 것들을 위해 기도하지 말아야 한다. 하지만 우리가 어떤 것을 위해 기도하고자 한다면, 우리는 오직 신의 의지만을 위해 기도해야 한다. 그 이외 다른 것을 위해 기도하지 말아야 한다. 그러면 모든 것이 그에게 주어질 것이다. 하지만 우리가 (신과는-역자) 다른 것을 위해 기도한다면, 우리에게 아무 것도 주어지지 않을 것이다.[43] 신 가운데는 하나 이외 그 어떤 것도 없다. 하나는 불가분적(不可分的)이다. (61쪽) 만약 우리가 하나가 아닌 어떤 다른 것을 취한다면, 그 어떤 다른 것은 가분적(可分的)이며 하나가 아니다. "신은 한 분이시다."(갈라티아, 3, 20)[44] 만약 우리가 여전히

---

40) 참조. DW Ⅰ, 100쪽1행 이하. : DW Ⅴ 218쪽 9행 이하.
41) 참조. DW Ⅱ, 435쪽 13행 이하.
42) 참조. LW Ⅳ. 66쪽 5행 이하.
43) 참조. DW Ⅴ, 22쪽 5행 이하.
44) 참조. "중개자는 한 분만의 중개자가 아닙니다. 그런데 하느님은 한 분이십니다." 갈라티아 3, 20. 역자.

어떤 다른 것을 찾고 그것을 염두에 둔다면, 그 어떤 다른 것은 신이 아니라, 가분적인 것이다. 신의 의지 바깥에서 안식이든 인식이든 그 밖의 무엇을 추구하든, 그러한 추구는 자신을 위한 것이며, 무에 지나지 않는다. 우리가 오로지 신의 의지만을 추구한다면, 우리에게 신의 의지로부터 흘러나오거나 계시되는 것 무엇이든지 우리는 신의 선물로 받아들여야 한다. 그리고 결코 그것이 자연에서 비롯되었는가 또는 신의 은총에서 비롯되었는가 또는 어디에서부터 또는 어떠한 방식으로 있게 되었는가 하는 것에 대해 눈여겨보거나 어떠한 생각을 하거나 하지 말아야 한다. (62쪽) 우리는 이런 것에 전혀 신경을 쓰지 않아야 한다.[45] 이런 일이 우리에게 잘 이루어지면, 우리는 소박한 그리스도인의 삶을 살아야 한다. 그리고 우리는 기이한 행적에 신경을 쓰지 말아야 한다.[46] 우리는 신으로부터 오직 하나만을 받아들여야 한다. 무엇이 우리에게 닥치든지 우리는 그것을 우리의 최상의 선물로 여기고 받아들여야 한다. 그리고 혹시 그것이 내적으로든 외적으로든 우리에게 장애가 되지 않을까 하는 생각에서 오는 두려움 없이 그렇게 해야 한다. 우리가 무엇을 하든 우리가 자신 속에 신적 사랑만을 발견하는 한, 그것만으로 충분하다.

많은 사람은 고통 또는 무엇인가 큰 일이 닥칠 때, 그들은 그것이 신의 의지라는 것을 내가 알기만 한다면, 나는 그것을 기꺼이 견디고 버틸 터인데 라고 말한다. 신이시여, 그들을 축복하소서! 아픈 사람이 그가

---

45) 참조. DW V, 307쪽 2행 이하.
46) 참조. DW V, 251쪽 10행 이하, 258쪽 7행 이하.

아파야 하는 것이 신의 뜻인지 아닌지 묻는다면, 이는 기이한 물음이다. 그는 자신이 아플 때, 그것이 신의 의지라는 것을 확신해야 한다.[47] 우리는 다른 모든 일에서도 그러해야 한다. 따라서 우리는 우리에게 닥치는 무슨 일이든 순수하고 단순하게 신으로부터 받아들여야 한다. 그런데 많은 사람은 그들에게 내적이든 외적이든 좋은 일이 생겼을 때, 신을 찬미하고 신을 열심히 믿는다. 그래서 그들은 "나는 올해 열 마지기의 옥수수와 아주 많은 포도를 수확했다. 나는 신을 확고하게 믿는다."라고 말한다. "그대는 옥수수와 포도를 아주 제대로 믿고 있구나."라고 나는 말할 수밖에 없다.[48]

영혼은 너무나 위대하고 너무나 높은 선을 위하여 창조되었다. 그 때문에, 영혼은 어떠한 방식으로도 편히 쉴 수 없다. 영혼은 모든 방식을 넘어서 신이신 영원한 선 - 이 영원한 선을 위해 영혼이 창조되었다 - 에 도달하기 위해 항상 서두를 수밖에 없다.[49] 하지만 우리는 거칠고 격정적인 마음으로는 그곳에 도달할 수 없다. 이 격정적인 마음가짐에 있어서 우리는 무엇을 해야 한다, 또는 무엇을 하지 말아야 한다는 경직된 생각에 사로잡히게 된다. 오히려 우리는 참된 겸손 가운데서 부드러운 마음으로 영원한 선에 도달할 수 있다. 우리는 자신과 자신에 닥쳐오는 모든 것에서 풀려나 있는 참다운 자기 자신의 부정 가운데 이 영원한 선에 도달할 수 있다. (65쪽) 따라서 우리는 어떤 대가를 치르더라도, 이것

⋯

47) 참조. DW Ⅰ, 61쪽 7행 이하.
48) 참조. DW Ⅰ, 274쪽 1행 이하.
49) 참조. DW Ⅰ, 81쪽 11행 이하. : DW Ⅴ, 251쪽 8행 이하.

을 꼭 하고 싶다고 말하지 말아야 한다. 이는 옳지 못하다. 왜냐하면, 그런 생각과 행위 가운데서 우리는 자기 자신을 고수하고 있기 때문이다. 만약 우리에게 우리를 고통스럽게 하고 괴롭히고 불안하게 하는 것이 닥쳐온다면, 이도 또한 그릇된 것이다. 왜냐하면, 이 경우에 (이런 모든 것의 원인은-역자) 우리가 자기 자신을 주장하고 있기 때문이다. 우리의 내면에서 우리를 공격하는 어떠한 것이 우리에게 일어난다면, 우리는 신에게서 내적으로 조언을 받을 수 있도록 겸손하게 신 아래 머리를 숙이고 부드러운 신뢰 가운데서 자신에게 닥쳐오는 모든 것을 받아들여야 한다. 그러면 우리는 제대로 될 것이다. 우리가 충고하거나 가르칠 수 있는 모든 것의 요지는 "우리는 충고받도록 자신을 내려놓아야 하며, 오직 신만을 바라보아야 한다."라는 것이다. 비록 우리가 여러 가지 다른 말로 이를 표현하고 있지만, 그러하다. (66쪽) 우리가 우연적인 것들에 눈을 두지 않고, 스스로 우리의 의지를 신을 위해 완전히 포기하고, 은총이든 외적이든 내적이든 또는 그 밖의 무엇이든, 다 똑같이 신으로부터 받아들이는 것이 양심을 제대로 정돈되도록 하는 데 도움을 줄 것이다. 신에 있어 (신과 다른-역자) 어떤 것을 눈여겨 보는 사람은 신을 보지 못한다. 의로운 사람은 신을 필요로 하지 않는다. 내가 (이미-역자) 갖고 있는 것을 나는 필요로 하지 않는 법이다. 의로운 사람은 무엇을 위해 일하지 않는다. 그는 모든 것을 거들떠보지도 않는다. (67쪽) 곧, 그는 (이미-역자) 신을 갖고 있기에, 무엇을 위해 일할 필요가 없다.[50] 신은 인간을 아득히 넘어서 있는 그만큼, 신은 인간이 받아들일 준비가 되어 있는 것보다도 훨씬 전에 주고자 하는

...

50) 참조. DW Ⅰ, 113쪽 1행 이하.

준비를 다 마치고 계신다.[51] 따라서 우리는 우리가 많이 단식하고 많은 외적인 일을 했다는 것을, 성장하는 좋은 삶의 지표로 여기지 말아야 한다. 오히려 우리가 성장하고 있다는 것에 대한 확실한 징표는 우리가 더욱 더 영원한 것을 기꺼워하고, 더욱 더 소멸하고 마는 사물로부터 멀어지는 것이다.[52] 만약 어떤 사람이 1백 마르크를 갖고 있다면, (68쪽) 그리고 그것을 신을 위해 기부하여 수도원을 하나 지었다면, 이는 대단한 일이다. 그러나 나는 우리가 (1백 마르크를—역자) 우습게 보고, 아무 것도 아닌 것으로 여기는 쪽이 훨씬 더 대단하고 훨씬 더 좋은 일이라 생각한다.[53] 우리는 우리가 하는 모든 일에 있어서 자신의 의지를 신께로 돌리고, 오직 신만을 생각해야 한다. 그리고 자신이 올바르게 살고 있는지 그리고 자신이 의롭지 못한 어떤 일을 하는 것인지 아닌지에 대한 생각에서 비롯되는 두려움을 갖지 말고 앞으로 나가야 한다.[54] 왜냐하면, 화가가 첫 붓질에 있어서 그 다음에 따라올 모든 붓질에 대해 다 생각하고자 한다면, 그는 아무 것도 하지 못할 것이기 때문이다. 만약 어떤 사람이 어떤 도시로 가고자 하는데, 어떻게 첫발을 떼야 할지를 (계속—역자) 생각하고 있다면, (69쪽) 그는 한 걸음도 옮기지 못할 것이다. 따라서 우리는 첫 (생각)에 따라 앞으로 나아가야 한다. 그러면 우리가 가고자 하는 곳에 다다르게 될 것이다. 이는 옳은 태도이다.

---

51) 참조. DW II, 296쪽 13행 이하.: DW V, 280쪽 10행 이하.
52) 참조. DW II, 139쪽 2행 이하.
53) 참조. DW I, 71쪽 1행 이하.: DW V, 300쪽 9행 이하.
54) 참조. DW V, 263쪽 6행 이하.

설교 63(Jundt 7)

하느님은 사랑이시다.
Deus caritas est, etc.

-1요한 2, 1[55]

(74쪽) 우리는 이 나라에서 오늘 성 요한이 쓴 편지글을 읽는다. 성 요한은 "하느님은 사랑(die mynne)이십니다. 사랑 안에(in der mynne) 머무르는 사람은 하느님 안에 머무르고 하느님께서도 그 사람 안에 머무르십니다."(1 요한 4, 16)[56] 이제 나는 "하느님은 사랑이십니다. 사랑 안에 머무르는 사람은 하느님 안에 머무르고 하느님께서도 그 사람 안에 머무르십니다."라고 말한다.[57] 여기서 나는 하느님은 사랑(minne)이라

- - -

55) 참조. "하느님께서 우리에게 베푸시는 사랑을 우리는 알게 되었고 또 믿게 되었습니다. 하느님은 사랑이십니다. 사랑 안에 머무르는 사람은 하느님 안에 머무르고 하느님께서도 그 사람 안에 머무르십니다." 요한의 첫째 편지, 4, 16. 역자.
56) 퀸트에 따르면, 삼위일체 축일 이후의 첫 주일 미사의 독서에 나오는 요한의 서간문이다. 역주.
57) 한국어로 말하면, 성 요한이 말하는 말이나 에크하르트가 말하는 말은 똑같다. 보통 'Got ist diu minne'(하느님은 사랑이십니다)에서 사랑(minne) 앞에 정관사 diu가 있다. 그러나 사랑 앞에 정관사를 붙이면, 많은 사랑 가운데 일종의 특정 사랑을 가리킬 수 있는 위험이 있다고 에크하르트는 생각하고 있다. 그에 따르면, 신의 사랑은 많은 사랑 가운데 특정한 하나의 사랑이 아니라, 유일한 하나인 사랑이다. 이를 강조하기 위해 에크하르트는 diu minne라고 하지 않고, 그냥 minne라고 말하고 있다.

고 말한다.[58] 내가 이렇게 정관사를 빼고 그냥 사랑이라고 말하는 목적은 우리가 (구별 없는-퀸트) 하나(ain)에 머물게 하기 위한 목적이다. 이제 주목하라! 만약 "우리가 신은 사랑(diu mynne)이다."라고 말할 경우, 사랑은 단지 하나가 아니라 많은 종류의 사랑이 있기에, 그리고 우리가 신을 하나의 특정 사랑으로 말할 수도 있기에, 신은 어떠한 사랑인가라는 물음이 제기될 수도 있다. 그때, 우리는 하나(ain)로부터 멀어질 수밖에 없다. 따라서 우리가 하나(ain)에 머물기 위해, 나는 [여러 가지 사랑을 가능하게 할 수 있는 정관사(diu)를 빼고-역자] 그냥 "신은 사랑(mynne)이다."라고 말한다. 나는 네 가지 근거로 이렇게 말하고 있다.

첫 번째 근거는, 다음과 같다. 곧, 피조물이 신을 사랑하기를 욕망하게끔, 신은 자신의 사랑을 갖고 모든 피조물로 내달려 가신다. 누군가 신이 무엇인가 라고 나에게 묻는다면, 나는 "모든 피조물이 신께로 다시 내달리게끔, 신은 자신의 사랑을 갖고 모든 피조물로 내달리는 하나의 선(ein gût)이다."라고 지금 답변할 것이다. 그분은 피조물이 그분께로 내달려 오는 것을 매우 흡족해 하신다.

두 번째 근거는 다음과 같다. 모든 피조물은 자신의 사랑을 갖고 신께

...

그래서 성 요한의 말에서는 diu minne로 표현하는 반면, 퀸트의 해석에 따르면 에크하르트의 말에는 정관사를 빼고 그냥 minne라고 하고 한다. 이런 의미에서 성 요한의 말과 에크하르트의 말은 다르다. 하지만 중세 고지 독일어 원본에는 사랑이라는 말 앞에 정관사(diu)를 붙이기도 하고, 안 붙이기도 하고 있다. 따라서 정관사(diu)를 빼야 한다는 입장은 어디까지나 에크하르트의 해석에 따른 것이다. 퀸트의 에크하르트 해석은 전후 맥락에 따라 보면 타당하다고 생각된다. - 역주.
58) diu minne가 아니라, 그냥 minne이다.

로 내달려 간다. 왜냐하면, 어떤 사람도 악을 위해 죄를 범할 정도로 악하지는 않기 때문이다. 오히려 인간은 사랑을 갈구하기에 죄를 범한다. 예컨대 한 사람이 다른 한 사람을 죽였다고 하자. 그는 악을 행하기 위해 살인한 것은 아니다. (오히려-퀸트) 그는 그 사람이 살아 있는 한, 자기 자신이 결코 자신 속에서 평화에 도달할 수 없다는 그의 생각 때문이었다. 따라서 살인자는 평화 가운데서 기쁨을 원했던 것이다. 왜냐하면, 평화는 우리가 사랑하는 것이기 때문이다. 이같이 모든 피조물은 자신의 사랑을 갖고 신께로 내달려 간다. 왜냐하면, '신은 사랑'이시고, 모든 피조물은 사랑을 갈망하기 때문이다. (76쪽) 만약 돌이 이성을 갖고 있다면, 돌은 사랑을 갖고 신으로 내달려 갈 수밖에 없을 것이다. 누군가가 나무에 왜 열매를 맺는가 라고 묻는다면, 나무가 만약 이성을 갖고 있다면, 다음과 같이 말할 것이다. "나는 나의 새로움 가운데서 나를 나의 원천으로 가까이 데리고 가기 위해, 나는 열매 맺음 가운데서 나를 새롭게 하는 것이다." 라고. 왜냐하면, 원천에 가까이 있는 것은 사랑할 만한 것이기 때문이다. 그래서 신은 원천이시고, 사랑이시다. 그래서 영혼은 사랑 이외에, 그 어떤 것에도 만족하지 않는다. "사랑은 신이시다." (77쪽) 성 아우구스티누스는 "주여, 당신께서 주실 수 있는 모든 것을 저에게 주신다고 하더라도, 저는 당신께서 당신 자신을 주시지 않는 한, 만족할 수가 없나이다."라고 말한다.[59] 더 나아가 아우구스티누스는 "오! 인간이여, 그대는 사랑으로 얻을 수 있는 것을 사랑하라. 그리고 그

∙∙∙
59) 퀸트에 따르면 에크하르트가 아우구스티누스 작품 가운데 어느 곳을 인용하고 있는지 분명하지 않다.
역주. 참조. DW Ⅰ, 327쪽 5행 이하. : DW Ⅴ, 50쪽 12행 이하.

대의 영혼을 만족시킬 수 있는 것을 붙들어라."라고 말하고 있다.

세 번째 근거는 다음과 같다. "신은 사랑이시다." 왜냐하면, 신은 자신의 사랑을 모든 피조물에 널리 퍼뜨리시고는, 자기 자신 가운데 하나(ain)로 머물러 계시기 때문이다. 그래서 모든 피조물에 있어서 곧, 모든 피조물의 각각에 있어서 어떠한 사랑할 만한 것들이 다 깃들어 있다. 따라서 각각의 피조물은, 이성을 부여받은 한, 자신과 닮아 있는 다른 것을 사랑한다.[60] 그래서 부인들은 주로 붉은 색을 좋아한다. (78쪽) 왜냐하면, 부인들은 (붉은 색을 보면서-역자) 기쁨과 만족을 얻고자 하기 때문이다. 만약 부인들이 붉은 색 가운데서 만족을 찾지 못한다면, 그들은 이번에는 푸른 색을 찾는다. 그래도 여전히 그들의 욕망이 충족되지 않을 수도 있다. 그 까닭은 그녀들은 (색깔에서 오는-역자) 단순한 기쁨을 얻고자 할 뿐만이 아니라, 자신들에게 기쁨을 가져다 주는 것으로 보이는 색깔을 지닌(enthalt) 옷감을 갖고자 하기 때문이다. 이러한 방식으로 모든 피조물에는 나름대로 다 기쁨을 가져다 주는 어떤 것이 있는 것처럼 보인다(schint). 따라서 우리는 이것(이 사물-역자)을 사랑하다가 또 저것(저 사물-역자)을 사랑하거나 한다. 이제 '이것'(이 사물-역자)이나 '저것'(저 사물-역자)을 제거해보라, 그러면 남아 있는 것은 오직 순수한 신뿐이다.[61] 한 사람이 하나의 벽에 하나의 그림을 그리면, 벽이 그림을 담고(enthalt) 있다. 벽에 그려진 그림을 좋아하는 사람은 벽

---

60) 참조. DW II, 413쪽 4행 이하, 413쪽 1행.
61) 참조. DW I, 369쪽 8행 이하.

도 더불어 좋아하기 마련이다. 만약 누군가가 벽을 제거해 버린다면, 그림도 더불어 없어질 것이다. 그런데 만약 벽을 제거해도, 그림이 남아 있다면, 그림이 자기 자신을 담고 있는(enthalt) 셈이다. 그리고 만약 누군가가 (자신을 지탱하고-역자) 있는 이 그림을 사랑한다면, 그는 하나의 순수한 그림을 사랑하고 있는 셈이다. 이제 그대들은 사랑할 만한 것(mynnechlich)을 사랑하라. 그리고 동시에 사랑할 만한 것으로 보이는(mynneclich schint) 것을 사랑하지 말라. 그러면 그대는 순수하게 신만을 사랑하는 것이다. 이는 의심할 바 없는 진리이다.[62] (79쪽) 성 디오니시우스는 "신께서는 영혼에 무(無)로 드러난다."라고 말하고 있다.[63] 곧, 신께서는 영혼에 인식되지 않는다. 따라서 우리는 (순수한 선이신 -퀸트) 신을 인식할 수 없다. 따라서 우리는 피조물에서 좋은 것을 사랑한다. 그런데 우리가 만약 좋음이 아니라, 좋음을 지니고 있는 사물을 사랑한다면, 이는 우리에게 죄를 일으키는 것이다.[64] 수도 셀 수 없이 많은 천사가 있다. 천사의 수를 아무도 생각해낼 수 없다. 그리고 각각의 천사는 하나의 하늘(coli?)이다. 게다가 한 천사는 다른 천사보다 더 높다. 만약 가장 낮은 천사가 - 누군가가 목재로부터 목재의 한 쪼가리를 쪼개내듯이 - 나무 한 쪼가리에 해당하는 그 무엇을 떨어뜨리고, 그것이 그 자신이 갖고 있는 고귀성을 지닌 채, 시간 속에 있는 땅으로 떨어

· · ·

62) 참조. DW Ⅱ, 340쪽 5행 이하.
63) 참조. Dionysius Areopagita, de div. nom. c. 7 § 3, PG 3, 872A.
64) 좋은 색깔이 아니라 좋은 색깔을 지닌 옷감을 사랑하는 것과, 좋은 그림이 아니라 좋은 그림이 그려진 벽을 사랑하는 것과 마찬가지로, 좋음 자체가 아니라, 좋음을 지니고 있는 사물을 사랑하는 것은 죄를 일으킨다는 말이다. 좋음 자체가 아니라, 좋음 자체가 새겨진 사물을 사랑하는 것은 곧 신에서서 등을 돌리는 것이다. 그래서 에크하르트는 이런 저런 사물에서 벗어나면, 순수한 신이 남는다고 말하고 있다. - 역주.

지면, 땅 위의 모든 것은 꽃 피우고 열매를 맺을 수밖에 없을 것이다. 그렇다면 최고의 천사는 얼마나 고귀할 것인가를 이를 미루어 짐작할 수 있다. 만약 우리가 천사들이 그 본성상 소유하고 있는 모든 천사의 고귀성과 (80쪽) 피조물들이 본성상 소지하고 있는 모든 피조물의 고귀성을 하나로 모으고, 그리고 모든 세계의 고귀성도 이에 더하여 우리가 신께로 다가가 신께 도달하고자 한다면, 우리는 그분을 이를 갖고 만나지 못할 것이다. 왜냐하면, 모든 것은 (신에 비하면-역자) 신 앞에서 아무런 가치가 없는 것과 같기 때문이다. 모든 것은 전적으로 가치가 없기 때문이다. 순수하게 가치가 없는 것이기 때문이다. 가치가 없는 것보다도 더 가치가 없는 것이기 때문이다. 하나의 순수한 무이기 때문이다. 따라서 우리는 (천사를 비롯한 피조물 가운데서-역자) 신을 찾을 수 없다. 오히려 우리는 하나(ein) 가운데서만 신을 찾을 수 있다.

(81쪽) 네 번째 근거는 다음과 같다. "신은 사랑이시다." 왜냐하면, 신은 자신의 사랑을 갖고 모든 피조물을 사랑하실 수밖에 없기 때문이다. 피조물이 그것을 알든 모르든 간에 관계없이. 따라서 나는 내가 지난 금요일에 말했던 말 중에 한마디 말을 하고자 한다. 곧, 나는 선물(은총-퀸트)을 달라고 신께 기도하거나 그분이 주신 선물 때문에 감사하고자 절대 하지 않는다. 왜냐하면, 만약 우리가 그분의 선물을 받을 가치가 있다면, 신께서는 선물을 나에게 주실 수밖에 없으시기 때문이다. 그분이 원하든 그렇지 않든 관계없이 그렇게 하실 수밖에 없으시기 때문이다. 따라서 나는 그분의 선물 때문에 신께 기도하지 않는다. 왜냐하면, 그분은 주실 수밖에 없으시기 때문이다. 물론 그분의 선물을 내가 받을

수 있을 만큼 내가 가치 있게 해달라고 나는 그분께 기도할 것이다. 그리고 나는 그분이 줄 수밖에 없으심에 대해 그분께 감사할 것이다.[65] 따라서 나는 "신은 사랑이시다."라고 말한다. 왜냐하면, 그분 자신이 자신을 사랑하는 사랑으로, 그분은 나를 사랑하시기 때문이다. 만약 우리가 신으로부터 이를 빼앗아버린다면, 우리는 그분으로부터 그분의 신성 전체를 빼앗게 될 것이다.[66] (82쪽) 비록 그분 자신이 자신의 사랑하는 사랑으로 나를 사랑하신다고 하더라도, 나는 그 때문에 여전히 행복해질 수 없을 것이다. 오히려 내가 그분을 사랑하고, 복되게도 그분이 그분을 사랑하시는 사랑 안에 내가 있음으로써 나는 행복하게 될 것이다.

이제 나는 말한다. "하느님은 사랑이십니다. 사랑 안에 머무르는 사람은 하느님 안에 머물고 하느님께서도 그 사람 안에 머무르십니다."[67] 라고. 누군가가 나에게 신은 어디에 계시는가 라고 물으면, 나는 그분은 모든 곳에 다 계신다고 답할 것이다. 만약 누군가가 사랑 안에 머무는 영혼은 어디에 있는가 라고 물으면, 나는 그러한 영혼은 모든 곳에 다 있다고 답할 것이다. 왜냐하면, 신은 사랑이시기에 사랑 안에 머무는 영혼은 신 안에 머물고, 신은 영혼 안에 머물기 때문이다. 그리고 신은 모든 곳에 계시고 영혼은 신 안에 머물고 있기에, 영혼이 반은 신 안에 머물고 반은 신 바깥에 머문다고 할 수 없다. 신이 영혼 안에 계신다면, 영혼도 필연적으로 모든 곳에 다 있을 수밖에 없다. 왜냐하면, 영혼 안에

---

65) 참조. DW II, 35쪽 3행 이하.
66) 참조. DW II, 287쪽 1행 이하.
67) 사랑 곧, mynne 앞에 정관사 diu가 다 빠져 있음. - 역주.

계시는 분은 모든 곳에 다 계시기 때문이다. 신은 영혼 가운데서 모든 곳에 다 계시고, 영혼은 신 가운데서 모든 곳에 다 있다. 그 까닭에 신은 (차이나는 모든 것의 총합인-역자) 모든 것이 아닌 모든 것(모든 것의 근원-역자)이고, 영혼도 신과 함께 모든 사물의 총합이 아닌 모든 것이다.

이때까지의 설교는 모든 성인의 축일에 행한 설교이다. 여기서 이 설교는 일단 끝이 난다. 그러나 그대들은 가만히 앉아 있기 바란다. 나는 그대들에게 더 오래 여기에 머물기를 바란다. 나는 그대들에게 하나의 설교를 더 할 것이다.[68] 신이시여, 위험으로부터 우리를 도우소서!

---

68) 이 설교는 이어지는 설교 64를 말한다. 설교 63과 64는 주제에 있어서 유사하다. 역주.

설교 64[69]

영혼은 신과 하나이지, 신과 하나로 결합된 것이 아니다.
die sele die wirt ain mit gotte vud nit veraint.

(86쪽) (성경은 말한다-퀸트)[70] 곧, 영혼은 신과 하나이지, 신과 하나로 결합된 것이 아니다. 이에 대해 하나의 비유를 들어보자. 만약 우리가 통에 물을 채우면, 물은 통 속에서 통과 하나로 결합되지만, 통과 하나는 아니다. 왜냐하면, 물이 있는 곳에는 목재가 있지 않기 때문이며, 목재가 있는 곳에는 물이 있지 않기 때문이다. 이제 목재 한 조각을 들어서 물 위에 던져보자. 그래도 목재는 물과 하나로 결합되어 있을 뿐, 물과 하나는 아니다. 그러나 영혼의 경우는 이와 다르다. 영혼은 신과 하나이지, 하나로 결합되어 있는 것이 아니다. 왜냐하면, 신이 계신 곳에 영혼 또한 있고, 영혼이 있는 곳에 신 또한 계시기 때문이다.[71]

• • •

69) 이 설교는 앞의 설교 63과 이어진 하나의 설교가 아니라, 설교 63과 다른 설교이다. 하지만 두 설교는 서로 밀접하게 연결되어 있다. 역주.
70) 이는 성경에 나오는 말이 아니라, 에크하르트의 사상이다. 따라서 "성경은 말한다."를 빼도 상관없다. 역주.
71) 참조. DW II, 341쪽 8행 이하. : DW I, 264쪽 5행 이하.

성경은 "모세는 얼굴에 얼굴을 맞대고 하느님을 보았다."(탈출기 33, 11)라고 말하지만,[72] 스승들은 이에 반대하여 "두 얼굴이 등장하는 곳에서 우리는 신을 보지 못한다."라고 말하고 있다.[73] 왜냐하면, 신은 하나이지 둘이 아니기 때문이다. 그런 까닭에 신을 보는 사람은 하나 이외에 아무것도 보지 못한다.

나는 내가 앞의 설교 63에서 말했던 "하느님은 사랑이십니다. 사랑 안에 머무르는 사람은 하느님 안에 머무르고 하느님께서도 그 사람 안에 머무르십니다."라는 성경 구절을 다시 말할 것이다. 그리고 '사랑 안에 있는 사람'에 나는 "성실한 종아, 주인의 기쁨으로 들어가라."라는 성 마태오가 말하는 성경 구절을 덧붙일 것이다(마태오 25, 21).[74] 이제 나는 "성실한 종아, 나는 나의 모든 좋은 것 위로(boben all mein gût) 너를 세우겠다."라는 우리 주님께서 말씀하시는 성경 구절을 다시 덧붙인다(참조. 마태오 25, 21).[75] 이러한 주님의 말씀은 다음과 같이 세 가지로 이해되어야 한다. 첫째, 주님께서 "나는 나의 모든 좋은 것 위로 너를 세우겠다."라고 말씀하실 때, 이 '나의 모든 좋은 것'은 피조물 가운데

・・・
72) 참조. "주님께서는 마치 사람이 자기 친구에게 말하듯, 모세와 얼굴을 마주하여 말씀하시곤 하였다. 모세가 진영으로 돌아온 뒤에도, 그의 젊은 시종, 눈의 아들 여호수아는 천막 안을 떠나지 않았다." 탈출기 33, 11. 역자.
73) 참조. Thomas, Summa Theol. I II q, 98 a. 3 ad 2. : DW V, 32쪽 8행 이하.
74) 참조. "그러자 주인이 그에게 일렀다. '잘하였다, 착하고 성실한 종아! 네가 작은 일에 성실하였으니 이제 내가 너에게 많은 일을 맡기겠다. 와서 네 주인과 함께 기쁨을 나누어라.'" 마태오 25. 21. 역자.
75) 마태오 복음 25장 21절의 "내가 너에게 많은 일을 맡기겠다."라는 구절의 불가타판 성경에는 "super multa te constituam"로 되어 있다. 이는 "나는 많은 것 위로 너를 세우겠다."로 번역할 수 있다. 이를 에크하르트는 "나는 나의 모든 좋은 것 위로 너를 세우겠다."라고 바꾸어 말하고 있다. 이는 자신이 하고 싶은 말을 하기 위해, 이렇게 변경한 것 같다. 실제로 이 설교 전체는 이 구절을 주석하고 있다. 역주.

로 널리 (충만하게-역자) 퍼져 있다. (좋은 것이 이렇게-역자) 나누어져 있음(신적 좋음이 피조물에 충만하고 다양하게 널리 퍼져 있음-퀸트)을 넘어 나는 너를 하나(ain)로 향하도록 하겠다고 주석할 수 있다. 둘째, (주님께서 "나는 나의 모든 좋은 것 위로 너를 세우겠다."라고 말씀하실 때,-역자) 신적 좋은 것은 (신 안에서는-역자) 완전히 하나로 통합되어 있다. 이러한 통합을 넘어 나는 너를 하나임(inichkeit) 속으로 처하도록 하겠다고 주석할 수 있다. 왜냐하면, 모든 좋은 것은 하나임 가운데 있기 때문이다. 셋째, (주님께서 "나는 나의 모든 좋은 것 위로 너를 세우겠다."라고 말씀하실 때,-역자) 나는 너를 하나임의 근원(art der einikait)으로 처하도록 하겠다고 주석할 수 있다. (89쪽) 거기서는(하나임의 근원에서는-역자) "완전히 통합되어 있다."라는 말은 떨어져 나간다. 거기서는(이름 부를 수 없고, 개념적으로 인식할 수 없는 하나임의 근원에서는-퀸트) 신은 마치 영혼에 속하기 위해 존재하는 것처럼, 그렇게 신은 영혼과 관계한다. 왜냐하면, 신은 그를 갖고 신이 신이게끔 되는 자신의 존재와 본질(seines wesens oder seiner istikait)을 머리카락 한 올 만큼이라도 영혼에 감추면, 신은 신일 수 없을 것이다. 이렇게 영혼은 신과 완전히 하나이다. (이것이 성실한 종인 영혼을 나의 모든 좋은 것 위로 세우겠다고 하는 성경 구절의 참된 의미이다.-역자) 나는 복음으로부터 또 하나의 말씀을 인용하겠다. 우리 주님은 "아버지, 저와 당신이 하나인 것처럼, 그들도 우리와 하나이게 하소서."(참조. 요한 17, 20)라고 말씀하셨다.[76] 나는 다시 복음으로부터 다른 성경 구절을 인용

---

76) 참조. "그들이 모두 하나가 되게 해 주십시오. 아버지, 아버지께서 제 안에 계시고 제가 아버지 안에 있듯이, 그들도 우리 안에 있게 해 주십시오. 그리하여 아버지께서 저를 보내셨다는 것을 세상이 믿게 하십시오." 요한 17, 21. 역자.

하겠다. 우리 주님은 "내가 있는 곳에 나를 섬기는 사람도 함께 있을 것이다."라고 말씀하셨다(요한 12, 26).[77] 이같이 영혼은 온전히 신이신 신의 본질(ain istikait, die got ist)이 될 것이다. 더 적게 그렇게 되지 않는다. 이는 신이 신이신 것처럼, 참이다.[78]

내가 사랑하는 사람들이여! 내가 그대들에게 (앞으로 내가 말할 말의-역자) 의미에 주목하기를 간청한다. 나는 신을 위해 그대들에게 간청한다. 또한, 나는 그대들이 나를 위해 그렇게 행하고 내가 말하는 의미를 잘 새기도록 그대들에게 간청한다. 내가 조금 전에 말했듯이, 하나임 가운데 있는 모든 사람은 (감각에서 비롯한 사물의 개별적 표상에 해당하는-역자) 대상의 표상 없이 있기에, 자신들이 (앞서 말한 내적인-역자) 하나임으로부터 바깥으로 향하지 않았을 때보다(하나임 가운데 있을 때보다-역자) 자신들에게 (앞서 말한-역자) 그러한 대상의 표상이 더 쓸모 있을 것이라고 잘못 생각해서는 안 된다. 왜냐하면, 이같이 생각하고, 행하는 자는 올바르지 않기 때문이다. 심지어 우리는 그것은 이단이라고 말할 수도 있을 것이다. 그대들은 이미 조금 전에 충분히 말한-역자) 하나임 속에는 (개별적 인간인-역자) 콘라트(철수-역자)도 하인리히(영희-역자)도 없다는 것을 알아야 한다. 나는 보통 사람들이 (실제로 존재하는 것은 개별적 존재라고-역자) 생각하는 것이 걱정스러워, 나는 나 자신과 모든 사람을 잊고, 이들을 위해 하나임(ainichait) 가운

---

77) 참조. "누구든지 나를 섬기려면 나를 따라야 한다. 내가 있는 곳에 나를 섬기는 사람도 함께 있을 것이다. 누구든지 나를 섬기면 아버지께서 그를 존중해 주실 것이다." 요한 12, 26. 역자.
78) 참조. DW Ⅰ, 196쪽 7행 이하.

데로 잠겨 들고자 한다.[79]

신이시여, 우리가 (이러한−퀸트) 하나임 가운데 머물러 있을 수 있도록 우리를 도우소서.

・・・
79) 에크하르트에 따르면, '하나임'의 세계는 모든 것이 차이 없는 차이를 갖고 있는 이념들의 세계이다. 이념의 세계에서는 서로 차이가 없기에 개별자도 없다. 이들 이념은 근원적 원천(Urgrund)인 신성 가운데 하나로 있다. 에크하르트는 개별적 사물에서 벗어나 우리가 흘러나온 본래의 근원적 원천인 신성으로 돌아가 근원적 원천과 하나이어야 한다고 말하고 있다. 그런데 이 근원적 원천을 경험한 사람이 개별적 대상의 표상을 더 나은 것으로 여긴다면, 이는 이단으로 간주할 수도 있다는 것이다. 이런 면에서 그의 사상은 상당히 플라톤적·플로티노스적 면모를 지니고 있다. 이런 의미에서 그는 보편자(이념)의 실재성을 주장하는 실재론자이다. 아마도 에크하르트는 서서히 떠오르는 유명론적(唯名論的) 주장의 분위기를 염려하고 있는 듯하다. 유명론은 보편자의 실재성을 부정하고, 보편자를 한갓 이름에 지나지 않는다는 입장이다. 이 입장에 따르면, 존재하는 것은 개별자들밖에 없다. 역자.

작품집 Ⅱ의 텍스트와 이 4부의 텍스트를 꼼꼼하게 대조해보고, 작품집 Ⅰ, 작품집 Ⅱ, 작품 Ⅴ 그리고 라틴어 작품집들과의 주의 깊은 검토를 통해 에크하르트의 참된 작품으로 인정된 설교들

설교 65

> 하느님께서는 사랑이십니다. 사랑 안에 머무르는 사람은 하느님 안에 머무르고 … .
>
> Deus caritas est et qui manet in caritas in deo … .
>
> — 1 요한 4, 16[80]

(95쪽) "하느님께서는 사랑이십니다. 사랑 안에 머무르는 사람은 하느님께 머무르고, 하느님께서도 그 사람에게 머무르십니다."[81] 이제 첫째 구절인 "하느님은 사랑이십니다."를 살펴보자. 이 구절의 의미는 다음과 같다(다음과 같이 네 가지로 해석할 수 있다.-역자). (첫째,-역자) 신께서는 사랑할 수 있고, 사랑을 행할 수 있는 모든 것을 자신(신 자신-역자)의 사랑으로써 자신(신 자신-역자)을 사랑하도록 내몰고 가신다. "신은 사랑이십니다."의 두 번째 의미는 신께서 이미 창조하시고 사랑을 행할 수 있도록 만드신 모든 것이 자신(피조물 자신-역자)을 사랑함으로써 자기 자신(피조물 자기 자신-역자)을 사랑할 수 있도록, 신을 내몰

---

80) 참조. "하느님께서 우리에게 베푸시는 사랑을 우리는 알게 되었고 또 믿게 되었습니다. 하느님은 사랑이십니다. 사랑 안에 머무르는 사람은 하느님 안에 머무르고 하느님께서도 그 사람 안에 머무르십니다." 요한이 보낸 첫째 편지 4, 16. 역자.
81) 퀸트에 따르면, 이 성경 구절은 삼위일체 대축일 이후의 첫째 일요일 미사에 나오는 독서이다. 역주.

고 간다는 것이다. 신께서 원하시든 그렇지 않든 관계없이. "신은 사랑이십니다."의 세 번째 의미는 그분께서는 자신의 사랑으로 사랑할 수 있는 모든 것을 다수성(분리되어 있음-퀸트)에서부터 벗어나도록 내몰고 가신다. 신께서는 다수성 가운데 있는 것(피조물 가운데 신의 사랑이 널리 퍼져 있음-퀸트)도 사랑하시지만, 신이신 사랑은(minne, die er ist) 모든 것을 다수성에서부터 그분 자신의 하나임(einicheit)으로 내몰고 가신다는 것이다. "신은 사랑이십니다."의 네 번째 의미는 그분께서는 자신의 사랑으로써 모든 피조물에 그것들의 존재(wesen)와 그것들의 생명(leben)을 주시고, 그것들을 그분 자신의 사랑으로써 지탱하신다는 것이다.

(96쪽) 신은 무엇인가 라고 사람들이 나에게 묻는다면, 나는 다음과 같이 말할 것이다. 곧, 신은 사랑이시고, 지극히 사랑스러운(minniclich) 분이므로, 모든 피조물은 그분의 사랑스러움을 사랑하고자 노력한다고. 피조물들이 이를 알든 모르든, 이를 좋아하든 싫어하든 관계없이 그렇게 하신다고. 그래서 신은 사랑이시고, 지극히 사랑스러운 분이시기에, 사랑할 수 있는 모든 것은 신을 사랑할 수밖에 없다. 그것을 좋아하든 싫어하든 관계없이.[82] 어떠한 피조물도 악한 어떤 것을 사랑할 만큼 천박하지는 않다. (97쪽) 왜냐하면, 우리가 사랑하는 것은 무엇이든지 좋게 보이거나 좋은 것일 수밖에 없기 때문이다.[83] 모든 피조물이 행할 수

---

82) 참조. Sermo VI, 1 n. 54 in LW 4, 53쪽 1행. "신은 사랑이시다. 신은 전적으로 사랑스러운 분이기에, 신은 온전히 사랑이다." *. 이하에서는 Sermo로 줄임.
83) 참조. DW III, 75쪽 5행 이하.

있는 좋은 것 모두를 다 모은다 해도, 신과 비교해 보면, 순수 악(아무런 가치도 없는 것-퀸트)에 지나지 않는다. 성 아우구스티누스는 "그대가 사랑을 갖고 얻을 수 있는 것을 사랑하라. 그리고 그대의 영혼을 만족시킬 수 있는 것을 고수하라."라고 말하고 있다.

"하느님은 사랑이시다." 아, 내가 사랑하는 사람들이여, 내 말에 주목하라. 나는 그대들이 다음의 말에 제발 주목하기를 간청한다. 신께서는 나의 영혼을 지극히 사랑하시기에, 신의 생명과 존재가 그분 자신이 우리를 사랑해야만 한다는 것에 매달려 있다. 이것이 그분께 좋든 싫든 관계없이 그러하다. 누군가가 그분이 나의 영혼을 사랑하신다는 것을 신에서부터 빼앗는다면, 그분의 신성을 빼앗는 것과 같다. 왜냐하면, 신께서는 진리이신 것과 같이, 신께서는 참으로 사랑이시기 때문이다. 그리고 그분이 선성(güete)인 것과 같이, 그분은 참으로 사랑이시기 때문이다. 이는 신이 살아계신다는 것과 같이, 온전한 진리이다.[84] 어떤 스승들[85]이 우리 가운데 있는 사랑(diu minne, diu in uns ist)은 성령이라고 말하고 있는데, (98쪽) 이는 참이 아니다. 우리가 우리에게로 받아들이는 유형적 음식은 우리 안에서(in uns) (우리로-역자) 변한다. 하지만 우리가 받아들이는 정신적 음식(geistliche spise)은 자기 자신(정신적 음식 자신-역자)으로 우리를 변화시킨다. 따라서 신적 사랑은 우리 안으로 받아들여지는 것이 아니다. 왜냐하면, 이때 (서로 다른-역자) 두 개

• • •

84) 참조. Pr. 63, 77쪽 2행 이하.
85) 참조. Petrus Lombardus Sent. I d. 17 c. 1 n. 143. : Thomas S. theol. II II q. 23 a. 2. : DW II, 41쪽 4행 이하.

(우리와 신적 사랑인 성령-퀸트)가 성립할 것이기 때문이다. 오히려 신적 사랑이 우리를 자기 자신 안으로(신적 사랑 안으로-역자) 받아들인다. 벽에 그려진 색깔은 벽 덕분에 지탱한다. 이와 마찬가지로 모든 피조물은 그분의 존재 가운데서 신 자신이신 사랑 덕분에 지탱된다. 만약 누군가가 색깔을 벽에서 떼어낸다면, 색깔은 자신의 존재를 잃어버리게 될 것이다. 이와 마찬가지로 우리가 피조물로부터 신이신 사랑을 빼앗는다면, 모든 피조물은 그 존재를 잃어버리고 말 것이다.[86]

(99쪽) "하느님께서는 사랑이십니다. 사랑 안에 머무르는 사람은 하느님께 머무르고, 하느님께서도 그 사람에게 머무르십니다." 정신적인 사물과 유형적인 사물은 차이가 있다(서로 다르다-역자). 모든 정신적인 것은 다른 것 가운데서 머무를 수 있지만, 어떠한 유형적인 것도 다른 것 안에 머무를 수 없다. 물론 물은 통 속에 있고, 통은 물을 감싸고 있다. 하지만 (통의-역자) 목재인 곳에 물이 절대 있을 수 없다. 이같이 어떠한 유형적인 것도 다른 것 안에 있을 수 없지만, 모든 정신적인 것은 다른 가운데 있을 수 있다.[87] 각각의 모든 천사는 자신의 온갖 기쁨과 자신의 온갖 환희, 그리고 자신의 온갖 지복(행복-역자)을 지니고서, 마치 자기 자신 안에 머무르듯이, 완전하게 다른 것 안에 머무르고 있다. 그리고 각각의 모든 천사는 자신의 온갖 기쁨과 자신의 온갖 행복을 지니고서, 내 가운데 머무르고 있다. 신 자신도 온갖 자신의 지복을 지니고

---

86) 참조. DW Ⅰ, 369쪽 8행 이하, 118쪽 10행 이하, 344쪽 9행 이하, 80쪽 1행 이하.
87) 참조. DW Ⅰ, 264쪽 4행 이하.: DW Ⅱ, 631쪽 8행 이하.

서, 내 안에 머무르고 있다. 하지만 나는 그것을 모르고 있다.[88] (100쪽) 나는 자신의 순수한 본성 가운데 있는 가장 낮은 천사에 대해 말하겠다. 가장 작은 틈새 쪼가리나 가장 작은 불꽃 하나가 그 천사로부터 (이 지상에-역자) 떨어지게 된다면, 이 가장 작은 틈새 쪼가리나 가장 작은 불꽃 하나가 전 세상을 환희와 기쁨으로 밝힐 것이다. 그렇다면 가장 낮은 천사가 그 자신에 있어 얼마나 고귀한 지를 생각해보라! 내가 자주 말해 왔듯이, 천사는 수(數)와 양(量) 없이 많이 있다. 이제 나는 (일단-역자) 사랑에 대해서 침묵하고, 인식의 문제에 대해 말해보겠다. 우리가 천사 만이라도 (제대로-역자) 인식한다면, 우리가 이 온 세계를 포기하는 것이 쉬울 것이다. 신께서 이미 창조하신 것과 여전히 창조하실 것 모두를 온전히 내 영혼에 주고, 더불어 신까지 주신다고 하더라도, 만약 (신과 내 영혼 사이에-역자) 머리카락 한 올만큼의 넓이 (차이-역자)라도 있다면, 나의 영혼은 만족하지 않을 것이다. 나는 절대 행복하지 않을 것이다. 내가 행복하려면, 모든 것이 내 가운데 머무르고, 그리고 신께서도 내 가운데 머무르고 계셔야 할 것이다.[89] 내가 있는 곳에, 신께서 계신다. 이는 나는 신 안에 있기 때문이다. 그리고 신께서 계시는 곳에, 내가 있다.

"사랑 안에 머무르는 사람은 하느님께 머무르고, 하느님께서도 그 사람에게 머무르십니다." 만약 내가 신 안에 머물러 있다면, 신이 계신 곳

․․․
88) 참조. DW Ⅰ, 81쪽 5행 이하.
89) 참조. DW Ⅲ, 89쪽 2행 이하.

에 내가 있고, 내가 있는 곳에 신이 계신다. 만약 성경의 말씀이 거짓이 아니라면 말이다. 내가 있는 곳에 신이 계신다는 말은 온전한 진리이다. 신이 신이신 것과 같이, 참된 진리이다.[90] "성실한 종아! 나는 나의 모든 좋은 것 위로 너를 세우겠다."(마태오 25, 21)[91]라는 성경 구절은 다음과 같이 (세 가지 방식으로-역자) 해석될 수 있다. (101쪽) (첫째-역자) 신은 모든 피조물에 있어서 좋으시기에, 다수성에 따라 "나는 나의 모든 좋은 것 위로 너를 세우겠다."라고 말씀하신 것이다. 둘째, "나는 나의 모든 좋은 것 위로 너를 세우겠다."라는 성경 말씀은 다음과 같다. 곧, 모든 피조물이 신 자신인 순수한 하나임 가운데서(피조물-역자) 자신의 지복을 받아들이는 곳에서, 그리고 신 자신이 자신의 지복을 받아들이는 곳에서, 곧 신이 선한 한에서, 그분은 우리를 "모든 좋은 것 위로 세우겠다."라고 말씀하신 것이다. 셋째, 그분은 '그분의 모든 좋은 것 위로' 우리를 세우겠다는 말은 다음과 같이 해석할 수 있다. 그분이 이름으로 불리는(그분이 여전히 이름을 갖고 있는-퀸트) 모든 것 너머로, 우리가 말로 (신을-역자) 표현할 수 있는 모든 것 너머로, 그리고 우리가 (그분을-역자) 인식할 수 있는 모든 것 너머로, 그분은 우리를 세우겠다고 말씀하신 것이다. (이러한 포괄적 의미에서-퀸트) 그분은 '그분의 모든 좋은 것 위로' 우리를 세우겠다고 말씀하신 것이다.

둘이 하나가 되려면, 하나는 자신의 존재를 잃어야만 한다. 이같이 신

---

90) 참조. DW Ⅲ, 82쪽 3행 이하.
91) 참조. 이 번역본 각주 76.

과 영혼이 하나가 되려면, 영혼은 자신의 존재와 자신의 생명을 잃어야만 한다. (영혼의 존재와 생명에 있어서-퀸트) 어떤 것이 남아 있는 한, 그 둘은 하나가 아니라, 하나로 합쳐진 것(geeiniget)이 될 것이다. 그러나 그 둘이 하나(ein)가 되기 위해서는 하나는 자신의 존재를 깡그리 잃어야만 하고, 다른 존재가 자신의 존재를 지탱하도록 해야 한다. 그럴 때, 둘은 하나이다. 이제 성령께서는 우리(삼위-역자)가 하나이듯이, 그들도 하나이어야 한다고 말씀하신다. "당신께서 그들도 우리 가운데 하나가 되도록 당신께 간청하나이다."(참조. 요한 17, 21).[92]

(102쪽) "저는 당신께 간청하나이다."라는 성경 구절에 대해 말해보자. 우리가 무엇 때문에 (신께-퀸트) 기도할 때, 우리는 무(無)를 위해 기도하는 것이다. 하지만 우리가 무를 위해(아무 것도 청하지 않고 신께-역자) 하는 것이 올바른 기도이다. 지나간 것이나, 지금 있는 것이나, 또한 미래에 올 모든 사물이 현재(gegewertic, 現在)하고 있는 그곳과 우리가 하나로 있을 때, - 그곳에서는 모든 사물은 서로 같고 똑같이 하나(ein)이다. - 그들 모두는 신 안에(in gote) 있고, 그리고 (동시에-역자) 이 모든 것은 우리 안에(in mir) 있다. 그곳에서는 우리는 (개별적인-퀸트) 콘라트(철수-역자)도 하인리히(영희-역자)도 생각할 필요가 없다. 만약 어떤 사람이 신만을 위해서가 아니라, 어떤 다른 것 때문에 기도한다면, 우리는 이를(무엇을 위해 기도하는 것-퀸트) 우상 숭배 또

⋯

92) "그들이 모두 하나가 되게 해 주십시오. 아버지! 아버지께서 제 안에 계시고 제가 아버지 안에 있듯이, 그들도 우리 안에 있게 해 주십시오. 그리하여 아버지께서 저를 보내셨다는 것을 세상이 믿게 하십시오." 요한 17, 21. : 참조. DW II, 49쪽 1행 이하.

는 부당한 것이라 부를 수 있다. '정신과 진리에서 기도하는 사람'이 올바르게 기도하는 사람이다(요한 4, 24).[93] 만약 우리가 누군가를 위해 곧, 하인리히나 콘라트를 위해 기도한다면, 우리는 가장 적게 기도하는 것이다. 만약 우리가 누구를 위해서도 기도하지 않고, 무를 위해서(신 이외 아무것도 원하지 않고-역자) 기도할 때, 우리는 가장 고유한 의미에서 기도하는 것이다. 왜냐하면, 신 안에는 하인리히도 콘라트도 없기 때문이다. 우리가 신을 위해서가 아니라, 어떤 다른 것을 위해 기도하는 것은 부당하며, 불(不)-신앙이며, 불(不)-완전한 것이다.[94] 왜냐하면, 우리는 어떤 것을 신과 함께 나란히 세워놓고자 하기 때문이다. (103쪽) 내가 최근에 말했듯이, 그때 우리는 신을 무(피조물-역자)로 만들고, 무(피조물-역자)를 신으로 만들고자 하기 때문이다.[95] "하느님께서는 사랑이십니다. 사랑 안에 머무르는 사람은 하느님께 머무르고, 하느님께서도 그 사람에게 머무르십니다."

사랑 하올 우리 주님 예수 그리스도여, 우리가 모두 제가 (이 설교에서-역자) 말한 사랑에 도달할 수 있도록 우리를 도우소서. 아멘.

---

93) 참조. "하느님은 영이시다. 그러므로 그분께 예배를 드리는 이는 영과 진리 안에서 예배를 드려야 한다." 요한 4, 24. 역자.
94) 참조. DW Ⅲ, 131쪽 3행 이하, 90쪽 3행 이하, 60쪽 2행 이하. : DW Ⅰ, 187쪽 3행 이하.
95) 참조. DW Ⅱ, 570쪽 7행 이하.

설교 66

잘하였다. 착하고 성실한 종아! 네가 작은 일에 성실하였으니, 네 주인의 기쁨으로 들어서거라.
Euge serve bone et fidelis, quia super pauca fuisti fidelis, intra in gaudium domini tui.

– 마태오 25, 21/23[96]

(108쪽) 우리는 우리 주님께서 말씀하신 것을 (오늘-역자) 복음에서 듣는다. 그분은 "잘하였다. 착하고 성실한 종아! 네 주인의 기쁨으로 들어서거라. 너는 작은 일에 성실하였으니, 나의 모든 좋은 것 위로 너를 세우겠다."라고 말씀하신다.

실로 지금 그대들은 주님이 직접 말씀하신 우리 주님의 말씀에 정성껏 귀 기울이기 바란다. 그분은 "착하고 성실한 종아, 네 주인의 기쁨으로 들어서거라. 너는 작은 일에 성실하였으니, 나의 모든 좋은 것 위로 너를 세우겠다."라고 말씀하셨다. (109쪽) 이제 우리 주님은 다른 복음

---

96) 참조. "그러자 주인이 그에게 일렀다. 잘하였다, 착하고 성실한 종아! 네가 작은 일에 성실하였으니 이제 내가 너에게 많은 일을 맡기겠다. 와서 네 주인과 함께 기쁨을 나누어라." 마태오 25, 21. / "그러자 주인이 그에게 일렀다. 잘하였다, 착하고 성실한 종아! 네가 작은 일에 성실하였으니 이제 내가 너에게 많은 일을 맡기겠다. 와서 네 주인과 함께 기쁨을 나누어라." 마태오 25, 23. 역자.

서에서 그분 자신에게 말을 걸어오고 그분 자신을 선하시다고 말한 청년에게 "어찌하여 그대는 나를 선하다고 하느냐? 하느님 한 분 이외 아무도 선하지 않다."라고 말씀하셨다(마르코 10, 17-18).[97] 이 말씀은 참으로 진리이다. 자기 자신 위에 서 있는 한, 모든 피조물은 선하지 않다. 오직 신 이외 어떤 것도 절대 선하지 않다.[98] 신께서 자기 자신의 말씀에 반(反)하신 적이 있는가? 아니다. 절대 그렇지 않다.

이제 내가 하는 말에 주목하기 바란다. 우리가 신을 위해 우리 자신을 부정하고(비우고-역자) 신과 하나로 되는 한, 우리는 피조물이라기보다 오히려 신이다. 우리가 신을 위해 우리 자신을 온전히 비우고, 오직 신 이외에 그 누구에게도 속하지 않는다면, 그리고 오직 신 이외에 어떤 것을 위하여 살지 않는다면, 참으로 신께서 본성상(von natûre) 신인 바와 우리는 은총을 통해(von gnâden) (신과-역자)똑같이 될 것이다. 신께서는 자신과 우리 사이에 어떠한 차이도 자신으로부터 인식하지 않으신다.[99] (110쪽) 그러나 나는 '은총을 통해'라고 말했다. 왜냐하면, 신께서는 (한편에-퀸트) 계시고, 인간은 (다른 편에-퀸트) 있기 때문이다. 그래서 신께서 본성상 선하시다면, 우리는 은총을 통해 선하다. 왜냐하면, 신의 생명과 존재가 전적으로 깡그리 (그분의 은총으로 말미암아-역자) 우리

- - -

97) 참조. "예수님께서 길을 떠나시는데 어떤 사람이 달려와 그분 앞에 무릎을 꿇고, '선하신 스승님, 제가 영원한 생명을 받으려면 무엇을 해야 합니까?' 하고 물었다. 그러자 예수님께서 그에게 이르셨다. '어찌하여 나를 선하다고 하느냐? 하느님 한 분 외에는 아무도 선하지 않다.'" 마르코 10, 17-18. 역자.
98) 참조. 참조. DW I, 149쪽 1행 이하. : DW II, 318쪽 5행 이하.
99) 참조. DW I, 93쪽 3행 이하. : DW II, 107쪽 4행 이하, 272쪽 5행 이하. : DW V, 400쪽 3행 이하.

안에 있기 때문이다.[100] 그렇기 때문에 신께서는 이 사람(종-역자)을 선하다(gout)고 말씀하신 것이다. 우리 주님이 '착한 종아'라고 하신 말씀은 내가 말한 걸 의도하신 것이다. 왜냐하면, 이 종은 신께서 그에 의해 선하신(gout) 것과는 다른 선성(güete) 속에서 신 앞에서 선할 수 없기 때문이다.[101] 내가 자주 말해 왔듯이, 신의 생명과 존재는 하나의 돌 속에도 또는 하나의 목재 속에서 그리고 다른 피조물 속에도 있다. 하지만 그들은 (그 때문에,-퀸트) 행복하지는 않다.[102] (111쪽) 하지만 신께서는 이 종이 행복하고 선하게 되도록 (피조물에서와는-역자) 다른 방식으로

---

100) 참조. DW Ⅰ, 106쪽 1행 이하.
101) 선과 선성과의 관계에 대해서는 『마이스터 에크하르트의 중세 고지 독일어 작품집 Ⅴ』, 이부현 역주, 메타노이아, 2023. 28-30쪽 참조. "우리는 무엇보다도 지혜로운 사람(der wîse)과 지혜(wîsheit), 참된 사람(wâre)과 참(wâhrheit), 의로운 사람(gerechte)과 의로움(gerechticheit), 선한 사람(goute)과 선(güete)이 서로 얽혀 있으며, 서로 연결되어 관계를 맺고 있음을 알아야 한다. 곧, 선은 창조된 것도 만들어진 것도 아니고, 낳아진 것(geboren)도 아니다. 오히려 선은 낳으면서 선한 사람을 낳는다(gebirt). 그리고 선한 사람도, 그가 선한 사람인 한에서, 만들어진 것도 창조된 것도 아니다. 그는 선으로부터 낳아진 아이이며, 선의 아들이다. 선은 선한 사람 안에 자신을 낳고, 선인 모든 것을 낳는다. 곧, 선은 존재, 지식, 사랑과 선한 행실 등을 항상 선한 사람 안에 쏟아붓는다. 그리고 선한 사람은 선의 가장 깊은 내면으로부터, 그리고 오로지 선에 의해서만 자신의 전적인 존재, 지식, 사랑과 좋은 행실 등을 받아들인다. 따라서 선한 사람과 선은 하나의 선 이외 다름 아니다. 곧, 한편에서 낳는 것(gebern) 그리고 다른 한편에서는 낳아지게 된 것(geboren-werden)이라는 사실을 제외한다면, 선한 사람과 선은 모든 점에 있어서 완전히 하나이다. 그런 한에서, 선이 낳는 것과 선한 사람들 가운데 낳아지게 된 것은 완전한 하나의 존재, 하나의 생명이다. 선한 사람은 선한 것에 속하는 모든 것을 선 안에서 그리고 선으로부터 넘겨받았다. 선한 사람은 거기(선-역자)에 존재하고 살며, 거기에 거주한다. 선한 사람은 거기서 자기 자신을 인식하며, 거기서 그가 인식하는 모든 것을 인식한다. 그리고 거기서 그는 자신이 사랑하는 모든 것을 사랑한다. 그리고 그는 거기서 선 속에 있는 선을 갖고서 활동한다. 그리하여 "아버지께서 내 안에 머물러 살면서 일하고 계십니다."(요한 14, 10)라고 한 아들의 말씀대로 선은 선한 사람을 갖고서, 그리고 선한 사람 안에서 자신의 모든 일을 하고 있다. "내 아버지께서 여태까지 일하고 계시니, 나도 일하는 것입니다."(요한 5. 17). "나의 것은 모두 아버지의 것이며, 아버지의 것은 모두 나의 것입니다. 곧, 아버지의 것은 베푸는 것이며, 나의 것은 받은 것입니다"(요한 17,10).
102) DW Ⅱ, 535쪽 1행 이하.

종 가운데 계신다. 왜냐하면, 신께서는 마치 자기 자신에 있어서 그리고 자기 자신과 더불어 계신 것처럼, 그 종 안에서 즐겁게 계시고, 그 종 안에서 그리고 그 종과 함께 기쁘게 그리고 이성적으로 계시기 때문이다. 따라서 그 종은 행복하고 선하다. 따라서 우리 주님께서 "착하고(선하고-역자) 성실한 종아, 네 주인의 기쁨으로 들어서거라. 너는 작은 일에 성실하였으니, 나의 모든 좋은 것 위로 너를 세우겠다."라고 말씀하신다. 이제까지 나는 종의 선성에 관해 몇 마디 했다. 곧, 이 종이 왜 선한 지(착한 지-역자)를 말했다. (곧, 신의 선성 때문에 이 종이 선하게 되었다.-역자) 이제 나는 우리 주님께서 "착하고 성실한(getriuwer) 종아, 너는 작은 일에 성실(getriuwe)하였으니," 라고 말씀하실 때의 그분이 뜻하시는 성실(triuwe)에 대해 말하고자 한다.

(112쪽) 자 이제, 이 종이 성실하였던 작은 것이 무엇인지 눈여겨보자. 신께서 하늘과 땅에서 창조하신 모든 것, 그분 자신이 아닌 모든 것은 신이 볼 때 작은 것이다. 이 좋은 종은 이러한 모든 것에 성실(충실-역자)하였다. 어떻게 그가 그렇게 할 수 있었는가를 나는 이제 그대들에게 말하고자 한다. 신께서는 이 종을 시간과 영원 사이에 위치 지우셨다.[103] 그 종은 그 양자 중 어디에도 매이지 않았다. 오히려 그는 이성과 의지를 갖고 모든 사물에 있어서 자유로웠다. 이성을 갖고서는 그는 신께서 창조하신 모든 것을 꿰뚫어 보았다. (113쪽) 그리고 의지를 갖고서

---

103) 플로티노스에 따르면, 인간은 영원성(이념적 세계)와 시간성(감각적 세계) 사이에 있는 중간 존재이다. 역주. 참조. DW Ⅰ, 405쪽 1행 이하. : DW Ⅱ, 133쪽 1행 이하.

는 그는 모든 것과 더불어 자기 자신과 신 자신이 아닌, 신이 창조한 모든 것을 손에서 놓았다. 그는 이성을 갖고서 그 모든 것을 받아들이고 (인식하고-역자), 그 모든 것 때문에 신께 찬미와 영광을 돌리고, 그 모든 것을 신께로 곧, 신의 근저 없는 본성으로 되돌려 드렸다. 그 자신도 창조된 한에서, 자기 자신도 포함해서 그렇게 했다.[104] 거기서(신의 근저 없는 본성에서-역자) 그는 자기 자신과 모든 사물을 손에서 내려놓았다 (liez). 그래서 그는 자신의 창조된 의지를 갖고서 자기 자신도 어떠한 피조물도 (다시는-퀸트) 접하지 않았다. 다음 말은 참으로 진리이다. 곧, 이런 식으로 성실한 사람이라면, 신께서는 말할 수 없이 크나큰 기쁨을 그 사람 가운데 느끼실 것이다. 만약 우리가 신으로부터 이러한 기쁨을 빼앗는다면, 우리는 신에게서 그분의 생명과 그분의 존재와 그분의 신성을 온전히 빼앗는 것이 될 것이다.

나는 더 많이 말하겠다. ─ 이러한 기쁨이 그대들에게 가까이 있고, 그 기쁨이 그대 안에 있다는 사실에 놀라지 마라.[105] ─ 그대 중에 누구라도 그렇게 천박하지 않고, 인식 능력(verstantnisse)이 부족하지도 않고, 그대들이 이러한 기쁨을 참으로 기쁨과 이성을 갖고 자신 가운데 찾지 못할 사람은 아무도 없다. 그대들이 오늘 이 교회를 나가기 전에, 실로 내가 오늘 설교를 마치기 전에 그대들은 그러할 것이다. (114쪽) 그대들은

•••
104) 이때 인간은 신의 정신 안에 있는 이념이 아닌 또는 영혼 가운데 창조되지 않은 '어떤 것'이 아닌 창조된 인간을 뜻한다. 참조. M.O'C. Walshe, Meister Eckhart, vol. II, London & Dulverton: Watkins, 1981. 95쪽 각주 2. *. 이하에서는 Walshe로 줄임.
105) 참조. DW Ⅰ, 95쪽 4행 이하.

이러한 나의 말의 진실성을 확실하게 자신 속에서 발견하고 체험하고 알아듣게 될 것이다. 마치 신이 신이시고, 나는 인간이라는 사실이 진리인 것처럼, 그렇게 될 것이다. 내가 말한 말들이 진리라는 사실을 확신하라. 진리가 이를 말하고 있다. 나는 그대들에게 복음에 쓰여있는 비유를 갖고 내가 말한 말을 그대들에게 입증하고자 한다.[106]

우리 주님께서는 피곤해서 한번은 우물가에 앉아 계셨다. 이교도인 사마리아 여인이 거기로 왔다. 그녀는 물을 떠올리기 위해, 두레박과 밧줄을 가지고 왔다. 우리 주님께서 그 여인에게 "여인이여, 나에게 마실 물을 달라!"고 말씀하셨다. (115쪽) 그러자 그녀는 주님께 답하여 "당신은 무엇 때문에 저에게 마실 것을 청합니까? 당신은 유대인이고, 저는 사마리아 여인입니다. 우리의 신앙과 당신들의 신앙은 서로 어떠한 공통점도 없습니다."라고 말했다. 그때 우리 주님께서 답하여 "그대한테 물을 청하는 사람이 누구인지 알고 있었더라면, 그리고 신의 은총을 인식했더라면, 그대는 훨씬 더 쉽게 나에게 마실 것을 청했을 것이다. 나는 그대에게 살아 있는 물을 줄 것이다. 누구나 이 물(우물의 물-역자)을 마시는 사람은 (다시-역자) 목마를 것이다. 하지만 내가 주는 물을 마시는 사람은 더는 목마르지 않을 것이다. 내가 주는 물로부터 (116쪽) 영원한 생명의 샘이 솟을 것이다."라고 말씀하셨다. 여인이 우리 주님의 말씀을 귀 기울여 듣고서는 - 왜냐하면, 그녀는 물을 길으려 자주 우

---

106) 이 비유는 그리스도와 사마리아 여인에 대한 비유이다. 그는 이 비유를 갖고 인간에게 주어진 기쁨에 대해 말하고자 한다. 마치 작은 일에 성실했던 종이 그러했던 것처럼. 역주. 요한 4, 6 이하 참조.

물가로 오기 싫었기 때문이다. – 그녀는 "주님, 제가 더는 목마르지 않을 마실 물을 주십시오."라고 말했다. 그때 우리 주님은 "가서 그대의 남편을 데려오너라."라고 말씀하셨다. 그리고 그녀는 "저는 남편이 없습니다."라고 말했다. 그 말에 우리 주님은 "여인아, 그대 말이 옳다. 하지만 그대는 다섯 남자를 가졌고, 지금 갖고 있는 남자도 그대의 남편이 아니다."라고 말씀하셨다. 그러자 그녀는 물동이와 밧줄을 놓고 우리 주님께 "주님, 당신은 누구십니까? 그리스도라 이름하는 메시아가 오실 때, 그 메시아께서 우리에게 모든 것을 가르쳐 주시고, 우리에게 진리를 알려 주신다고 성경에 쓰여 있습니다." 그러자 우리 주님께서 "여인이여, 그대와 이야기를 나누고 있는 내가 바로 그 사람이다."라고 말씀하셨다. 이 말씀이 그녀의 마음 전부를 가득 채웠다. 그리고 그녀는 "주님, 우리 조상은 산 위의 나무 아래서 기도하고, 유대인인 당신의 조상은 성전에서 기도했습니다. 주님, 이들 중 어느 쪽이 가장 참되게 하느님께 기도하는 것인지 그리고 어떤 장소가 올바른 (기도-역자) 장소인지를 제게 알려 주십시오."라고 말하였다. 그러자 우리 주님께서 "여인이여, 시간이 올 것이고, 지금이 바로 그 시간이다. 그때는(지금 도래한 시간에서는-역자) 참된 예배자는 오직 산 위에서나 성전에서가 아니라, 오히려 (117쪽) 정신과 진리에 있어서(in dem geiste und in der wâhrheit) 아버지께 기도할 것이다. 왜냐하면, 하느님은 정신이기 때문이다. 그러므로 하느님께 기도하고자 하는 사람은 정신과 진리에 있어서 하느님께 기도해야 한다. 아버지께서는 이렇게 기도하는 자를 찾으신다."라고 말씀하셨다. 그 여인의 마음은 신으로 가득 찼다. 신의 충만하심이 그녀의 마음에 흘러넘치고 샘솟아 올랐다. 그래서 그녀는 자신이 보는 사람 모든 이에게 소리 높여 설교하고 외쳐대었다. 그녀 자신의 마음이 신적 충만함으로 가득 찬 것처럼, 그 모든 사람을 신께 데려가 신으로 그들의 마음을 가득 채우기 위해, 그렇게 했다(참조. 요한 4, 6 이하). – 보라. 그녀가 남편을 다시 갖게 되자, 이런 일이 그녀에게 일어났다. 영혼이 자신의 남편을 곧, 자유로운 의지를 데리고 오지 않는 한, 신께서는 영혼에 자신을 전적으로 그리고 완전히 드러내지 않으신다.[107] 그 때문에, 우리 주님은 "여인이여, 그대는 옳게 말했다. 그대는 다섯 남자를 갖고 있었다. (118쪽) 그런데 그들은 죽었다. 그대가 지금 같이 사는 남자도 그대의 남편이 아니다."라고 말씀하셨다.

그렇다면 다섯 남자란 무엇을 뜻하는가? 다섯 남자는 다섯 개의 감각(vünf sinne)을 뜻한다. 그녀는 그 다섯 개의 감각을 갖고 죄를 지었다. 그래서 다섯 개의 감각(다섯 남자–역자)은 죽었다. 그리고 "그대가 지금 같이 사는 남자도 그대의 남편이 아니다."라는 말은 무엇을 뜻하는가? 남편은 그녀의 자유 의지를 뜻한다. 그런데 그 의지가 그녀에게 속하지 않았다. 왜냐하면, 그녀의 의지는 사죄(死罪)에 사로잡혀 있어, 그녀가 통제할 수 없었다. 따라서 의지는 그녀에게 속하지 않았다. 왜냐하면, 인간이 전혀 통제할 수 없는 것은 그의 것이 아니기 때문이다. 무엇을 통제할 수 있는 사람에게 그 무엇은 속하기 때문이다. 이제 나는 인간이 자신의 자유 의지를 은총 가운데서 통제할 수 있고, 그리고 그 의지를

---

107) 참조. DW Ⅰ, 304쪽 7행 이하, 351쪽 1행.: DW Ⅱ, 275쪽 3행 이하, : DW Ⅱ, 211쪽 1행 이하, 317쪽 2행 이하. 에크하르트는 대개 남편 또는 남자를 영혼 가운데 있는 최상위 이성 능력을 뜻하는 은유로 사용하고 있다. 그런데 여기서는 그는 독특하게 남자를 자유로운 의지를 뜻하는 은유로 사용하고 있다. 역주.

신의 의지와 전적으로 유일한 하나인 하나(ein einic ein)에 있어서 하나일 수 있을 때, 그는 마치 그 여인이 말하듯이, "주님, 제가 어디서 기도해야만 하는지 그리고 참으로 당신이 가장 사랑하는 것을 행하기 위해 무엇을 해야만 하는지를 가르쳐 주십시오." 라고 말하게 될 것이다. 예수께서는 답변하실 것이다. 곧, 그분은 자신을 참으로 그리고 완전히 그리고 전적으로 있는 그대로 드러내실 것이다. 그리고 우리를 흘러넘치도록 가득 채워줄 것이다. 그래서 우리는 가득 차 흘러넘치는 신의 충만함으로 솟구쳐 넘치고 흘러 넘칠 것이다. 마치 그 여인이 이전에는 전혀 준비되지 않았는데도, 짧은 시간에 우물가에서 그랬듯이. 그 때문에, 여기 있는 어떠한 사람도 신의 은총을 통해 자신의 의지를 신의 의지와 순수하게 그리고 완전하게 하나로 되지 않을 정도로, 그렇게 조야하고 비이성적이고, 부적합한 사람은 아무도 없다고 나는 앞에서 이야기했듯이, 나는 말한다. 그래서 우리는 간절한 마음으로 "주님, 저에게 당신의 가장 사랑스러운 의지를 보여주소서. 그리고 당신의 의지를 제가 행할 수 있도록 저를 강하게 해주소서."라고 기도하기만 하면 된다. (119쪽) 신께서 마치 자신이 살아 계신 것처럼, 그렇게 해주실 것이다. 신께서는 풍부함이 가득차도록, 그리고 모든 방식으로 완전히 우리에게 그렇게 해주실 것이다. 마치 그분께서 그 여인에게 하셨듯이 그렇게 해주실 것이다.

보라, 그대들 가운데 가장 조야하고 가장 모자라는 사람도 그대들이 오늘 이 교회를 떠나기 전에, 실로 오늘 설교를 끝내기도 전에 신으로부터 이를(신의 은총을 통해 나의 의지와 신의 의지가 하나가 되는 것을-역자) 받게 될 것이다. 내가 말하고 있는 이 말은 참된 진리이며, 신께서 살아 계시고, 내가 인간인 것처럼, 참된 말이다. 그 때문에, "놀라지 마라. 만약 그대들이 이러한 기쁨을 슬기롭게 추구하고자 한다면, 이러한 기쁨은 그대들에게 그리 멀지 않다."라고 나는 말한 것이다. 이제 나는 다시 "착하고 성실한 종아, 네 주인의 기쁨으로 들어서거라. 너는 작은 일에 성실하였으니, 나의 모든 좋은 것 위로 너를 세우겠다."라는 말씀으로 되돌아가자. 실로 주님이 '모든 좋은 것[108] 위로' 라고 말씀하신 고귀한 이 말씀에 이제 주목해 보자.

(120쪽) 그렇다면, 주님께서 말씀하시는 '좋은 것'(선한 것-역자)이란 무엇인가? 그분께서 말씀하시는 '좋음'(güete, 선성)은 모든 사물에 그리고 모든 피조물에 널리 퍼져 있고, 나누어져 있다. 왜냐하면, 하늘에 있는 것이나 땅에 있는 것이나, 모든 것 또는 모든 피조물의 '좋은 것'은 신의 좋음에서 비롯된 것이기 때문이다. 이것이 (첫째,-퀸트) 바로 주님께서 말씀하시는 '좋은 것'이다. 왜냐하면, 그 어떤 것도 그리고 그 누구도 오직 신으로부터서만 '좋은 것'이고 '좋은 것'을 가질 수 있고, '좋음'일 수 있기 때문이다. 따라서 좋은 것은 그분의 재산이다. 그리고 더 나아가 우리 인간이 신 자신에 대해 말할 수 있는 것이나, 이성을 갖고 (신을-역자) 파악할 수 있는 것이나, 어떠한 방식으로 빛으로 가져갈 수 있는 것이나, (신을-역자) 서술하고 드러낼 수 있는 모든 것이 또한 주님께서 말씀하시는 '좋은 것'이다. 그래서 신께서는 이 종을 온전히 이 '좋

...

108) 원문에 나오는 좋은 것(gout)이라는 말은 '선하고 좋다'를 뜻하기도 하지만, 동시에 재산을 뜻하기도 한다. Walsche, 95쪽 각주 6. 참조.

은 것' 위로 세우고자 하신 것이다. 왜냐하면, 그 종은 작은 일에 좋고 성실하였기 때문이다. 하지만 이러한 모든 '좋은 것'을 아득히 넘어선 곳에 주님께서 말씀하시는 '좋은 것'이 또 있다. 이 '좋은 것'은 앞에서 말한 '좋은 것'과 같으면서도, (121쪽) 이것도 저것도 아니고, 여기도 저기도 아닌 어떤 것(waz)이다. (122쪽) 이런 의미에서 주님께서는 "착하고 성실한 종아, 네 주인의 기쁨으로 들어서거라. (123쪽) 너는 작은 일에 성실하였으니, 나의 모든 좋은 것 위로 너를 세우겠다."라고 말씀하신 것이다.

이제 나는 그대들에게 주님께서 말씀하시는 좋은 것이 무엇인지 말했다. 따라서 주님은 "네 주인의 기쁨으로 들어서거라. 너는 작은 일에 성실하였으니, 나의 모든 좋은 것 위로 너를 세우겠다."라고 말씀하신 것이다. 이는 그분께서 "모든 창조된 좋은 것에서부터 그리고 모든 나누어진 좋은 것에서부터 그리고 모든 조각난 좋은 것에서부터 벗어나라. 나는 이러한 모든 것을 넘어서 창조되지 않고, 분리되지 않고, 조각나지 않은 좋은 것인 나 자신으로 너를 세우겠다."라고 말씀하시고자 하신 것이다. 그리고 주님은 또한 "네 주인의 기쁨으로 들어서거라."라고 말씀하셨다. 이는 그분께서 "분리되고 그대 자신에서부터 우러나오는 기쁨이 아닌 것을 벗어나서, 그대 자신에서 비롯되는 그리고 그대 자신 가운데 있는 기쁨으로 들어서라."고 말씀하시고자 하신 것 같다. 이러한 기쁨은 곧 주님의 기쁨 이외 다름 아니다.

한마디 더 하고자 한다. 무엇이 '주님의 기쁨'인가? 놀라운 질문이다.

아무도 이해할 수 없고 인식할 수 없는 것을 어떻게 인간이 알리고 말할 수 있겠는가? (124쪽) 하지만 이 물음에 대해 약간만 더 말하겠다. '주님의 기쁨'은 주님 자신이지 다른 그 무엇이 아니다. 주님은 살아 있는 본질로 존재하는 이성(ein lebende, wesende, istige vernünfticheit)이시다. 이러한 이성이신 주님은 자기 자신을 이해하고, 자기 자신 속에서 존재하고 사는 항상 똑같은 분이다. 따라서 나는 (주님을 이해하기 위한—역자) 어떠한 방식도 갖지 않는다. 오히려 나는 (그분을 이해하기 위한—역자) 모든 방식을 그분에서부터 떼어낸다. 마치 그분 자신이 어떠한 방식도 없는 방식으로 사시고, 그분 자신인 바에 대해 기뻐하시는 것처럼, 나도 그렇게 한다.[109] 보라, 이러한 기쁨이 '주님의 기쁨'이다. 기쁨은 주님 자신이다. 그래서 그분은 이 종에게 이러한 기쁨으로 들어오라고 하신 것이다. (125쪽) 따라서 그분 자신이 "착하고 성실한 종아, 네 주인의 기쁨으로 들어서거라. 너는 작은 일에 성실하였으니, 나의 모든 좋은 것 위로 너를 세우겠다."라고 말씀하신 것이다.

신이시여, 우리도 선하고 성실하게 되어 우리 주님이 우리를 (기쁨—역자) 안으로 들어서게 하시어, 영원히 그분과 함께 그리고 그분이 우리와 함께 영원히 머물 수 있도록, 우리를 도우소서. 아멘.

---

109) 참조. DW Ⅰ, 150쪽 3행 이하.

설교 67(Jundt 9)

하느님은 사랑이십니다. 사랑 안에 머무르는 사람은 하느님 안에 머무르고 하느님께서도 그 사람 안에 머무르십니다.
Got ist diu minne, und der in der minne wonet, der wohnet in gote und got in im.

− 1 요한 4, 16[110]

(129쪽) 신께서는 그분인 바와 모든 피조물을 갖고서 영혼 안에 머물고 계신다. 따라서 영혼이 있는 곳에, 신께서 계신다. 왜냐하면, 영혼은 신 안에 있기 때문이다. 그러므로 또한, 영혼이 있는 곳에 신께서 계신다. 만약 성경이 거짓을 말하지 않는 한, 그렇다. 나의 영혼이 있는 곳에 신께서 계시고, 신께서 계시는 곳에 또한 나의 영혼이 있다. 이는 신께서 신이신 것과 같이, 참이다.[111]

천사는 본성상 너무나 고귀하다. 그래서 만약 한 천사로부터 (나무를

---

110) 참조. "하느님께서 우리에게 베푸시는 사랑을 우리는 알게 되었고 또 믿게 되었습니다. 하느님은 사랑이십니다. 사랑 안에 머무르는 사람은 하느님 안에 머무르고 하느님께서도 그 사람 안에 머무르십니다." 1 요한 4, 16.
111) 퀸트에 따르면, 이 번역본의 설교 63, 64, 65 등과 같이, 이 성경 구절은 도미니코회 전례력에 따르면 삼위일체 대축일 이후의 첫 번째 일요일 미사에 나오는 독서이고, 오늘날의 전례력에 따르면 성령 강림 대축일 이후의 첫 번째 일요일 미사에 나오는 독서이다. 역주. 참조. DW Ⅲ, 100쪽 10행 이하.

벨 때, 생기는 쪼가리들과 같은 것들 가운데-역자) 쪼가리 하나라도 또는 작은 불꽃 하나라도 떨어진다면, 그것이 모든 세상을 기쁨과 행복으로 가득 채울 것이다. 이제 한 천사가 본성상 얼마나 고귀한지 주목하라. 천사들은 너무나 많기에, 그 수를 알 수 없다. 나는 한 천사가 얼마나 고귀한지를 말하고 있다. 만약 우리가 한 천사를, 순수성 가운데 있는 한 천사를 보기 위해 심판 날까지 그리고 세상이 끝나는 날까지 노예처럼 일한다면, 그에게 그 보상으로 한 천사를 보게 될지도 모르겠다.[112] 모든 정신적인 것에 있어서 우리는 하나가 다른 것 안에서 (이 다른 것과-역자) 분리되지 않고, 하나라는 것을 발견한다.[113] (130쪽) 영혼이 순수한 본성 가운데서 모든 피조물을 버리고 떠나 있고, 모든 피조물로부터 풀려나 있는 곳에, 영혼은 그 본성상 그리고 그 본성으로부터 모든 천사가 수와 양 없이 본성상 갖는 모든 완전성과 모든 환희와 희열을 갖게 될 것이다. 나는 모든 천사를, 그들의 모든 완전성과 그들의 모든 환희와 그들의 모든 행복을 온전히 갖게 될 것이다. 마치 모든 천사가 자기들 자신 속에 이러한 것을 지니는 것과 같이, 그렇게 될 것이다. 그리고 나는 각각의 천사를 내 가운데 따로따로 갖게 될 것이다. 마치 나 스스로 안에 나 자신을 가지듯이, 그렇게 할 것이다. 천사들은 다른 천사들에 의해 방해받지 않고, 내 안에 머물러 있다. 왜냐하면, 어떠한 정신도 다른 것을 배척하지 않기 때문이다. 그래서 천사들은 서로서로 배척하지 않고, 영혼 안에 (나란히 다 함께-역자) 머물러 있다. 따라서 모든

---

112) 참조. DW Ⅲ, 100쪽 1행 이하.
113) 참조. DW Ⅲ, 99쪽 2행 이하.

천사는 다른 천사에 의해서나, 신 자신에 의해서 방해받지 않고, 각각의 모든 영혼에 자신을 내어 준다. (더 나아가-역자) 나의 영혼은 본성에서뿐만 아니라 오히려 본성을 넘어서, 신 자신이 원하든 원하지 않든 신적 본성 가운데서 기뻐하시듯이, 모든 환희와 행복을 지니고서 기뻐 용약(踊躍)한다.[114] 왜냐하면, 하나 이외 아무것도 없기 때문이다. 그리고 하나(ein)가 있는 곳에 모든 것(al)이 있고, 모든 것이 있는 곳에 하나가 있기 때문이다. 이는 확실한 진리이다. (그 까닭에-역자) 영혼이 있는 곳에 신이 계시고, 신이 계신 곳에 영혼이 있다. 만약 내가 이와 달리 말한다면, 나는 옳지 않은 것을 말하고 있는 것이다.[115]

우리는 상(영혼 가운데 있는 신적 모상-퀸트)에 있어서 능력(potestas, kraft)(전능함-역자) 가운데 계시는 신(아버지-역자)이다.[116] 우리는 상(영혼 가운데 있는 신적 모상-퀸트)에 있어서 능력 가운데 계시는 아버지이며, 그리고 지혜(sapientia, wisheit) 가운데 계시는 아들이며, 그리고 선성(bonitas, güete) 가운데 계시는 성령이다. "우리는 (신에 의해-역자) 인식되는 만큼 우리는 (신을-역자) 인식한다."(참조. 1 코린토 13, 12)[117] 그리고 "우리는 (신에 의해-역자) 사랑받는 만큼 사랑한다."

•••

114) 참조. DW Ⅲ, 99쪽 6행 이하.
115) 참조. DW Ⅲ, 82쪽 3행 이하.
116) 여기서부터 설교 끝까지 이어지는 이 설교는 설교 63, 64, 65 등과 완전히 다른 내용을 담고 있을 뿐만 아니라, 1 요한 4장 16절의 성경 구절과도 관계없다. 우선 이 단락에서 다루어지고 있는 설교 내용은 영혼과 삼위일체의 세 위격 및 세 위격의 근저와의 관계를 논하고 있다. 역주.
117) 참조. "우리가 지금은 거울에 비친 모습처럼 어렴풋이 보지만 그때에는 얼굴과 얼굴을 마주 볼 것입니다. 내가 지금은 부분적으로 알지만, 그때에는 하느님께서 나를 온전히 아시듯 나도 온전히 알게 될 것입니다." 1 코린토 13, 12. 역자.

이러한 것(영혼의 삼위 일체적 상에 있어서 영혼의 인식과 인식됨, 사랑과 사랑받음 등)은 여전히 작용(werk) 없이 있는 것은 아니다.[118] 왜냐하면, 영혼은 (삼위 일체적-퀸트) 상 가운데 자리 잡고 있고, (신적-퀸트) 능력이 그러한 것처럼 (신적-퀸트) 능력 가운데 작용하고 있기 때문이다. 영혼은 삼위 일체적 위격들 가운데 자리 잡고 있어 그에 의해 유지되기에, 아버지의 전능하신 능력과 아들의 지혜 그리고 성령의 선성에 따라 존립한다. 이러한 모든 것은 여전히 삼위 일체적 위격들의 작용이다.[119] 그러나 이러한 것(이러한 삼위 일체적 위격들의 작용 -역자) 위에 작용하지 않는 존재(wesen únwürklich)가 있다. 하지만 거기서는(영혼의 삼위 일체적 상에 있어서-퀸트) 존재(wesen)와 작용(werk)이 있을 따름이다. (133쪽) 그러나 영혼이 (삼위 일체적 신과 달리 하나이고 단순한-퀸트) 신 안에 있는 곳에서는, 실로 삼위 일체적 위격들이 거기서는 작용과 존재가 하나가 되는 (단순한 신적-퀸트) 존재로 (완전히-퀸트) 들어 서게 됨에 상응하여 영혼이 있는 곳에서는, 영혼은 삼위 일체적 위격들을 존재의 자신 내 머무름(inneblîbunge des wesens) 가운데서 파악한다. 존재의 자신 내 머무름에서는 삼위 일체적 위격들이 결코 바깥으로 고개를 내밀지 못한다. 그곳에서는 하나의 순수하게 존재하는 상(ein lûter wesenlich bilde)만 있다. 이 상(bilde)은 존재하는 신의 이성

• • •

118) 성부인 아버지가 성자인 아들을 인식하고 사랑하는 만큼 아들도 아버지를 인식하고 사랑하는 것처럼, 우리도 신이 우리를 인식하는 만큼 신을 인식하고, 신이 우리를 사랑하는 만큼 우리도 신을 사랑하는 작용을 한다. 역주.
119) 아우구스티누스의 삼위 일체적 정식이 아니라, P. 롬바르두스(Lombardus)의 것이다. P. Lombardus, Sent. I d. 34 c. 3 n. 30. 여기서 영혼 가운데 있는 상(bilde)은 삼위일체적 신적 상에 대한 유비적 표현이다.

(diu wesenlich vernünfticheit gotes)이다. 이러한 순수하고 단순한 능력이 스승들이 수용하는 능력(수동적 이성-역자)이라 부르는 이성(intellectus)이다.[120] 이제 주목하라. 이제 비로소 영혼은 이를(삼위 일체적 위격들에 대한 이때까지의 논의를-역자) 넘어 자유롭고 순수한 존재, 곧 '여기'(장소-퀸트)도 없이 존재하며, 거기서는 수용하지도 주지도 않는 순수한 절대성을 파악한다. 오히려 이 자유롭고 순수한 존재는 모든 존재와 모든 존재성(alles wesens und aller isticheit)이 박탈된 순수한 존재성(diu blôze isticheit)이다. 거기서 영혼은 신이 모든 존재를 넘어서 있는 (신적-퀸트) 근저에 따라 순수하게 신을 파악한다. 만약 거기에 존재(wesen)가 있다 하더라도, 영혼은 (절대적-퀸트) 존재 가운데 이 존재(wesen in wesene)를 파악할 것이다. 거기서는 (절대적-퀸트) 근저 이외 아무 것도 없다. (134쪽) 이때까지의 논의는 우리가 이 (지상적-퀸트) 삶에서 (신체적인 것을 배제하고-퀸트) 정신적 방식으로 도달할 수 있는 정신의 최고의 완전성(diu hoehste volkommenheit des geistes)에 대한 논의이다.[121]

하지만 이것(앞서 서술한 이 지상의 삶에서의 순수한 정신적 인식-퀸트)이 우리가 (저 세상에서-퀸트) 영원히 신체와 영혼을 갖고 소유하

---

120) 수동적 이성으로서의 정신에 대한 논의는 《파리 질문집》 가운데 특히 「Utrum in Deo sit idem esse et intelligere?」 LW Ⅴ 45쪽과 직접 관계된다. 역주.
121) 참조. DW Ⅰ, 56쪽 5행 이하, 197쪽 2행 이하.

게 될 최선의 완전성은 아니다.[122] 그때가 되면, 외적(신체적-퀸트) 인간은 인간성과 신성이 그리스도의 위격성 가운데서 하나의 위격적 존재로 되는 그러한 위격적 존재의 토대에 힘입어 오로지 유지될 뿐이다. 그래서 나는 나의 자기 이해를 부정하고 온전히 위격적 존재가 되는 방식으로, 나는 이러한 위격적 존재 가운데서 위격적 존재에 힘입어 유지될 따름이다. 그에 따라 나는 (신적-퀸트) 근저 자체가 하나의 근저이듯이, 나도 정신적 방식으로 나의 근저에 따라 하나가 된다. 이리하여 나는 나의 외적(신체적-퀸트) 인간에 있어서도 나는 (그리스도와-역자) 동일한 위격적 존재가 되어야 한다. 이때 내가 내 자신을 지탱하는 것에서부터 나는 온전히 벗어난다. 이러한 위격적인 인-신(人-神)-존재는 외적(신체적-퀸트) 인간을 온전히 벗어나고 온전히 넘어선다. 그래서 외적(신체적-퀸트) 인간은 결코 위격적인 인-신(人-神)-존재에 도달할 수 없다. 만약 외적(신체적) 인간이 자기 자신 위에 서서(자신에 의해 지탱하면서-역자) (그리스도의-역자) 위격적 존재로부터 많은 방식으로 달콤함·위로·내면성을 수용한다면, 이는 좋은 일이긴 하나 최선의 것은 아니다. 그리고 만약 외적(신체적-퀸트) 인간이 자기 자신에 의해 지탱되지

...

122) 앞 단락에서는 지상의 삶에서 신체와 분리 가능한 영혼의 최상위 부분에 자리하고 있는 이성으로 우리는 삼위일체의 작용을 경험하고, 그리고 그러한 작용을 넘어서 있는 삼위일체의 근저에까지 이르러, 그 근저와 하나이게 된다는 이야기이다. 이는 에크하르트의 근본 사상이다. 하지만 이 단락부터 나오는 이야기는 죽고 난 다음의 영혼과 신체가 어떻게 완전하게 되는가 하는 문제를 다루고 있다. 그리스도교는 영혼의 부활이 아닌 몸(영혼과 신체)의 부활을 주장하고 있다. 그래서 에크하르트는 죽고 난 다음에 영혼과 신체가 어떻게 완성되는가 하는 문제를 그리스도의 인간성과 신성의 일치에 대한 논의를 토대로 논하고 있다. 하지만 이 단락의 논의가 과연 에크하르트의 것인가 하는 문제에 대해서는 논란이 있다. 그리고 내용도 난해하고 알아듣기 대단히 힘이 든다. 최대한 퀸트에 따라 번역은 해보지만, 그 내용이 무엇인가는 역자도 제대로 알아듣지 못하고 있다. 역주.

않지만, (여전히-역자) 자기 자신 속에 머물러 있다면, 비록 그 외적 인간이 은총으로부터 그리고 은총과 더불어 작용하여 위로를 받는다고 할지라도, - 그것은 최선의 것이 아니다 - 내적 인간은 그 가운데 자신이 (신적 근저와-퀸트) 하나인 그러한 근저로부터 정신적 방식으로 벗어나서 그에 의해 자신이 은총에 의해 지탱되는 은총적 존재(gnaeelichen wesene)로 향해야 한다. 따라서 정신은 신체와 영혼이 완전하게 되지 않는 한, 절대 완전하게 될 수 없다. (135쪽) 그래서 내적 인간이 (신적-퀸트) 근저와 하나의 근거일 때, 내적 인간이 정신적 방식으로 자신의 고유한 존재를 벗어나는 것처럼, 외적(신체적-역자) 인간도 자신에 의해 지탱되는 것에서 벗어나, 위격적 존재인 영원한 존재에 의해 온전히 지탱되어야 한다. 이로부터 우리는 두 개의 존재가 있음을 알 수 있다. 하나의 존재는 신성에 따라 있는 순수한 실체적 존재(blôz substanzlich wesen)(그리스도의 실체적 존재-퀸트)이고, 다른 하나의 존재는 (그리스도의-퀸트) 위격적 존재(persônlich wesen)이다. 하지만 이 양자는 하나의 (동일한-퀸트) 실체(understôz)이다. 이제 그리스도의 영원한 인간성의 담지자(擔持者)인 그리스도의 위격성의 실체인 이 동일한 실체가 영혼의 실체이기도 하기에, 그리고 존재에 따른 그리고 동시에 위격적 실체에 따른 실체 가운데서 하나의 그리스도가 있기에, 우리도 그분과 동일한 그리스도가 되어야 하며, (그리스도인-역자) 그분이 인간과 같은 류(menschlichen art)의 존재이신 것처럼, 작용에 있어서 그분을 따라야 한다. 왜냐하면, 나는 인간성에 따라 볼 것 같으면, (그리스도와 같은-퀸트) 동일한 류(類)이기에, 나는 (그리스도의-퀸트) 위격적 존재와 하나가 될 수 있기 때문이다. 그래서 나는 은총에 의해 (그리스도의-퀸트)의 위격적 존재 안에서 (그리스도와-퀸트) 하나이게 된다. 곧, 나는 (그리스도의-역자) 위격적 존재 (자체-퀸트)이게 된다. 거기서 신 (그리스도-퀸트)은 아버지의 근저 안에 영원히 머물러 있으며, 나도 아버지 안에서 (아버지와 같은-역자) 근저이면서도 동시에 (그리스도와-역자) 동일한 그리스도로서, 그리고 나의 인간성의 담지자로서 아버지 안에 (영원히-역자) 머물러 있게 되기에, 나의 인간성은 영원한 존재의 하나의 실체 안에서는 나의 것임과 동시에 그분의 것이다. 그래서 신체와 영혼이라는 양 존재는 하나의 그리스도 안에서 하나의 신으로서, 하나의 아들로서 완성된다.[123]

거룩한 삼위일체시여, 이러한 일이 우리에게도 일어나도록 우리를 도우소서. 아멘.

...

[123] 어려운 이야기이긴 하지만, 내적 인간(영혼)이 자신의 고유성을 완전히 버리듯이, 신체적 인간도 자신의 고유성을 완전히 버리고 오로지 신성과 인성이 하나인 그리스도의 인격성에 의해서만 지탱되어야 한다. 그래야 신체와 영혼은 그리스도 안에서 그리스도에 의해, 신으로 그리고 아들로 다시 태어난다. 이러한 일은 그리스도가 우리와 같은 인간성을 지니고 있기에, 가능하다. 우리도 은총에 의해 그분이 되고, 작용에 있어서 그분을 따르면, 그분과 같이 된다. 특히 그리스도의 위격적 존재(성자)는 동시에 근원적 실체적 존재(하나)이기도 하다. 따라서 우리도 그리스도와 같은 위격적 존재인 동시에 근원적 실체적 존재로서 그리스도처럼 아버지 가운데 영원히 머물러 있을 수 있게 된다. 역주.

설교 68(Pf. 69)

하느님의 나라가 가까이 온 줄 알아라.
Scitote, quia prope est regnum dei.

– 루카 12, 31.[124]

(140쪽) 우리 주님께서 "하느님의 나라가 가까이 온 줄 알아라."라고 말씀하신다.[125] 실로, '하느님의 나라'는 우리 가운데 있다(참조. 루카 17, 21).[126] 성 바오로는 "우리의 구원은 우리가 믿는 것보다도 더 가까이 우리에게 와 있다."라고 말하고 있다(로마 13, 11).[127]

첫째, 우리는 신의 나라가 어떻게 우리에게 가까이 와 있는가? 그리고 둘째 신의 나라가 언제 우리에게 가까이 와 있는가? 등을 우리는 마

---

124) 참조. "이같이 너희도 이러한 일들이 일어나는 것을 보거든, 하느님의 나라가 가까이 온 줄 알아라." 루카 21, 31. 역자.
125) 퀸트에 따르면, 이 성경 구절은 도미니코회 전례력에 따르면, 예수 강림 두 번째 주일 미사 복음에, 오늘날의 전례력에 따르면 예수 강림 첫 번째 주일 미사에 나오는 복음에서 따왔다. 역주.
126) 참조. "또 보라, 여기에 있다, 또는 저기에 있다, 하고 사람들이 말하지도 않을 것이다. 보라, 하느님의 나라는 너희 가운데 있다." 루카 17, 21. 역자.
127) 참조. "또한, 여러분은 지금이 어떤 때인지 알고 있습니다. 여러분이 잠에서 깨어날 시간이 이미 되었습니다. 이제 우리가 처음 믿을 때보다 우리의 구원이 더 가까워졌기 때문입니다." 로마 13, 11. 역자.

땅히 알아야 한다. 그 때문에 우리는 신의 나라(왕국-역자)의 의미를 제대로 알아들어야 한다. 만약 내가 왕인데도, 내가 나라(왕국-역자)의 의미를 제대로 모른다면, 나는 왕이 아니다. (141쪽) 그러나 내가 나는 왕이라고 확고하게 확신하고 있다면, 그리고 모든 사람이 나와 함께 내가 왕이라고 확신하고 있다면, 그리고 모든 사람이 그렇게 확신하고 있다는 것을 내가 확신하고 있다면, 나는 왕일 것이다. 그리고 왕에 귀속되는 모든 재화가 나의 것일 것이다. 이러한 재화 중 어떤 것도 나에게 귀속되지 않는 것은 없을 것이다. 내가 왕이고자 한다면, 이 세 가지 조건은 반드시 갖추어야 한다. 만약 이 세 가지 조건 중 하나라도 충족되지 않는다면, 나는 왕일 수 없을 것이다. 한 스승도 - 또한 우리의 가장 최상의 스승들도 - 행복은 우리가 인식하고 아는 데 달려 있다고 말하고 있다.[128] 그리고 우리는 진리에 대한 강박적 충동이 있다. 나는 신을 전적으로 수용할 수 있는 능력이 나의 영혼 가운데 있다.[129]

(142쪽) 나는 나와 더 가까운 것은 신 이외 아무것도 없다고 마치 내가 사람인 것처럼 그렇게 확신한다. 신은 내가 나에게 가까운 것보다도 더 많이 나에게 가깝다.[130] 나의 존재는 신께서 나에게 가까이 계시고, 나에게 현재하고(gegenwertic) 있다는 것에 달려 있다. 물론 그분은 돌에도 한 조각의 목재에도 존재하고 계신다. 하지만 이것들은 그러한 사실을

• • •
128) 참조. Aristoteles, Eth. Nic. Ⅹ c. 7. 그리고 최상의 스승들은 아마도 의지보다 이성을 우위에 두는 도미니코회 수사들일 것이다.
129) '정신의 작은 불꽃', '어떤 것', 그리고 '최상위의 이성' 등을 가리키는 것이다. 역주.
130) 참조. DW Ⅰ, 161쪽 8행 이하.

모르고 있다.[131] 만약 목재가 신을 안다면, 그리고 그분이 자신에 얼마나 '가까이' 계시는지를, 마치 최고의 천사가 이를 아는 것처럼, 인식할 수 있다면, 목재는 최고 천사가 행복한 것과 같이 행복할 것이다. (하지만 사정은 그렇지 않다.-역자) 따라서 인간은 신을 인식하고 신이 자신에 얼마나 가까이 계신지를 알기 때문에, 돌이나 한 조각의 목재보다도 행복하다. 내가 더욱 더 행복하면 행복할 수록, 나는 더욱 더 이를 인식할 것이고, 내가 더욱 더 덜 행복하면 행복할 수록, 나는 더욱 더 적게 이를 인식할 것이다. 신께서 내 안에 계시고, 나에게 가까이 계시고, 나는 신을 갖고 있다는 것을 통해 나는 행복하게 되는 것이 아니라, 오히려 나는 그분이 나에게 가까이 계시는 것을, 그리고 내가 신을 '안다'라는 것을 통해 나는 행복하게 되는 것이다. 예언자는 시편에서 "지각없는 말이나 노새처럼 되지 마라."고 말하고 있다(시편 32, 9).[132] 그리고 족장 야곱은 "하느님이 이곳에 계시는 데도, 나는 몰랐구나."라고 말하고 있다(창세기 28, 16).[133] 우리는 마땅히 신을 알아야 한다. 그리고 우리는 "하느님의 나라가 가까이 있다."라는 것을 우리는 마땅히 인식해야 한다.[134]

(143쪽) 내가 '하느님의 나라'에 대해 생각할 때, 그 나라가 얼마나 큰 지에 대해 나는 입을 자주 다문다. 왜냐하면, '하느님의 나라'는 그분 자

---

131) 참조. DW III, 308쪽 2행 이하.
132) 참조. "지각없는 말이나 노새처럼 되지 마라. 재갈과 고삐라야 그 극성을 꺾느니. 그러지 않으면 네게 가까이 오지 않는다." 시편 32, 9. 역자.
133) 참조. "야곱은 잠에서 깨어나, '진정 주님께서 이곳에 계시는데도 나는 그것을 모르고 있었구나.' 하면서." 창세기 28, 16. 역자.
134) 참조. DW V, 249쪽 1행 이하.

신의 부유함 전체를 지니고 계신 그분 자신이기 때문이다.[135] '하느님의 나라'는 절대 작은 것이 아니다.[136] 만약 우리가 신께서 창조하실 수도 있는 모든 세계를 떠올려 볼 수 있다면, 바로 그 모든 세계가 '하느님의 나라'이다. 나는 가끔 어느 영혼에 '하느님의 나라'가 모습을 드러내는지 그리고 어떤 영혼이 자신에 가까이 있는 '하느님의 나라'를 인식하고 있는가에 대해 말하곤 한다. 하지만 이를 영혼에 아무도 가르칠 필요도 설교할 필요도 없다. (144쪽) 왜냐하면, 영혼은 '하느님의 나라'가 가까이 있다는 것에 의해 (이미-역자) 인도되고 있고, 영원한 생명을 확신하고 있기 때문이다. 영혼은 '하느님의 나라'가 얼마나 자신에 가까이 있는가를 (이미-역자) 알고 인식하고 있다. 이 영혼은 족장 야곱과 함께 "신이 이곳에 계시는 데도, 나는 몰랐구나." 그러나 이제 나는 (그분이 여기 계신 줄을-역자) 알았다.

신께서는 모든 피조물에 똑같이 가까이 계신다. 지혜로운 사람이 『집회서』에서 "하느님께서는 자신의 그물을 넓게 던지셨다. 자신의 그물망을 모든 피조물 위로 펼치셨다. 인간이 모든 피조물 안에서 하느님을 볼 수 있도록."이라고 말하고 있다(참조. 호세아 7, 12).[137] 그와 같이 만약 누군가가 피조물로 가득 찬 그물을 인간들 위에 펼쳐 던질 수 있다

---

135) 중세 독일어 rîche는 나라(왕국)를 뜻하지만, 동시에 부유함, 재화 등도 뜻하고 있다. 역주.
136) 참조. DW V, 22쪽 1행 이하. : DW II, 232쪽 3행 이하.
137) 참조. "그러나 나는 그들이 갈 때 그 위로 그물을 던져 하늘의 새를 잡듯 그들을 잡아채리라. 그들의 죄악을 내가 들은 대로 징벌하리라." 호세아 7, 12. 역자. 에크하르트는 집회서의 성경 구절을 인용하고 있지만, 실제로 그가 인용하고 있는 성경 구절은 호세아서이다.

면, 그 그물 안에서 우리는 신을 눈으로 보고 그 안에서 신을 인식할 수 있을 것이다. 그래서 한 스승(보에시우스-역자)이 신을 올바르게 인식하는 사람은 모든 것에서 신을 똑같이 인식할 것이라고 말한다.[138] 나는 또한 한 때 우리가 신을 두려움 속에서 섬기는 것은 좋은 일이다. (하지만-역자) 우리가 사랑 가운데서 신을 섬기는 것은 더 좋은 일이다. (더 나아가-역자) 우리가 두려움 가운데서도 사랑을 포착할 수 있는 것이 가장 좋은 일이라고[139] 말했다. 우리가 편안한 삶을 지낸다면, 이는 좋은 일이다. 더 나아가서 우리가 고통스러운 삶을 인내심을 갖고서 견뎌낸다면, 이는 더 좋은 일이다. 더 나아가서 우리가 고통스러운 삶 가운데서도 편안하게 산다면, 이는 가장 좋은 일이다. 누군가가 벌판으로 가서 기도하고 신을 인식했다거나 또는 교회 안에 있어서 신을 인식했다면, 대개가 그렇듯이, 그가 고요한 장소에 있었기에, 신을 인식한 것이다. 이러한 것은 그의 미숙성에서부터 도래한 것이지, 신으로부터 도래한 것은 아니다. 왜냐하면, 신께서는 모든 것에 있어서 그리고 모든 장소에 있어서 똑같이 계시며, 자신을 (기꺼이-역자) 줄 준비를 똑같이 하고 계시기 때문이다. 이는 모든 게 신 안에 있기 때문이다. 따라서 신을 올바르게 인식하는 사람은 (모든 것에 있어서-역자) 똑같이 신을 인식하는 사람이다.[140]

---

138) 참조. DW Ⅱ, 403쪽 3행 이하.
139) 참조. DW Ⅰ, 385쪽 15행 이하.
140) 참조. DW Ⅱ, 81쪽 7행 이하.: DW Ⅴ, 193쪽 5행 이하, 201쪽 5행 이하.

(146쪽) "성 베른하르트는[141] 나의 눈은 하늘을 잘 인식하는데도, 도대체 나의 발은 왜 그렇지 못한가?"라고 묻고는, "그것은 나의 눈이 나의 발보다 하늘과 더 많이 닮았기 때문이다."라고 답하고 있다. 만약 영혼이 신을 인식하고자 한다면, 영혼은 하늘과 같아야 한다. 영혼이 자신 속에서 신께서 자신에 얼마나 '가까이' 계신가를 인식하고 알도록, 도대체 무엇이 영혼을 그리로 데리고 가는가? 스승들은 하늘은 어떠한 낯선 것이 침투해 들어오는 것을 허용하지 않는다고 말한다. 곧, 어떠한 예리한 공격도 하늘이 궤도에서 벗어나게끔, 하늘을 꿰뚫고 들어갈 수 없다.[142] 이같이 영혼은 신을 인식하기 위해 견고하고 확고하게 서 있어야 한다. 그래서 영혼을 궤도에서 벗어나게 할 수도 있는 희망도 두려움도, 기쁨도 탄식도, 사랑도 고통도, 또한 그 어떤 것도 영혼 안으로 파고들어서는 안 된다.[143]

하늘은 지구의 모든 지점으로부터도 똑같은 거리에 있다. 따라서 영혼도 또한 모든 지상의 사물로부터 똑같은 거리를 두고 있어야 한다. 따라서 영혼은 다른 사물보다 하나의 사물에 더 가까이 있어서는 안 된다. 고귀한 영혼이라면, 영혼은 모든 지상의 사물, 곧 희망, 기쁨, 탄식 등이라든지, 그리고 또한 그 무엇이든 간에, 똑같은 거리를 두고 있어야 한다. 영혼은 이 모든 것을 깡그리 넘어서 있어야 한다. 하늘도 또한 달을 제외하고서 어떤 흠집도 없이 순수하고 깨끗하다. 스승들은 달을 하늘

• • •
141) 참조. DW Ⅲ, 43쪽 1행 이하.
142) 참조. DW Ⅰ, 43쪽 1행 이하.
143) 참조. DW Ⅰ, 296쪽 8행 이하. : DW Ⅱ, 594쪽 8행 이하. : DW Ⅴ, 237쪽 3행 이하.

의 산파라고 부른다.[144] 그리고 산파인 달은 지구에 가장 가까이 있다.[145] 어떠한 장소나 시간도 하늘과 접하지 않는다. 유형적인 사물은 거기에 (하늘에-역자) 자리를 가질 수 없다. 성경을 깊이 이해하고 있는 사람은 하늘은 어떠한 장소도 갖지 않는다는 걸 잘 인식할 것이다.[146] 하늘은 또한 시간 속에 있지도 않다. (148쪽) 하늘의 운행은 믿지 못할 정도로 빠르다. 스승들은 하늘의 운행은 시간 없이 있다. 오히려 하늘의 운행으로부터 시간이 생겨난다.[147] 시간과 공간만큼 영혼이 신을 인식하는 데 방해하는 것은 없다. 시간과 공간은 쪼가리들인 데 반해, 신은 하나이다. 따라서 영혼이 신을 인식하기 위해서는 영혼은 시간과 공간을 넘어 신을 인식해야 한다. 왜냐하면, 신은 우리가 눈으로 보는 다양한 사물과 달리 이것도 저것도 아니기 때문이다. 신은 하나이기 때문이다. 그래서 영혼이 신을 인식하기 위해서는, 영혼은 시간 속에서 아무 것도 보지 말아야 한다. 왜냐하면, 영혼이 시간이나 공간 또는 그것들과 유사한 생각을 의식하는 한, 영혼은 결코 신을 인식할 수 없기 때문이다.[148] 눈이 색깔을 볼 수 있으려면, 눈은 모든 색깔에서부터 벗어나야 한다.[149] 한 스승은 영혼이 인식할 수 있기 위해서 영혼은 어떤 것과도 공유해서는 안 된다고 말하고 있다.[150] 신을 인식하는 사람은 모든 피조물이 무라는 것

⋯

144) luna(달)의 어원은 Lucina이고 Lucina는 아이 출산의 여신 Juno의 다른 이름이다. Walshe, 170쪽 각주 14. 참조.
145) 참조. DW Ⅰ, 155쪽 12행 이하.
146) 참조. DW Ⅱ, 200쪽 6행 이하.
147) 참조. DW Ⅱ, 182쪽 1행 이하.
148) 참조. DW Ⅴ, 53쪽 17행 이하.
149) 참조. DW Ⅴ, 28쪽 9행 이하. : DW Ⅰ, 201쪽 2행 이하.
150) 참조. : LW Ⅳ, 443쪽 13행 이하. : DW Ⅰ, 185쪽 4행 이하.

도 인식한다.[151] 만약 우리가 하나의 피조물을 다른 피조물과 비교해 본다면, 그 중 하나가 더 아름답고, 더 존재하는 어떤 것일 수 있겠지만, 우리가 피조물을 신과 비교해 본다면, 피조물은 무에 지나지 않는다.

영혼이 신을 인식하기 위해서는 영혼은 자기 자신을 잊고 자기 자신을 버려야 한다고 나는 자주 말해 왔다. 왜냐하면, 영혼이 자기 자신을 인식하면, 영혼은 신을 인식하지 못하기 때문이다. 오히려 영혼은 신 가운데서 자기 자신을 다시 발견하는 것이다. 영혼이 신을 인식하는 한, 영혼은 자기 자신과 자신이 그로부터 이미 떠나 있었던 모든 사물을 신 가운데서 인식한다. 영혼이 자기 자신(과 모든 사물-퀸트)에서부터 떠나 있으면 떠나 있는 그 만큼 더 영혼은 자기 자신(과 모든 사물-역자)을 온전히 인식한다.[152] 내가 선성을 참으로 인식하려면, 나는 선성을 있는 그대로 인식해야 하지, (나 또한 피조물-역자)분리된 채 있는 선성을 인식해서는 안 된다. 내가 존재를 참으로 인식하려면, 나는 존재를 있는 그대로, 곧 신 가운데서 존재를 인식해야 하지 (나 또한 피조물-역자) 분리된 채 있는 존재를 인식해서는 안 된다. 영혼은 신 가운데서 온전한 존재를 인식한다.[153] 내가 아마 이전에 다음과 같이 말했을 것이다. 곧, 한 인간 속에 인간성 전체가 들어 있는 것은 아니라고. 왜냐하면, 한 인간은 모든 인간이 아니기 때문이다. 신 가운데서 영혼은 인간성 전부와 모든 것을 최고의 관점에서 인식할 것이다. 왜냐하면, 자기 자신과 인간

---

151) 참조. DW Ⅰ, 80쪽 10행 이하. : DW Ⅱ, 369쪽 5행 이하. : LW Ⅳ, 283쪽 7행 이하.
152) 참조. LW Ⅳ, 82쪽 1행 이하, 291쪽 6행 이하. : DW Ⅰ, 244쪽 10행 이하.
153) 참조. DW Ⅰ, 245쪽 5행 이하.

성 전부를 (신적-역자) 존재에 따라 인식할 것이기 때문이다.[156] 만약 어떤 사람이 아름답게 꾸며진 집에 산다면, 그 안에 들어가 본 적이 없는 다른 사람도 물론 그 집에 대해 말할 수 있겠지만, 그 집에 살고 있는 사람이 그 집을 가장 잘 알 것이다.[155] 나는 마치 내가 살고 있고, 신이 살고 계신 것처럼, 이를 확신한다.[156] (151쪽) 영혼이 신을 인식하려면, 영혼은 시간과 장소 너머에서 신을 인식해야 한다. 여기에 도달한 영혼은 그리고 내가 (여태까지-역자) 말한 다섯 가지 사항을 잘 숙지하고 있는 영혼은 신을 인식하고, '하느님의 나라'가 얼마나 가까이 있는가를 알 것이다.[157] 곧, '하느님의 나라'는 그분 자신의 풍요로움 모두를 지니고 있는 그분의 나라이다.

학교에서 스승들이 영혼이 신을 인식할 수 있는 일이 과연 영혼에 어떻게 가능한가 라는 의미심장한 물음을 던졌다.[158] 이러한 일은 신의 정의로움이나 신께서 인간에게 요구하시는 그분의 엄격함 등으로부터 도래하는 것이 아니라, 오히려 이러한 일은 그분의 위대한 너그러움에서부터 도래한다. 그분은 영혼이 더 많이 받을 수 있게끔 자신을 넓히기를 원하신다. 그분이 영혼에 더 많이 주시기 위해.[159]

⋯

154) 참조. DW II, 13쪽 1행 이하. : DW I, 420쪽 7행 이하.
155) 참조. LW IV, 173쪽 3행 이하. : DW II, 142쪽 5행.
156) 참조. DW III, 142쪽 1행 이하. : DW II, 305쪽 5행.
157) 에크하르트가 여기서 말하는 다섯 가지 사항은 ① 영혼은 모든 것에서부터 똑같이 멀리 있어야 한다. ② 영혼은 시간과 장소에 대해 아무 것도 몰라야 한다. ③ 영혼은 모든 피조물이 무라는 것을 알아야 한다. ④ 영혼은 자기 자신과 모든 것을 잊어야 한다. ⑤ 영혼은 자기 자신과 모든 것을 신 안에서 다시 찾을 것이다. 등이다. 참조. Walshe, 171쪽, 각주 17. 참조.
158) 참조. Thomas S. theol. q. 12 a. 1-13. "신이 어떻게 우리에게 인식되는가."
159) 참조. DW II, 245쪽 5행 이하, 35쪽 1행 이하.

아무도 여기에 도달하는 게 어렵다고 생각해서는 안 된다. 비록 그것이 어렵고 대단한 것으로 여겨지긴 하지만. 물론 처음에 (자신과 모든 사물을-퀸트) 버리고 떠나는 것이 어려운 것은 사실이다. 그러나 만약 우리가 그 안으로 들어서기만 하면 그 이상 더 쉽고, 그 이상 더 즐겁고, 그 이상 더 사랑스러운 삶이 없는 것을 알게 될 것이다.[160] 신께서는 자신이 항상 우리와 함께 있기를 그리고 우리가 그분을 따를 준비만 되어 있으면, 우리가 그분 자신 안으로 들어서게끔 우리를 가르치기 위해 대단히 노심초사하고 계신다. (152쪽) 신께서 인간이 자신을 인식하는 데로 인간을 데리고 가려고 욕망하시는 것에 비하여, 인간이 어떤 것을 욕망하는 것은 아무것도 아니다. 신께서 항상 준비되어 계신다. 오히려 우리가 준비가 전혀 되어 있지 않다. 신은 우리 가까이 계신다. 하지만 우리가 그분으로부터 멀리 있다. 신은 우리 안에 계신다. 그러나 우리가 (신-역자) 바깥에 있다. 신은 우리 안에 (고향처럼 편히-역자) 계신다. 오히려 우리가 (그분에서-역자) 멀리 떨어져 있다.[161] 예언자는 신께서 의로운 사람을 좁은 길을 통해 넓은 대로로 이끌어주신다(참조. 지혜서 10, 10-11)고 말하고 있다.[162] 의로운 이들이 넓고 넓은 대로(大路)로 나아가게끔.

• • •

160) 참조. DW V, 207쪽 9행 이하.
161) 참조. DW V, 280쪽 6행 이하.
162) 참조. "의인이 형의 분노를 피하여 달아날 때 지혜는 그를 바른 길로 이끌고 하느님의 나라를 보여주었으며, 거룩한 것들을 알려 주었다. 고생하는 그를 번영하게 하고 그 노고의 결실이 붙어나게 하였으며, 착취자들이 탐욕을 부릴 때 그 곁에 있어 주고 그를 부자로 만들어 주었다." 지혜서 10, 10-12. 역자.

신이시여, 당신께서 우리를 자신 안으로 데리고 가게끔, 그래서 우리가 거기서 당신을 참으로 인식할 수 있게끔, 우리가 모두 당신을 따를 수 있도록 도와주소서. 아멘!

설교 69(Pf. 69)

조금 있으면 너희는 나를 더는 보지 못할 것이다.
Modicum iam non videbitis me.

- 요한 16, 16.[163]

(159쪽) 나는 성 요한이 복음에 쓴 성경 구절을 라틴어로 말했다. (160쪽) 이 복음을 우리는 일요일 미사 중에 읽는다. 우리 주님은 자신의 제자들에게 "조금 있으면(ein kleine oder ein wênic) 너희는 나를 보지 못할 것이다."라고 말씀하고 계신다.[164]

만약 아주 적은 것이라 하더라도(swie kleine das ist) 그 어떤 것이 영혼에 달라붙어 있다면, 우리는 신을 보지 못할 것이다. 성 아우구스티누스는 영원한 삶이란 무엇인가 라는 물음을 던지고는 그에 답해 다음과 같이 말하고 있다. "만약 그대가 나에게 영원한 삶이 무엇인지 묻고자 한다면, (먼저-역자) 영원한 삶 자신에 물음을 던지고 그것의 답변에

---

163) 참조. "조금 있으면 너희는 나를 더 이상 보지 못할 것이다. 그러나 다시 조금 더 있으면 나를 보게 될 것이다." 요한 16, 16. 역자.
164) 퀸트에 따르면, 이 성경 구절은 부활 이후 3번째 주일 미사 중에 읽는 복음이다. 역주.

귀를 기울여라."¹⁶⁵⁾ 열을 갖고 있는 사람 이외, 열이 무엇인지를 아무도 더 잘 알지 못한다. 또한, 지혜를 갖고 있는 사람 이외, 지혜가 무엇인지 아무도 더 잘 알지 못한다. (이같이-역자) 영원한 삶 자신 이외, 영원한 삶이 무엇인지 아무도 더 잘 알지 못한다. 이제 영원한 삶이신 우리 주님, 예수 그리스도께서 "우리가 오직 당신(아버지-역자)만을 참된 하느님으로 인식하는 것이 영원한 삶이다."라고 말씀하고 계신다.¹⁶⁶⁾ (161쪽) 신을 멀리서나마 매개 속에서든 구름 속에서든 인식하고자 하는 사람은 이 세상을 다 포기한다고 해도 한순간만이라도 신을 결코 떠나려고 하지 않을 것이다. 하물며 우리가 매개 없이 신을 본다면, 더더욱 얼마나 그러할 것인지를 그대는 상상조차 하지 못할 것이다. 우리 주님께서 "조금 있으면(ein wênic oder ein lützel), 너희는 나를 보지 못할 것이다."라고 말씀하고 계신다. 신께서 이미 창조하셨거나, 또는 원하신다면 여전히 창조하시고자 하는 모든 피조물은 신에 비하면, 거의 없는 거나 아주 미미한 것(ein wênic oder ein lützel)이다.¹⁶⁷⁾ 하늘은 너무나 크고 너무나 넓다. 만약 내가 그러한 것을 그대들에게 말한다고 할지라도, 그대들은 믿으려고 하지 않을 것이다.¹⁶⁸⁾ (162쪽) (그런데-역자) 누군가가 바늘을 집어 바늘 끄트머리로 하늘을 찌른다면, 바늘 끄트머리로 찌른 하늘

• • •

165) 참조. Augustinus Sermo, 150. c. 8 n. 10, PL 38, 814.
166) 참조. DW II, 559쪽 1행 이하.
167) 에크하르트는 '조금 있으면(ein kleine oder ein wênic)(ein wênic oder in lützel)'이라는 시간적 의미를 '아주 적은 것' 또는 '거의 없는 거나 아주 미미한 것'이라는 의미로 바꾸어 말하고 있다. 그래서 그는 "아주 적은 것이라 하더라도(swie kleine das ist), 어떤 것이 영혼에 달라붙어 있다면," 또는 "모든 피조물은 신에 비하면, 거의 없는 거나 아주 미미한 것(ein wênic oder ein lützel)"이라고 말하고 있다. 역주.
168) 참조. DW II, 302쪽 2행 이하.

부분이 하늘과 모든 이 세계보다도, 곧 신에 비교된 하늘과 모든 세상보다도 더 클 것이다.[169] 따라서 "조금 있으면(ein wênic oder ein lützel), 너희는 나를 보지 못할 것이다."라는 주님의 말씀은 아주 적절한 말씀인 것이다.[170] (그러므로-역자) 피조물 가운데 어떤 것이라도, 그것이 그대 안으로 비추고 있는 동안에는, 그것이 아주 적은 것이라 하더라도, 그대는 신을 보지 못할 것이다. 따라서 『아가』에서 영혼은 "나는 돌아다니면서 내 영혼이 사랑하는 이를 찾았지만, 나는 찾지 못했네."라고 말하고 있다.[171] 영혼은 천사와 많은 것을 찾았지만, (163쪽) 그녀의 영혼이 사랑하는 이를 찾지 못했다. 영혼은 더 나아가 "내가 거의 없는 거나 아주 미미한 것을 넘어서자마자, 나는 내 영혼이 사랑하는 이를 찾았네."라고 말하고 있다.[172] 이 말로써 영혼은 다음을 말하고자 했던 것 같다. 곧 "내가 '거의 없는 거나 아주 미미한 것'에 지나지 않는 모든 피조물을 넘어서자마자, 나는 내 영혼이 사랑하는 이를 찾았다."라고. 영혼이 신을 찾고자 한다면, 영혼은 모든 피조물을 뛰어넘어야 하며, 훌쩍 뛰어넘어야 한다.[173]

그대들은 신께서 영혼을 대단히 사랑하신다는 것을 알아야 한다. 이

･･･
169) 참조. DW II, 414쪽 4행 이하.
170) 이를 에크하르트는 조그마한 것이라도 그대들이 매달려 있다면, 너희는 나는 보지 못할 것이라고 해석하고 있다. 역주.
171) 참조. LW II, 285쪽 8행 이하. ; "나 일어나 성읍을 돌아다니리라. 거리와 광장마다 돌아다니며 내가 사랑하는 이를 찾으리라.' 그이를 찾으려 하였건만 찾아내지 못하였네." 아가 3, 2. 역주.
172) 참조. "그들을 지나치자마자 나는 내가 사랑하는 이를 찾았네. 나 그이를 붙잡고 놓지 않았네. 내 어머니의 집으로, 나를 잉태하신 분의 방으로 인도할 때까지." 아가 3, 4. 역자.
173) 참조. DW II, 309쪽 3행 이하. : DW III, 200쪽 15행 이하.

것이 기적이다. 만약 누군가가 신께서 영혼을 사랑하시고 계신다는 것을 신으로부터 떼어낸다면, 그는 신으로부터 그분의 생명과 존재를 떼어내게 될 것이다. 또는 그는 신을 죽이게 될 것이다. 그러한 한, 우리는 다음과 같이 말할 수 있을 것이다. 곧, 그를 갖고 신께서 영혼을 사랑하시는 그 똑같은 사랑이 그분의 생명이라고. 그리고 이러한 똑같은 사랑 가운데서 성령이 꽃피어 나온다고. 그리고 이 똑같은 사랑이 성령이라고.[174] (164쪽) 신께서 영혼을 그렇게도 대단히 사랑하시는 까닭에, 영혼은 대단한 것일 수밖에 없다.[175]

한 스승(데모크리토스-역자)이 (아리스토텔레스의-역자)『영혼론』가운데서 "어떠한 매개도 없다면, (우리-역자) 눈은 하늘에 있는 개미도 깔따구도 볼 수 있을 것이다."라고 말하고 있다. 그의 말은 참이다. (165쪽) 왜냐하면, 그는 (매개라는 말로-역자) 하늘과 눈 사이에 있는 불과 공기 그리고 그 이외 많은 것을 뜻하고 있기 때문이다. 다른 스승(아리스토텔레스-역자)은 "만약 어떠한 매개도 없다면, 나의 눈은 아무것도 보지 못할 것이다."라고 말하고 있다. 그들 양자의 생각은 다 똑같이 참이다.[176]

첫 번째 사람은 "어떠한 매개도 없다면, (우리-역자) 눈은 하늘에 있는 개미도 볼 수 있을 것이다."라고 말하고 있다. 그는 참을 말하고 있

• • •
174) 참조. DW II, 287쪽 1행 이하, 301쪽 6행 이하. : DW I, 168쪽 3행 이하.
175) 참조. LW IV, 55쪽 7행 이하.
176) 참조. DW II, 366쪽 3행 이하. : Aristoteles. De an. II t. 74.

다. 만약 신과 영혼 사이에 어떠한 매개도 없다면, 영혼은 곧장 신을 볼 것이다. 왜냐하면, 신께서는 어떠한 매개도 갖고 계시지 않기 때문이다. 신께서는 어떠한 매개도 견뎌내지 못하신다.[177] 만약 영혼이 온전히 모든 매개에서부터 벗어나, 그것들로부터 떠나 있다면, 신께서도 영혼에 벌거벗고 있는 그대로, 자신을 드러내실 것이다. 영혼에 자신을 깡그리 다 주실 것이다. 영혼이 (여전히-역자) 모든 것을 벗어나고 모든 매개에서 떠나 있지 않은 한, - 그것이 아무리 적은 것이라 하더라도, - 영혼은 신을 보지 못할 것이다.[178] 만약 신체와 영혼 사이에 머리카락 한 올 넓이의 차이가 있어 이를 잇는 (166쪽) 어떠한 매개자가 있다면, 이들 사이의 진정한 일치는 존재하지 않을 것이다. 유형적인 사물에서도 그러한 데(진정한 일치가 존재하는데-역자) 정신적 사물에서는 (그 일치가-역자) 오죽하겠는가.[179] 보에시우스는 "그대가 진리를 순수하게 인식하고자 한다면, 기쁨과 고통, 두려움, 그리고 기대나 희망을 버려라. (왜냐하면,-역자) 기쁨과 고통, 두려움과 기대는 하나의 매개이기 때문이다. 이들 모두는 하나의 매개에 지나지 않는다. (167쪽) 만약 그대가 이러한 매개를 바라보고, 또 이 매개가 그대를 바라보는 한, 그는 신을 볼 수 없을 것이다."라고 말하고 있다.[180]

다른 스승(아리스토텔레스-역자)은 "만약 어떠한 매개도 없다면, 나

---

177) 참조. DW II, 339쪽 2행 이하.: DW V, 114쪽 21행.
178) 참조. DW I, 185쪽 3행 이하.: DW II, 275쪽 4행 이하.
179) 참조. DW I, 119쪽 2행 이하.: LW IV, 111쪽 2행 이하.: DW V, 269쪽 3행 이하.
180) 참조. Boethius, Phil. consol. I m. VII, CSEL 20, 3-10.

의 눈은 아무것도 보지 못할 것이다."라고 말하고 있다. 만약 내가 내 손을 내 눈 위에 둔다면, 나는 손을 보지 못할 것이다. 내가 손을 눈에서 떼어내 눈앞에 갖다 둔다면, 나는 곧장 손을 볼 것이다. 이는 손이 갖고 있는 질료적 투박성(gropheit) 때문이다. 따라서 이러한 질료적 투박성은 공기와 빛 가운데서 순화되고 미세하게 되어 상(bilde)으로서 내 눈에 들어와야 한다.[181] (167쪽) 그대는 이러한 것을 거울에서 잘 볼 수 있을 것이다. 그대가 거울을 그대 앞에 둔다면, 그대의 상(모습-역자)이 거울에 비칠 것이다. 눈과 영혼은 그러한 거울이다. 이 거울 앞에 놓인 모든 게 눈과 영혼에 비춘다. 따라서 나는 손 자체나 돌 자체를 보는 게 아니라, 오히려 나는 돌의 상을 본다. 그러나 이러한 상을 나는 다른 상에서나 또는 (다른-역자) 매개 가운데서 보는 게 아니라, 오히려 나는 아무런 (다른-역자) 매개 없이 그리고 아무런 (다른-역자) 상 없이 이 상을 본다. 왜냐하면, 상이 매개 (자체-역자)이기에, (다른 상 또는-역자) 매개가 필요 없기 때문이다. 따라서 상은 상이 없고, 그리고 순환은 순환이 없다. – 비록 순환 없는 순환이 순환의 원인이기는 하지만 – 크기는 크기 없이 있다. – 비록 크기 없는 크기가 크기의 원인이긴 하지만 – 따라서 상은 다른 상 가운데서 보이지 않는다는 의미에서, 상은 상 없이 있다. 영원한 말씀은 매개 없이 그리고 (다른-역자) 상 없이 있는 매개 (자체-역자)이며, 상 자체이다. 그래서 영혼은 영원한 말씀 가운데서 (아무런 매개 없이-역자) 직접 그리고 (다른-역자) 상 없이 신을 파악하고 인식한다.[182]

...

181) 참조. DW Ⅰ, 151쪽 4행 이하. : DW Ⅱ, 366쪽 5행 이하.
182) 참조. DW Ⅰ, 154쪽 4행 이하.

(169쪽) 영혼 가운데 하나의 능력이 있다. 이것이 곧 이성(vernünf-ticheit)이다.[183] 이 능력(이성-역자)은 신을 인식하고 냄새 맡기 시작하는 순간부터 다섯 가지의 속성을 자신에 지니고 있다. 첫 번째 속성은 이성은 여기와 지금에서부터 떠나 있다는 것이다. 두 번째 속성은 이성은 어떤 것과도 같지 않다(어떤 것과도 공통점을 지니지 않는다-역자)는 것이다. 세 번째 속성은 이성은 순수하기에, 어떤 것과 섞여 있지 않다는 것이다. 네 번째 속성은 이성은 자기 자신에 있어서 작용하고 추구한다는 것이다. 다섯 번째 속성은 이성은 상(bilde)이라는 것이다.

(170쪽) 첫 번째 속성은 (자세히 말하면-역자) 다음과 같다. 곧, 이 능력(이성-역자)은 여기와 지금에서부터 벗어나 있다는 것이다. 여기와 지금은 장소와 시간을 뜻한다. 지금은 시간의 가장 작은 최소 단위이다. 그래서 지금은 시간의 한 동가리도, 시간의 한 부분도 아니다. 오히려 지금은 시간의 맛을 풍길 뿐이며, 시간의 한 꼭지이면서도 (동시에-역자) 시간의 끝이다. 그런데도 지금이 아무리 적은 것이라 하더라도 지금은 사라져야 한다. 시간에 접하는 것이나 시간의 냄새를 풍기는 것이면, 그 무엇이든지 모조리 사라져야 한다. 다른 한편, 이 능력(이성-역자)은 '여기'에서부터서도 벗어나 있다는 것이다. 여기는 '장소'를 뜻한다. 내가 서 있는 이곳은 대단히 협소한 장소이다. 아무리 작은 장소라 하더라도, 장소는 사라져야 한다. 우리가 신을 보기 위해서는.

---

[183] 이성은 신체와 분리되어 어떤 것과도 공통점을 지니지 않는 영혼의 최고 능력이다. 역주. 참조. DW Ⅰ, 365쪽 1행 이하, 220쪽 7행 이하.: DW Ⅱ, 305쪽 8행 이하, 322쪽 7행 이하.: DW Ⅴ, 11쪽 5행 이하.

두 번째 속성은 이 능력(이성-역자)은 어떤 것과도 같지 않다는 것이다. 한 스승이 신은 어떤 것과도 같지 않으며, 어떤 것과도 같아질 수 없는 존재라고 말하고 있다. 이제 성 요한은 "우리는 하느님의 자녀라 불리게 될 것이다."라고 말하고 있다.[184] 우리가 신의 자녀이고자 한다면, 우리는 신과 같아져야만 한다. (앞서 말한-역자) 이 스승은 '신은 어떤 것과도 같지 않은 존재'라고 어떻게 말할 수 있었던가? 그대는 이를 다음과 같이 이해해야 한다. (171쪽) 이 능력(이성-역자)이 어떤 것과도 같지 않은 한, 이 능력은 신과 똑같다고. 신께서 어떤 것과도 같지 않은 만큼, 이 능력도 어떤 것과도 같지 않다고.[185] 모든 창조물은 신과 같아지고자 본성적으로 노력하고 작용한다는 것을 그대들은 알아야 한다.[186] 하늘이 신이나 신과의 유사성을 추구하고자 노력하지 않는다면, 하늘은 결코 순환 운동을 하지 않을 것이다.[187] 만약 신께서 모든 사물에 계시지 않으신다면, (172쪽) 자연은 작용하지도 어떠한 것을 위해 결코 욕망도 하지도 않을 것이다. 왜냐하면, 그것이 그대에게 좋든, 그렇지 않든 또는 그대가 그것을 알든 모르든 관계없이, 자연은 은밀하게 여전히 내면의 가장 깊은 곳에서 신을 추구하고 신을 의도하고 있기 때문이다.[188] 마실 것이 주어진다고 하더라도, 신적인 것이 그 가운데 들어 있지 않다

• • •

184) 참조. "아버지께서 우리에게 얼마나 큰 사랑을 주시어 우리가 하느님의 자녀라 불리게 되었는지 생각해보십시오. 과연 우리는 그분의 자녀입니다. 세상이 우리를 알지 못하는 까닭은 세상이 그분을 알지 못하였기 때문입니다." 요한의 첫째 서간 3, 1. 역자.
185) 참조. DW Ⅰ, 107쪽 5행 이하. : DW Ⅱ, 584쪽 2행 이하. : LW Ⅲ, 192쪽 5행. : LW Ⅱ, 44쪽 12행 이하. : LW Ⅳ, 367쪽 4행 이하.
186) 참조. DW Ⅰ, 379쪽 6행 이하. : DW Ⅴ, 32쪽 13행 이하. : LW Ⅳ, 264쪽 5행 이하.
187) 참조. DW Ⅱ, 326쪽 5행 이하.
188) 참조. LW Ⅳ, 22쪽 6행 이하.

면, 그것을 거부하지 못할 정도로 그렇게나 목마른 사람은 없다. 만약 신이 그 가운데 들어 있지 않다면, 자연은 먹지도 마시지도 옷을 걸치지도 행복도 원하지 않을 것이다. 그리고 모든 것 가운데서 그 밖의 어떤 것도 원하지 않을 것이다. 자연은 그 가운데서 신을 발견할 수 있는 걸 향해, 은밀하게 추구하고 항상 노력하고 분투하고 있다.[189]

(173쪽) 세 번째 속성은 이 능력(이성-역자)은 순수하고 어떤 것과도 섞여 있지 않다는 것이다. 신의 본성은 어떠한 혼합도 어떠한 뒤섞임도 견뎌낼 수 없다는 것이다.[190] 이같이 이 능력(이성-역자)도 어떠한 혼합도 어떠한 뒤섞임도 지니고 있지 않다. 그리고 이 능력(이성-역자) 안에는 어떠한 낯선 것도 없으며, 그 어떠한 낯선 것도 파고들 수 없다. 만약 내가 아름다운 사람에게 그가 희면서도 동시에 검다고 말한다면, 나는 그에게 부당한 일을 행하는 것이다.[191] 영혼은 온전히 혼합 없이 있어야 한다. 누군가가 나의 모자에 어떤 것을 붙이거나 그 위에 어떤 것을 부착시키고는 모자를 벗긴다면, 그는 모자와 함께 모자에 부착된 모든 것도 다 같이 벗기게 될 것이다. 만약 내가 여기로부터 나간다면, (174쪽) 나와 함께 나에게 있는 모든 게 다 같이 함께 나가게 될 것이다. 누군가가 그 위에 정신이 근거하고 매달려 있는 것을 당긴다면, 그는 정신과 함께 그 위에 정신이 매달려 있는 것까지도 다 함께 당기게 될 것이다. 하지만 그 어떤 것에도 근거하고 있지 않은 사람은 그 어떤 것에도 매달

---

189) 참조. DW II, 612쪽 10행 이하.
190) 참조. DW I, 380쪽 3행 이하, 56쪽 11행.: DW II, 344쪽 1행 이하.: LW I, 312쪽 9행 이하.
191) 참조. DW II, 536쪽 4행.

려 있지 않기에, 비록 하늘과 땅이 뒤집힌다고 하더라도, 꿈쩍 않고 (그 자리에-역자) 머물러 있을 것이다. 왜냐하면, 그 사람은 그 어떤 것에도 매여 있지 않고, 그 어떤 것도 그를 묶어 두고 있지 않기 때문이다.

네 번째 속성은 이 능력(이성-역자)은 전적으로 내적인 방식으로 추구한다. 신은 가장 내적인 곳에서 온전히 거주하는 그러한 존재이다. 따라서 이성은 전적으로 내적으로 추구한다. 그러나 의지는 자신이 사랑하는 걸 향해 바깥으로 나선다. 그래서 내 동무가 오면, 내 의지는 사랑하는 마음을 갖고 (175쪽) 그에게 자신을 쏟아붓는다. 그리고 그 가운데 만족한다. 이제 성 바오로는 "우리가 신에 의해 인식되는 것만큼, 우리는 신을 인식할 것입니다."[192]라고 말하고 있다. 그리고 성 요한은 "우리는 하느님을 있는 그대로 인식할 것입니다."라고 말하고 있다.[193] 만약 내가 색칠되고 싶다면, 나는 색에 속하는 것을 내 가운데 가져야만 한다. 내 가운데 색의 본질(daz wesen der varwe, 색 자체)을 내가 갖고 있지 않다면, 나는 결코 색칠될 수 없을 것이다. 이같이 신께서 자기 자신을 보는 그 가운데가 아니면, 나는 절대 신을 보지 못할 것이다. 따라서 성 바오로는 "하느님은 아무도 다가설 수 없는 빛 속에 사십니다."라

---

192) 참조. "우리가 지금은 거울에 비친 모습처럼 어렴풋이 보지만 그때에는 얼굴과 얼굴을 마주 볼 것입니다. 내가 지금은 부분적으로 알지만, 그때에는 하느님께서 나를 온전히 아시듯 나도 온전히 알게 될 것입니다." 코린토인에게 보낸 첫째 편지 13, 12. 역자.
193) 참조. "사랑하는 여러분, 이제 우리는 하느님의 자녀입니다. 우리가 어떻게 될지는 아직 드러나지 않았지만, 그분께서 나타나시면 우리도 그분처럼 되리라는 것은 알고 있습니다. 그분을 있는 그대로 뵙게 될 것이기 때문입니다." 요한의 첫째 서간 3, 2. 역자.

고 말하고 있다.[194] (176쪽) 이 말에 여러분은 아무도 겁먹지 말기 바란다! 물론 우리는 (신께로 향하는-역자) 길목에 있거나 (그분께로-역자) 접근해 가는 도중에 있을 수 있다. 이는 좋은 일이다. 하지만 이는 진리와는 대단히 거리가 멀다. 왜냐하면, 이것이 신은 아니기 때문이다.

다섯 번째 속성은 이성은 상(bilde)이라는 것이다. 실로 이 말을 열심히 경청하고 잘 간직하라. 왜냐하면, 이 말 속에 내 설교 전체가 요약되어 있기 때문이다. 상과 (원-퀸트) 상(bilde und bilde, Bild und Urbild)은 전적으로 하나이며, 서로 (하나로-역자) 엮여 있기 때문이다. (177쪽) 그래서 우리는 거기서(상에서-역자) 어떠한 차이도 인식할 수 없다. 물론 우리는 열을 생각하지 않고도 불을 생각할 수도 있으며, 불 없이 열을 생각할 수도 있다. 우리는 빛을 생각하지 않고도 해를 생각할 수 있으며, 해 없이 빛을 생각할 수도 있다.[195] 하지만 우리는 상과 (원-퀸트) 상 사이에 어떠한 차이도 인식할 수 없다. 오히려 나는 신은 자신의 전능함을 갖고 상과 (원-퀸트) 상 사이에 어떠한 차이도 인식하지 않으신다. 왜냐하면, 상과 (원-역자) 상은 서로 함께 낳아지고, 함께 죽기 때문이다. 하지만 나의 (생물학적-역자) 아버지가 죽는다고 해서, 그 때문에 내가 죽지는 않는다. 만약 나의 아버지가 죽는다면, 우리는 그는 누구의 아들이라고 더는 말하지 않고, 오히려 그는 누구의 아들이었다

⋯

194) 참조. "홀로 불사불멸하시며 다가갈 수 없는 빛 속에 사시는 분 어떠한 인간도 뵌 일이 없고 볼 수도 없는 분이십니다. 그분께 영예와 영원한 권능이 있기를 빕니다. 아멘." 티모테오에게 보낸 첫째 서간 6, 16. 역자.
195) 참조. DW II, 631쪽 11행 이하, 328쪽 7행 이하. : LW V, 44쪽 7행 이하.
196) 참조. DW I, 110쪽 2행 이하, 435쪽 15행 이하. : DW II, 33쪽 1행 이하, 435쪽 15행 이하.

고 말한다.[196] 우리가 벽에 하얀 색깔을 칠한다면, 그리고 그 벽이 하얀 색깔을 띠고 있는 한, 그 벽은 모든 하얀 색과 닮아있다. (178쪽) 하지만 만약 우리가 벽에 검은 색을 칠한다면, 그 벽은 모든 하얀 색에 대해 죽게 된다. 보라, 이같이 신에 따라 형성된 상이 사라진다면, 신의 상도 또한 사라진다. 나는 한 마디 더 붙이겠다. 아니 두세 마디 더 붙이겠다. 이제 나를 제대로 주목하라! 이성은 안으로 엿보고, 신성의 모든 측면을 샅샅이 다 살펴보고서, (179쪽) 아버지의 품속, 곧 (신적-퀸트) 근저에 있는 아들을 포착하고, 아들을 신성의 근저에 위치 짓는다.[197] 이성은 안으로 파고든다. 이성은 선성(성령-역자)에도, 지혜 또는 진리(성자-역자)에도 그리고 신(성부-역자) 자신에도 만족하지 않는다. 실로 참된 진리에 따라 이성이 돌이나 나무에 만족하지 않는 것처럼, 신에도 만족하지 않는다고 나는 말한다. 이성은 절대 쉬는 법이 없다. 이성은 그로부터 선성과 진리가 터져 나오는 (신성의-역자) 근저로 돌파한다. 그리고 이러한 근저를 시원에서 곧, 선성과 진리가 거리로부터 터져 나오는 시원에서 신성의 근저를 취한다. 그 시원에는 있는 선성의 근저는 어떠한 이름도 없다. 이성은 이러한 근저가 터져 나오기 이전에, 선성과 지혜보다 더 높이 있는 이러한 근저에서 이러한 신성의 근저를 취한다.[198] 이성의 자매인 의지는 신이 선한 한, 신에 만족한다. 그러나 이성은 이러한 모든 것을 (180쪽) 떠나서 거기서 아들이 샘솟아 오르고, 성령이 꽃피어 오르는 (신성의-역자) 뿌리로 돌파해 들어간다.[199]

•••

197) 참조. DW Ⅰ, 90쪽 6행 이하.
198) 참조. DW Ⅰ, 52쪽 9행 이하, 122쪽 5행 이하.: DW Ⅱ, 31쪽 1행 이하, 216쪽 1행 이하.: LW Ⅴ, 60쪽 5행 이하.
199) 참조. DW Ⅰ, 180쪽 6행 이하.: DW Ⅱ, 52쪽 8행 이하.

아버지와 아들과 성령이시여, 우리도 이를 이해하고 영원히 행복해질 수 있도록 우리를 도우소서. 아멘.

설교 70(Pf. 41, QT 53)

조금 있으면 너희는 나를 더는 보지 못할 것이다.
Modicum et non videbitis me etc.

– 요한 16, 16[200]

(187쪽) 우리 주님께서 제자들에게 "조금만 그리고 약간만 그리고 아주 짧은 시간 이후에(eine kleine und ein wênic und ein lützel) 너희는 나를 보지 못할 것이다. 그러나 다시 조금 더 있으면 나를 보게 될 것이다."라고 말씀하셨다. 이에 제자들은 "그가 무슨 이야기를 하는지 알 수가 없군."이라고 말했다(요한 16, 16).[201] 이는 그 당시 그 자리에 있었던 성 요한이 쓴 글이다. 그러자 우리 주님께서 그들의 마음을 꿰뚫어 보시고, "조금만 있으면 그대들은 나를 볼 것이다. 너의 마음은 기쁨으로 가득 찰 것이다. 그 기쁨을 아무도 너희에게서 빼앗지 못할 것이다." 라고

---

200) 참조. "조금 있으면 너희는 나를 더는 보지 못할 것이다. 그러나 다시 조금 더 있으면 나를 보게 될 것이다." 요한 16, 16. 역자.
201) 참조. "그들은 또 '조금 있으면'이라고 말씀하시는데, 그것이 무슨 뜻일까? 무슨 이야기를 하시는지 알 수가 없군.' 하고 말하였다." 요한 16, 18. 역자.

말씀하셨다(요한 16, 22).[202]

(188쪽) 이제 우리 주님은 "조금 있으면 너희는 나를 더는 보지 못할 것이다."라고 말씀하고 계신다. 최상의 스승들은 지복의 핵심은 인식(bekantnisse)에 놓여 있다고 말하고 있다. 한 위대한 스승이 최근에 파리에 왔다.[203] 그는 이런 주장에 반대하여, 크게 소리치고 화를 내었다. 그러자 파리에서 다른 스승이 좋은 가르침으로 잘 알려진 모든 스승보다 더 잘 말하였다.[204] "스승이여, 당신은 고함을 지르고 대단히 화를 내고 있군요. 만약 그것(지복의 핵심이 인식에 놓여 있다는 주장-역자)이 거룩한 복음에 나오는 신의 말씀이 아니라면, 당신은 고함을 지르고 너무나 화를 내고 있는 게 되겠지요."라고 말했다. 인식은 인식이 인식하는 걸 아무런 덮개도 없이 드러내고 있다. 우리 주님께서는 "우리가 당신(아버지-역자)만을 영원한 참된 하느님으로 인식하는 것이 영원한 생명이다."라고 말씀하고 계신다.[205] 지복의 완성은 양자에 곧, 인식과 사랑에 놓여 있다.[206]

・・・

202) 참조. "이처럼 너희도 지금은 근심에 싸여 있다. 그러나 내가 너희를 다시 보게 되면 너희 마음이 기뻐할 것이고, 그 기쁨을 아무도 너희에게서 빼앗지 못할 것이다." 요한 16, 22. : 퀸트에 따르면, 이 성경 구절은 부활절 이후 세 번째 주일 미사의 복음에 나오는 성경 구절이다. 역주.
203) 이때 위대한 스승은 1302년과 1303년 사이에 파리에서 이성이 우선인가 아니면 의지가 우선인가 라는 문제를 둘러싸고 에크하르트와 논쟁을 했던 프란치스코회의 총장 발레보나의 곤살부스(Gonsalvus de Vallebona)를 말한다. 역주.
204) 퀸트는 이 다른 스승은 에크하르트 자신이라기보다는 13세기 말의 파리의 토마스학파의 대표자인 장 퀴도르(Jean Quidort)로 추정하고 있다. 역주.
205) 참조. "영원한 생명이란 홀로 참 하느님이신 아버지를 알고 아버지께서 보내신 예수 그리스도를 아는 것입니다." 요한 17, 3. 역주.
206) 참조. DW I, 152쪽 9행 이하,

(189쪽) 이제 주님께서 "조금 있으면 너희는 나를 더는 보지 못할 것이다."라고 말씀하고 계신다. ('조금 있으면'이라는-역자) 이 말에 네 가지 의미가 있다. 이들 네 가지 의미는 서로 아주 비슷하지만, 아주 큰 차이를 지니고 있다. "조금 있으면 너희는 나를 더는 보지 못할 것이다." 모든 것은 그대 안에서 작은 것이 되어야 한다. 무와 같은 것이 되어야 한다.[207] 성 아우구스티누스가 "성 바오로는 아무것도 보지 못했던 때, 신을 보았다."라고 말했다고 나는 자주 말해 왔다.[208] 나는 그 말을 더 낮게 바꾸어 "그가 무를 보았을 때, 그는 신은 보았다."라고 말한다. 이것이 이 말의 첫 번째 의미이다.

두 번째 의미는 세상 전부와 모든 시간이 그대 안에서 작아지지 않으면, 그대들은 신을 보지 못할 것이라는 의미이다. 성 요한은 『묵시록』에서 "천사는 영원한 생명을 걸고 시간이 더는 없을 것이라고 맹세하였다."라고 말하고 있다(묵시록 10, 6).[209] 성 요한은 (묵시록의 은밀한 말씀과는 달리-역자) "세상은 그분을 통해 만들어졌지만, 세상은 그분을 알지 못했다."라고 드러내 놓고 말한다(요한 1, 10).[210] 심지어 이교도 스승(누군지 확인할 수 없음-역자)도 세상과 시간은 작은 것이라고 말한다. 그대들이 세상과 시간을 넘어서지 않는 한, 그대들은 신을 볼 수 없

• • •
207) 참조. DW Ⅰ, 69쪽 8행 이하.: DW Ⅲ, 121, 1행 이하, 220쪽 9행 이하.
208) 참조. Augustinus, Sermo 279 n. 1, PL 38 1276. : LW Ⅲ, 61쪽 9행 이하.
209) 참조. "영원무궁토록 살아 계신 분을 두고, 하늘과 그 안에 있는 것들, 땅과 그 안에 있는 것들, 바다와 그 안에 있는 것들을 창조하신 분을 두고 맹세하였습니다. '시간이 얼마 남지 않았다.'" 묵시록 10, 6. 역자.
210) 참조. "그분께서 세상에 계셨고 그분을 통하여 생겨났지만, 세상은 그분을 알아보지 못하였다." 요한 1, 10. 역자.

을 것이다. "조금 있으면 너희는 나를 더는 보지 못할 것이다."

세 번째 의미는 죄든 죄와 같은 것이든 어떤 것이 영혼에 붙어 있는 한, 너희는 신을 보지 못할 거라는 것이다. 스승들은 하늘은 어떠한 낯선 인상도 받아들이지 않는다고 말하고 있다. 많은 하늘이 있다. 각각의 하늘은 자신에 속하는 자신의 정신과 자신의 천사를 지니고 있다.[211] 만약 한 천사가 자신에 할당되지 않은 다른 하늘에서 작용하려고 한다면, 그 천사는 아무 것도 하지 못할 것이다. 한 사제가 "나는 그대의 영혼이 나의 몸 안에 있기를 바란다."라고 말했다. (192쪽) 나는 "그렇게 된다면, 영혼은 몸속에서 바보가 될 것이다. 왜냐하면, 그렇게 되면 영혼은 아무 것도 하지 못할 것이기 때문이다. 또한, 그대의 영혼도 내 몸속에서 아무 것도 하지 못할 것이다. 어떠한 영혼도 자신에 할당된 몸 이외의 어떠한 다른 몸에서 아무 것도 하지 못한다. 눈은 낯선 인상을 자신에 받아들이지 않는다. 한 스승은 "만약 매개가 없다면, 우리는 아무 것도 보지 못한다."라고 말하고 있다. 내가 벽에 칠해진 색을 보려면, (193쪽) 색은 빛 가운데서 미세하게 되어 공기를 통하여 그 색의 상이 내 눈으로 옮겨 와야만 한다.[212] 성 베른하르트는 눈은 하늘과 닮아있다. 그래서 눈은 하늘을 자신 속에 받아들인다고 말하고 있다. 하지만 (첫째–역자) 귀는 그렇게 하지 못한다. 귀는 하늘을 들을 수가 없다. (194쪽) 또

• • •

211) 퀸트에 따르면, 이때 정신은 신체와 '분리된 영혼'을 뜻한다. 아리스토텔레스 Met. Λ c. 8과 관련하여 신플라톤주의나 스콜라철학은 '분리된 정신'의 개념을 받아들였고, 특히 스콜라철학은 이 분리된 정신을 천사로 동일시하였다. 역주.
212) 참조. DW Ⅱ, 366쪽 5행 이하. : DW Ⅲ, 192쪽 4행. 200쪽 28행 이하.

한 혀도 하늘을 맛볼 수 없다. 둘째, 눈은 하늘과 같이 둥근 모양을 하고 있다. 셋째, 눈은 하늘과 같이 높이 있다. 따라서 눈은 빛의 영향을 받아들일 수 있다. 왜냐하면, 눈은 하늘과 같은 속성을 공유하고 있기 때문이다. 하늘은 어떠한 낯선 인상을 받아들이지 않는다. 하지만 몸은 물론 낯선 인상을 받아들인다. 영혼이 몸 가운데 작용하고 있는 한, 영혼도 낯선 인상을 받아들인다. 만약 영혼이 자신의 바깥에 있는 어떤 것 곧, 천사나 어떠한 순수한 것을 인식하려고 한다면, 영혼은 미세한 상(einem kleinen bildelîn)의 도움(추상의 도움-역자)으로 (감각적 세계에 있는-역자) 상 없이 인식해야 한다. 또한, 천사가 다른 천사나 신 아래 있는 그 어떤 것을 인식하려고 하면, 천사도 미세한 상의 도움(추상의 도움-역자)으로 상 없이 곧, 여기 (지상의-퀸트) 상 없이 인식해야 한다. 하지만 천사는 어떠한 미세한 상이나 어떠한 (지상의-퀸트) 상도 그리고 (이 지상에 있는 어떠한-역자) 유사성도 없이(sunder einem 'kleinen' und sunder bilde und sunder glîchnisse) 자기 자신을 인식한다. 이같이 또한 영혼도 모든 매개 없이(âne mittel) 자기 자신을 인식한다. 또한, 내가 신을 인식하고자 한다면, 이런 일은 (감각적인-역자) 상 없이 그리고 어떠한 매개도 없이(âne bild und âne a lloz mittel) 일어나야만 한다. 최상의 스승들은 우리는 아무런 매개 없이 신을 인식한다고 말을 하고 있다. 신께서 자기 자신을 상 없이 그리고 미세한 상 없이 자기 자신을 인식하듯이, 천사도 이같이 신을 인식한다. 내가 매개 없이 그리고 상 없이 그리고 어떠한 유사성도 없이 신을 인식할 때, (195쪽) 신은 바로 내가 되고 나는 바로 신이 된다. 곧, 신과 나는 완전히 하나가 된다. 그래서 나는 신과 더불어 작용한다. 내가 작용하고 신이 뒤에서 밀어주고 하는 방식으로 신과 더불어 작용하는 게 아니라, 오히려 나는 전적으로 나의 것(mîn)을 갖고 작용한다. 나는 전적으로 고유하게 신과 함께 작용한다. 마치 내 영혼이 내 몸과 함께 작용하듯이, 그렇게 작용한다. 이러한 논의는 우리에게 전적으로 위로가 된다. 우리가 (신 이외-역자) 그 어떠한 다른 것도 갖지 않는다면, 그것 자체가 우리가 충분히 신을 사랑하도록 하게 할 것이다.

(196쪽) 네 번째 의미는 앞서 말한 세 개의 의미와 전적으로 대립하는 것이다. 우리가 신을 보고자 한다면, 우리는 커져야 하며 높이 치솟아야 한다는 것이다. 햇빛은 이성의 빛에 비하여 적다. 이성(의 빛-역자)은 은총의 빛에 비해 작다. 은총은 신께서 이미 창조하셨고, 창조하시고자 하는 모든 것을 아득히 넘어선다. 하지만 은총의 빛이 아무리 크다고 하더라도, 신적 빛에 비하면, 여전히 작은 것이다. 우리 주님께서 제자들을 나무라시면서 "그대 안에는 (오직-퀸트) 작은 빛만 있다."라고 말씀하셨다(요한 12, 35).[213] 그들은 빛없이 있지는 아니하였다. 하지만 그 빛은 작았다. 우리는 은총에 있어서 위로 상승하여 커져야 한다. 하지만 우리가 은총 가운데서 성장하고 있는 동안에는, 여전히 그것은 은총일 따름이며, 여전히 작은 것이어서 그 가운데 우리는 신을 멀리서 볼 수 있을 따름이다. 그러나 은총이 최고로 완전하게 될 때, 그것은 (이미-역자) 은총이 아니며, 그것은 그 안에서 우리가 신을 볼 수 있는 신적 빛

• • •

213) 참조. "그러자 예수님께서 그들에게 이르셨다. '빛이 너희 가운데에 있는 것도 잠시뿐이다. 빛이 너희 곁에 있는 동안에 걸어가거라. 그래서 어둠이 너희를 덮치지 못하게 하여라. 어둠 속을 걸어가는 사람은 자기가 어디로 가는지 모른다.'" 요한 12, 35. 역자.

이다. 성 바오로는 "하느님은 빛 속에 사시며, 그 속에 거주하십니다. 그 빛에 아무도 다가설 수 없습니다."라고 말하고 있다(1 티모 6, 16).[214] 이 빛에 아무도 다가설 수 없고(kein zuoganc), (오직-퀸트) (한 순간에-역자) 거기에 당도하는 것(dar kommen)(도착하는 것-역자)만 있을 따름이다. 모세는 "인간은 결코 신을 보지 못한다."라고 말하고 있다(탈출기 33, 2).[215] 우리가 인간인 한, 그리고 어떤 인간적인 것이 우리 가운데 살고 있어 (신께로-역자) 다가서고 있는 한, 우리는 신을 보지 못할 것이다. (오히려-퀸트) 우리는 위로 치솟아 순수한 휴식에 자리 잡아야 한다. 그때 우리는 신을 볼 것이다.[216] (197쪽) 성 요한은 "하느님께서 자기 자신을 인식하시듯이, 우리는 하느님을 인식할 것입니다."라고 말하고 있다(1 요한 3, 2).[217] 신께서 '미세한 것'(미세한 상-역자) 없이 그리고 이러 저러한 것(이 세상의 상들-역자) 없이 자기 자신을 인식하시는 것이 그분의 본성이다. 이같이 천사도 신께서 자기 자신을 인식하시듯이 신을 인식한다. 성 바오로는 "우리는 우리가 (하느님에 의해-역자) 인식

• • •
214) 참조. "홀로 불사불멸하시며 다가갈 수 없는 빛 속에 사시는 분 어떠한 인간도 뵌 일이 없고 볼 수도 없는 분이십니다. 그분께 영예와 영원한 권능이 있기를 빕니다. 아멘." 티모테오에게 보낸 첫째 서간. 6, 16. 역자.
215) 참조. "그리고 다시 말씀하셨다. '그러나 내 얼굴을 보지는 못한다. 나를 본 사람은 아무도 살 수 없다.'" 탈출기 33, 2. 역자
216) 참조. DW I, 367쪽 3행 이하, 348쪽 9행. : DW II, 346쪽 5행 이하. : DW III, 214쪽 1행 이하.
217) 참조. "사랑하는 여러분, 이제 우리는 하느님의 자녀입니다. 우리가 어떻게 될지는 아직 드러나지 않았지만, 그분께서 나타나시면 우리도 그분처럼 되리라는 것은 알고 있습니다. 그분을 있는 그대로 뵙게 될 것이기 때문입니다." 요한의 첫째 서간 3, 2. 역자.
218) 참조. "우리가 지금은 거울에 비친 모습처럼 어렴풋이 보지만 그때에는 얼굴과 얼굴을 마주 볼 것입니다. 내가 지금은 부분적으로 알지만, 그때에는 하느님께서 나를 온전히 아시듯 나도 온전히 알게 될 것입니다." 코린토신자들에게 보낸 첫째 서간 13, 12. 역자.

되는 만큼, 우리는 하느님을 인식할 것이다."라고 말하고 있다(참조. 1 코린토 13, 12).[218] 이제 나는 "신의 상일 따름이고 신성이 아버지인 한에서의 신성의 상일 따름인 (아들의 상—역자) 가운데서 신께서 자기 자신을 인식하시듯이, 우리도 신을 인식할 것이다."라고 말한다. 우리가 그 안에서 모든 상이 흘러나오고 모습을 드러내는 이 상(아버지의 상인 아들의 상—역자)과 같아지고, 이 상(아버지의 상인 아들의 상—역자) 안에서 우리가 다시 꼴을 바꿈과 동시에 (198쪽) 아버지의 상으로 되돌아가는 한, 신께서는 우리 안에서 자신을 인식하신다. 그런 한에서 우리는 신께서 자기 자신을 인식하는 것과 같이, 우리도 신을 인식할 것이다.[221]

이제 주님께서 "조금 있으면 너희는 나를 더는 보지 못할 것이다. 그러나 조금만 있으면 그대들은 나를 볼 것이다."라고 말씀하고 계신다(요한 16, 19).[220] 우리 주님께서 "우리가 당신(아버지—역자)만을 영원한 참된 하느님으로 인식하는 것이 영원한 생명이다."라고 말씀하고 계신다.

신이시여, 우리가 이러한 인식에 도달할 수 있도록 우리를 도우소서. 아멘.

---

219) 참조. DW Ⅰ, 286쪽 3행 이하. : DW Ⅱ, 31쪽 5행 이하. : DW Ⅲ, 203쪽 3행 이하.
220) 참조. "그러자 제자들 가운데 몇 사람이 서로 말하였다. '조금 있으면 너희는 나를 보지 못할 것이다. 그러나 다시 조금 더 있으면 나를 보게 될 것이다.', 또 '내가 아버지께 가기 때문이다.' 하고 우리에게 말씀하시는데, 그것이 무슨 뜻일까?" 요한 16, 19. 역자.

설교 71(Pf. 19, QT 37)

사울은 땅에서 일어나 눈을 떴으나 아무 것도 볼 수가 없었다.
Surrexit autem Saulus de terra apertisque oculis nihil videbat.

— 사도행전 9, 8[221]

(211쪽) 내가 라틴어로 말한 이 성경 구절은 성 루카가 『사도행전』에서 성 바오로에 관해 쓴 글이다. 그는 "사울은 땅에서 일어나 눈을 떴으나 아무 것도 볼 수가 없었다."라고 말하고 있다.[222]

이 작은 성경 구절은 네 가지 의미를 지니고 있다는 생각이 들었다. 하나는 바오로가 땅에서 일어나 눈을 뜨고서도 무(無)를 보았다는 것이다. 이 무는 신이었다. 왜냐하면, 그가 신을 보았을 때, 그는 그분을 무라고 불렀기 때문이다. 둘째, 그가 일어났을 때 그는 신 이외 아무 것도 보지 못했다는 것이다. (212쪽) 셋째, 그는 모든 것 안에서 신 이외 아무 것도 보지 못했다는 것이다. 넷째, 그가 신을 보았을 때, 그는 모든 것을

...

221) 참조. "사울은 땅에서 일어나 눈을 떴으나 아무것도 볼 수가 없었다. 그래서 사람들이 그의 손을 잡고 다마스쿠스로 데려갔다." 사도행전 9, 8. 역자.
222) 퀸트에 따르면, 이 성경 구절은 성 바오로 회심 축일 미사 때, 읽는 독서이다. 역주.

무로 보았다는 것이다.

성 루카는 이러한 이야기 이전에 어떻게 빛이 하늘로부터 갑자기 내려와 그를 땅바닥에 엎어지게 했는지에 대해 말하고 있다(사도행전 9, 3-4).[223] 이제 그대들은 성 루카가 말하고 있는 "빛이 하늘에서 내려왔다."라는 말에 주목하라. 우리의 최상의 스승들은 하늘은 자신 속에 빛을 지니고는 있지만, 빛나지는 않는다고 말하고 있다.[224] 하지만, 해는 자신 속에 빛을 지니고 있지만, (동시에-퀸트) 빛나고 있다. 별들도 빛을 지니고 있다. 비록 빛이 그들에게 주어진 것이긴 하지만, 그렇다.[225] 우리의 스승들(아리스토텔레스 등-역자)은 불은 단순하고 본성적 순수성을 지니고 (213쪽) 가장 높은 곳에 서 있지만, 빛은 내지는 않는다고 말하고 있다.[226] 불의 본성은 대단히 순수하기에, 어떤 눈도 어떤 방식으로든 간에 그 빛을 볼 수 없다. 불은 아주 미세하기에 눈에 낯설다. 만약 불이 여기 아래 눈 옆에 있다고 하더라도, 눈은 시각으로 불을 접할 수 없을 것이다. 그러나 낯선 사물에 불붙고 있는 불은 눈은 볼 수 있다. 거기서 불은 나무 조각이나 석탄 등에 불타고 있다.[227]

...

223) 참조. "사울이 길을 떠나 다마스쿠스에 가까이 이르렀을 때, 갑자기 하늘에서 빛이 번쩍이며 그의 둘레를 비추었다. 그는 땅에 엎어졌다. 그리고 '사울아, 사울아, 왜 나를 박해하느냐?'하고 자기에게 말하는 소리를 들었다." 사도행전 9, 3-4. 역자.
224) 참조. Albertus M., De caelo et mundo II tr. 3. c. 15.
225) 참조. Albertus M., De caelo et mundo II tr. 3. c. 11.
226) 흙·물·공기·불 가운데 불이 가장 순수하며, 가장 높은 위치를 점한다. 역주.
227) 참조. DW I, 379쪽 11행 이하.

(214쪽) 하늘의 빛으로 우리는 신인 빛을 뜻한다. 곧, 하늘의 빛으로 우리는 어떠한 인간의 감각으로도 도달할 수 없는 신인 빛으로 이해한다. 여기에 관해 성 바오로는 "하느님은 빛 속에 사시며, 그 빛에 아무도 다가설 수 없습니다."라고 말하고 있다(1 티모 6, 16).[228] 그는 신은 빛이며, 거기에 아무도 접근할 수(다가설 수-역자) 없다고 말하고 있다. 신께로 다가설 수 있는 어떠한 접근 통로도 없다. 누구나 은총과 빛에 있어서 상승하고 성장한다고 해서 결코 신 안으로 들어설 수 없다. 신은 성장(점증-역자)하는 빛이 아니다. 하지만 우리는 성장함으로써 그분께로 신께로 접근할 수밖에 없다. (그러나-역자) 우리는 성장하는 가운데서는 신을 보지 못한다. 신이 보여지는 일은 신 자신인 빛 가운데서 일어날 수밖에 없다.[229] (215쪽) 한 스승이 신 안에는 더 작은 것도, 더 큰 것도, 이것도 저것도 없다고 말하고 있다. 우리가 신에게 다가서고 있는 한, 우리는 신 안으로 들어설 수 없다.

이제 성 루카는 "하늘로부터 온 빛이 그의 둘레를 비추었다."라고 말하고 있다(사도행전 9, 3). 이로써 그는 바오로의 영혼에 속하는 모든 게 둘러싸였다고 말하고자 한다. 한 스승은 이 빛 속에서 모든 영혼의 능력은 고양되고, 우리가 그를 갖고 보고 듣는 외적 감각과 우리가 생각(gedenke)이라 부르는 내적 감각도 드높아진다고 말한다. 이러한 생

...
228) 참조. "홀로 불사불멸하시며 다가갈 수 없는 빛 속에 사시는 분, 어떠한 인간도 뵌 일이 없고 뵐 수도 없는 분이십니다. 그분께 영예와 영원한 권능이 있기를 빕니다. 아멘." 티모테오에게 보낸 첫째 서간. 6, 16. 역자.
229) 참조. DW II, 89쪽 2행 이하. : DW III, 175쪽 5행 이하, 196쪽 1행 이하. 여기서 감각, 내적 감각

각이 얼마나 넓은지 그리고 얼마나 끝이 없는지에 대해 놀랍다. 기적이다. 나는 바다 건너 있는 것을, 마치 내 옆에 있는 것처럼, 쉽게 생각할 수 있다. 이러한 생각 너머에 이성이 있다. 이 이성은 여전히 (무엇인가를-역자) 찾고 있다. 이 이성은 이리저리 돌아다니면서 찾고 있다. 그리고 이 이성은 여기저기를 탐색하고 이것을 들었다, 놓았다 한다. 그러나 (무엇인가를-역자) 찾고 있는 이성 너머에 또 다른 이성이 있다. 이 이성은 (아무 것도-역자) 찾고 있지 않다. 이 이성은 순수하고 단순한 자신의 존재 가운데 머물러 있다. 이 존재는 (신적-역자) 빛에 사로잡혀 있다. 그리고 나는 이 빛 가운데 영혼의 모든 능력은 (216쪽) 고양된다고 말한다. 감각들(외적 감각-역자)이 생각(내적 감각-역자)으로 높여진다. (여기서-역자) 영혼의 모든 능력이 얼마나 높고 얼마나 깊은지를 신과 영혼 이외 아무도 모른다.[230]

우리의 스승들은 말한다. - 상당히 어려운 물음이다. - 천사들은 돌파하여, 생각(gedenke-내적 감각-역자)이 (무엇인가-역자) 찾고 있는 이성으로 치솟지 않는 한, (217쪽) 그리고 (무엇인가-역자) 찾고 있는 이성이 더는 찾고 있지 않은 이성 곧, 자기 자신 속에서 순수한 빛인

인 생각(표상), 그리고 이러저러한 개별적인 것에 초점을 두고 있는 이성 작용, 마지막으로 어떤 것도 더는 찾지 않고 자신의 참된 존재에 머물러 쉬는 이성 등에 대하여 말하고 있다. 이는 가장 낮은 단계인 감각으로 가장 높은 단계인 더는 찾지 않은 이성 등으로 상승하는 단계를 말하며, 마지막 최고의 단계는 신적 빛에 사로잡혀 있다. 이에 따라 이러한 이성 아래에 있는 모든 인간의 영혼의 모든 능력도 신적 빛에 둘러싸이게 되어 더불어 고양된다. 이러한 논의는 성 루카의 "하늘로부터 온 빛이 그의 둘레를 비추었다."라는 말에 대한 에크하르트의 주해이다. 역주.

230) 참조. DW Ⅰ, 151쪽 8행 이하, 220쪽 7행. : DW Ⅱ, 34쪽 2행 이하.

그러한 이성으로 상승하지 않는 한, 생각(내적 감각-역자)에 대해 아무 것도 모른다. 이 빛이 영혼의 모든 능력을 자신 안에 감싸고 있다. 따라서 성 루카는 "하늘로부터 온 빛이 그의 둘레를 비추었다."고 말하고 있다.[231]

한 스승은 유출된 모든 사물은 더 낮은 사물로부터 어떤 것도 받아들이지 않는다고 말하고 있다.[232] 신은 모든 피조물로 흘러나오시면서도 (동시에-역자) 모든 피조물에 접하지 않고 (자신 가운데-역자) 머물러 계신다.[233] 신께는 피조물이 필요하지 않다. 신은 작용할 수 있는 능력을 자연에 주신다. 자연이 행하는 최초의 일은 심장이다. 그래서 몇몇 스승들이 영혼은 전적으로 심장에 자리를 잡고 있다고 한다. (218쪽) 그리고 심장으로부터 활기차게 그 밖의 다른 지체들로 흘러 들어간다. 그러나 사정은 그렇지 않다. 영혼은 모든 지체에 온전히 다 자리 잡고 있다. 이것이 맞는 말이다. (하지만-역자) 영혼이 행하는 최초의 일은 심장에 있다.[234] 심장은 정 중앙에 있다. 심장은 모든 측면에서부터 보호되어 있다.[235] 마치 하늘이 어떠한 낯선 영향을 어떠한 것으로부터서도 받지 않는 듯이 그러하다. 하늘은 오히려 모든 걸 자신 속에 지니고 있다. 하늘

• • •
231) 스승들의 말을 인용하면서 인간 영혼의 가장 낮은 단계인 감각으로부터 더는 찾지 않는 최고의 이성까지 위로 상승하는 단계를 천사의 인식에 적용하고 있다. 그런데 천사는 가장 낮은 단계인 감각의 단계도, 생각도, 찾고 있는 이성도 없다. 역주.
232) 참조. LW I, 154쪽 13행 이하.
233) 참조. DW I, 224쪽 12행 이하, 143쪽 1행 이하.: DW II, 94쪽 6행 이하.: LW II, 36쪽 9행 이하.
234) 참조. DW I, 143쪽 4행 이하.: DW II, 177쪽 1행 이하.
235) 참조. DW II, 472쪽 6행 이하.

은 모든 것과 접하지만, 그 자신은 접해지지 않은 채 머문다. 불 자체가 비록 자신의 가장 높은 자리에 자리하고 있다고 하더라도, 하늘을 접할 수는 없다.[236]

(219쪽) 빛이 사울을 둘러싸자 그는 땅에 내동댕이쳐졌다. 그리고 그의 눈이 열렸다. 그래서 그는 뜨인 눈으로 모든 사물을 무로 보았다(참조. 사도행전 9, 8). 그가 모든 것을 (하나의-퀸트) 무로 보자마자 그는 신을 보았다. 주목하라! 영혼이 『아가서』에서 "나의 침대에서 나는 밤새도록 내 영혼이 사랑하는 이를 찾았건만 찾지 못했네."라고 말하고 있다(아가 3, 1).[237] 내 영혼은 침대에서 그분을 찾았다. 이는 신 아래 있는 어떤 것에 붙어 있거나 매달려 있는 사람이라면, 누구든지 그의 침대는 너무 좁다는 것을 뜻한다. 신께서 창조하실 수 있는 모든 것은 너무나 좁다.[238] 그녀(내 영혼-역자)는 "나는 밤새도록 그분을 찾았다."라고 말하고 있다. 전혀 빛을 갖지 않는 밤은 결코 없다. 하지만 그 빛이 덮여 있다. 해도 밤 동안 빛나지만, 덮여 있다. 해가 낮 동안 빛날 때, 그밖에 모든 다른 빛은 덮여 있다. 신적 빛도 이와 같다. 신적 빛은 모든 빛을 덮는다.[239] 우리가 피조물에서 찾는 모든 것은 오직 밤일 따름이다. 나는 (220쪽) 우리가 피조물에서 찾는 모든 것은 오직 그림자이며 밤일 따름이라고 생각한다. 비록 최고 천사의 빛이 아무리 높다고 하더라도, 그

---

236) 참조. DW Ⅰ, 56쪽 11행 이하. : DW Ⅴ, 19쪽 17행 이하. : LW Ⅱ, 425쪽 9행 이하.
237) 참조. "(여자) 나는 잠자리에서 밤새도록 내가 사랑하는 이를 찾아다녔네. 그이를 찾으려 하였건만 찾아내지 못하였다네." 아가 3, 1. 역자.
238) 참조. DW Ⅰ, 71쪽 4행 이하.
239) 참조. DW Ⅰ, 234쪽 4행 이하.

빛은 영혼을 밝히지 못한다.[240] 최초의 빛(신적 빛-역자)이 아닌 것은 모두 어둠이고 밤일 따름이다. 따라서 영혼은 신을 찾지 못한다. "나는 일어나 돌아다니면서 찾았고, 넓은 길과 좁은 골목길을 돌아다니며 찾았지만, 나는 야경꾼을 찾았을 따름이네. - 이들은 천사들이었다. - 나는 그들에게 혹시 "내가 사랑하는 분을 보지 못했는지요?"라고 물었다. 그들은 침묵했다. 아마도 그들은 그분의 이름을 말할 수 없을 것이다. "거기서 내가 조금(ein wênig) 더 앞으로 나아가자, 나는 내가 사랑하는 이를 찾았네."(아가 3, 2-3).[241] 작고 사소한 것(daz wênige und daz kleine)이 그녀를 방해하고 있었다. 그래서 그녀는 그분을 찾지 못했다. 이러한 논의를 나는 자주 말해 왔다. 작은 것, 그리고 소멸하고 마는 모든 것을 무(無)로 여기지 않는 사람들은 신을 발견하지 못할 것이다.[242] (221쪽) 그래서 "거기서 내가 조금 더 앞으로 나아가자, 나는 내가 사랑하는 이를 찾았네."라고 말했던 것이다. 신께서 자신을 영혼 속으로 드러내시고, 자신을 영혼 속으로 퍼부어 주실 때, 만약 그대가 그분을 빛 또는 존재 또는 선성 등으로 알아듣는다면, 곧 그대가 그분에 대해 어떤 것을 여전히 인식하고 있다면, (이미-역자) 그분은 신이 아니다.[243] 보라, 우리는 '작은 것'을 넘어서야 하며, 모든 우연적인 것을 떼어내어야 하며, 신을 하나이신 분(éin)으로 인식해야 한다.

⋯

240) 참조. DW I, 360쪽 6행 이하.
241) 참조. "나 일어나 성읍을 돌아다니리라. 거리와 광장마다 돌아다니며 내가 사랑하는 이를 찾으리라.' 그이를 찾으려 하였건만 찾아내지 못하였다네. 성읍을 돌아다니는 야경꾼들이 나를 보았네. '내가 사랑하는 이를 보셨나요?' 그들을 지나치자마자 나는 내가 사랑하는 이를 찾았네. 나 그이를 붙잡고 놓지 않았네, 내 어머니의 집으로, 나를 잉태하신 분의 방으로 인도할 때까지." 아가 3, 2-4. 역자.
242) 참조. DW III, 163쪽 1행 이하.
243) 참조. DW I, 43쪽 3행 이하.: DW II, 348쪽 21행 이하.

우리는 '내 영혼이 사랑하는 이'라고 자주 말한다. 왜 그녀는 '내 영혼이 사랑하는 이'라고 말했던가? 왜냐하면, 그분은 영혼 너머 아득히 높이 계시기 때문이다. (그래서-퀸트) 영혼은 자신이 사랑하는 그분의 이름을 부르지 않았다. 왜 그녀가 그분의 이름을 부르지 않았는가에 대한 이유로는 네 가지가 있다. 첫째 이유는 신께서는 이름이 없으시기 때문이다. (222쪽) 만약 그녀가 그분께 이름을 붙였더라면, 사람들은 그 이름을 갖고 어떠한 것(규정된 어떤 것-퀸트)을 생각할 수밖에 없었을 것이다. 신께서는 모든 이름 너머 계신다. 우리는 그분에 대해 말할 수 있을 정도의 경지에 이르지 못했다. 왜 그녀가 그분께 이름을 붙이지 않은 두 번째 이유는 영혼(그녀-역자)이 신과의 사랑에 흠뻑 젖어 있었기에, 영혼은 사랑 이외 아무것도 몰랐기 때문이다. 그녀는 모든 사람이 자신이 그러한 것처럼, 신을 인식한다고 막연하게 생각했다. 그런데 모든 사람이 신 이외 어떤 다른 것만을 사랑하고 있다는 사실에 그녀는 놀랐다. 셋째 이유는 그녀는 그녀가 신의 이름 부를 수 있는 시간이 그다지 많이 있지 않았다는 것이다. 그녀는 사랑 이외에 다른 말을 생각할 수 있을 만큼, 사랑으로부터 그렇게 오랫동안 떠나 있을 수 없었다. 넷째 이유는 아마도 그녀는 신께서 사랑이라는 이름 이외에 어떠한 다른 이름을 가질 수 없다고 생각했을 것 같다는 것이다. 그녀는 사랑이라는 말로써 모든 이름을 말하고 있다. 따라서 그녀는 "나는 일어나 넓은 길과 좁은 골목길을 돌아다녔다. 거기서 내가 조금(ein wênig) 더 앞으로 나아가자, 나는 내가 찾던 이를 찾았네."라고 말하고 있다.

"사울은 땅에서 일어나 눈을 떴으나 아무 것도 볼 수가 없었다."[244] 나는 (223쪽) 하나인 분을 볼 수 없다. 그는 신이신 무(niht daz was got)를 보았다. 신은 무(ein niht)이며, 그리고 어떤 것(ein iht)이다.[245] 어떤 것인 것은 또한 무이다. 신은 온전히 신인 것이다. 따라서 빛을 받은(조명을 받은-역자) 디오니시우스는 자신이 신에 관해 쓴 곳에서, 신은 존재를 넘어서 있는 존재(über wesen)이며, 생명을 넘어서 있는 생명(über leben)이며, 빛을 넘어서 있는 빛(über lieht)이라고 말하고 있다. 그는 신으로부터 '이것'이나 '저것'을 갖다 붙이지 않았다. (이로써-퀸트) 그는 자기가 알지 못하는 것인 그분께서는 (모든 것의-역자) 아득히 너머에 놓여 있다는 것을 말하고자 하였다.[246] 누군가가 어떠한 것을 보거나 그 어떠한 것이 그대의 인식 안으로 들어선다면, 그 어떤 것은 신이 아니다. 왜냐하면, 신은 이것도 저것도 아니기 때문이다. 누군가가 신이 여기 또는 저기에 계신다고 말하는 사람이 있다면, 그를 믿지 마라. 신이신 빛이 어둠 가운데서 빛나고 있다(요한 1, 5).[247] (224쪽) 신은 참된 빛이시다. 그 빛을 보고자 하는 사람은 눈이 멀어야 하며, 그분으로부터 모든 어떤 것을 벗겨내어야 한다.[248] 한 스승이 어떠한 비유를 갖고 신에 관해 말하는 사람은 그분에 관해 불순하게 말하는 것이라고 말하고 있

- - -

244) 이하에서 이 구절에 대한 에크하르트의 네 가지 해석이 나온다. 역주.
245) 참조. Dionysius Areopagita, De myst. theol. c. 5, PG 3, 1048A. : DW Ⅰ, 437쪽 1행 이하, 402쪽 1행 이하.
246) 참조. Dionysius Areopagita De myst. theol. c. 5, PG 3, 1048A. : DW Ⅰ, 347쪽 1행 이하, 402쪽 1행 이하.
247) 참조. "그 빛이 어둠 속에서 비치고 있지만, 어둠은 그를 깨닫지 못하였다." 요한 1, 5. 역자.
248) 참조. LW Ⅱ, 195쪽 7행 이하. : DW Ⅴ, 230쪽 5행. : DW Ⅱ, 476쪽 3행 이하.

다.²⁴⁹⁾ 그러나 무(niht)를 갖고 신에 대해 말하는 사람은, 신에 관해 적합하게 말하고 있다. 만약 영혼이 하나임으로 들어서고, 자기 자신을 순수하게 버리고 있을 안으로 들어선다면, 그때 영혼은 하나의 무(einem niht) 안에 계신 분으로서 신을 볼 것이다.²⁵⁰⁾ 어떤 사람에게 꿈속에서 – 그것은 백일몽이었다. – 마치 아이를 가진 여인처럼, 그분은 무(niht)에 의해 임신한 것처럼 생각되었다. 그리고 이러한 무에서 그분은 낳아진다. 그분은 무의 열매이다. 신은 무 가운데서 낳아진다. (225쪽) 그래서 성 루카는 "사울은 땅에서 일어나 눈을 떴으나 아무것도 볼 수가 없었다."라고 말하고 있다. 모든 피조물이 무인 그곳에서 사울은 신을 보았다. 그는 모든 피조물을 무로 보았다. 왜냐하면, 신께서는 모든 피조물의 존재를 자신 가운데 지니고 계시기 때문이다. 신은 모든 존재를 자신 가운데 지니고 계신 존재이다.²⁵¹⁾

성 루카의 "그는 아무 것도 볼 수가 없었다(그는 무를 보았다-역자)."라는 성경 구절의 두 번째 의미는 다음과 같다. 우리 스승들은 외적 사물들에서 어떤 것을 인식하는 경우에, 거기에 어떤 것이 곧, 적어도 인상(indruk)이 들어서게 마련이라고 말하고 있다. 그래서 만약 가령 돌과 같은 사물로부터 내가 하나의 상(bilde)을 취하고자 한다면, 나는 (그 사물의- 역자) 가장 거친 부분을 내 속에 받아들이게 될 것이다. 그래서 나는 바깥에서 그 거친 부분을 떼어낸다. 그러나 그 사물이 내 영혼의

---

249) 참조. LW Ⅳ, 320쪽 5행.: DW Ⅰ, 303쪽 5행 이하.: DW Ⅱ, 469쪽 10행 이하.
250) 참조. LW Ⅳ, 321쪽 2행 이하.
251) 참조. LW Ⅰ, 169쪽 6행 이하.: DW Ⅰ, 358쪽 4행, 199쪽 6행.

근저에 있을 때, 그것은 자신의 가장 높고 가장 고귀한 상태에 있게 될 것이다. 그래서 그것은 (정신적-퀸트) 상 외 다름 아니게 된다. 내 영혼이 바깥으로부터 인식하는 경우, 그것이 무엇이든 어떤 낯선 것이 들어선다. 하지만 신 가운데서 내가 피조물을 인식할 경우, 그것이 무엇이든 오직 신 이외 아무 것도 들어서지 않는다. 왜냐하면, 신 가운데서는 신 이외에 아무 것도 없기(무가 있기-역자) 때문이다. 그래서 내가 신 가운데서 모든 피조물을 인식한다면, 나는 무를 볼 것이다. 바오로는 모든 피조물이 무인 그곳에서 신을 보았다.[252]

(226쪽) 왜 사울은 '무를 보았는지'에 대한 세 번째 의미는 다음과 같다. 무는 신이었다. 한 스승은 모든 피조물은 신 안에서는 하나의 무라고 말하고 있다. 왜냐하면, 신께서는 모든 피조물의 존재를 자신 속에 지니고 계시기 때문이다. 그분은 모든 존재를 자신 가운데 지니시는 존재이시다.[253] 한 스승은 신 아래 있는 것은, 아무리 그것이 신과 가까이 있는 것이라 해도, 어떤 낯선 것이 들어서지 않는 것은 없다고 말하고 있다. 또 한 스승은 (227쪽) 천사는 자기 자신과 신을 아무런 매개 없이 인식한다고 말하고 있다. 하지만 그 이외에 다른 것을 인식하는 경우에는 어떤 낯선 것이 들어선다. 곧 그것이 아무리 작은 것이라 하더라도, 하나의 인상(ein indruk)이 들어서게 마련이다. 우리가 신을 인식하는 일은 아무런 매개 없이 일어나야 한다. 거기에 어떤 낯선 것도 들어서서

---

252) 참조. DW Ⅰ, 364쪽 8행 이하, 56쪽 8행. : DW Ⅱ, 280쪽 1행 이하. : DW Ⅲ, 194쪽 4행 이하. : DW Ⅴ, 21쪽 15행 이하.
253) 참조. DW Ⅰ, 170쪽 5행 이하.

는 안 된다.[254] 우리가 (신적-역자) 빛 가운데서 신을 인식하려면, 어떠한 창조된 것이 전혀 침투하지 않는 가운데, 우리는 전적으로 독자적으로 자신 안에 머물러 있어야 한다. 그때 우리는 영원한 생명(신성-역자)을 어떠한 매개도 없이 인식할 것이다.

"그가 무(niht)를 보았을 때, 그는 신을 보았다." 신이신 빛은 바깥으로 흘러나와 모든 (다른-역자) 빛을 어둡게 만든다. 바오로가 거기서 보았던 빛 속에서 그는 신을 보았고, 그 이외 다른 것은 보지 못했다. 그러므로 욥은 "해에 빛나지 말라고 명령하시고, (228쪽) 자신 아래 있는 별들을 마치 봉인 아래 있듯이 봉해 버리셨다."라고 말하고 있다.[255] 바오로가 빛으로 둘러싸임으로써 그는 (신 이외-퀸트) 그 어떤 것도 보지 못했다. 왜냐하면, 영혼에 속하는 모든 것은 신이신 빛에만 마음을 쓰고, 그 빛에 잡혀 있었기 때문이다. 그래서 그는 (신 이외-역자) 그 어떤 것도 볼 수 없었다. 이는 우리에게 좋은 가르침이다. 왜냐하면, 우리가 오직 신에게만 신경을 쓸 때, 우리는 바깥의 것에는 거의 마음을 쓰지 않기 때문이다.

왜 바오로가 무를 보았는지에 대한 네 번째 의미는 다음과 같다. 신이신 빛은 어떠한 뒤섞임도 갖고 있지 않다. 거기에는 어떠한 혼합물도 들어설 수 없다. 그가 신적 빛 가운데서 무를 보았다는 것이 그가 참된 빛

∴

254) 참조. DW II, 344쪽 1행 이하. : DW III, 194쪽 7행.
255) 참조. "해에 솟지 말라 명령하시고 별들을 봉해 버리시는 분." 욥기 9, 7. 역자.

을 보았다는 데에 대한 징표이다. 그는 이러한 (신적-역자) 빛을 갖고서 그가 눈을 뜨고서도 무를 보았다는 것 이외에, 어떤 다른 것을 뜻하지 않고 있다. (곧, 그는 이러한 신적 빛으로 그가 눈을 뜨고서도 무를 보았다는 것을 뜻하고 있다.-역자) 즉, 그는 무를 봄으로써 그는 신적 무를 보았다. 성 아우구스티누스는 바오로가 무를 보았을 때 그는 신을 보았다고 말하고 있다.[256] (성 바오로는 다음과 같이 말한다.) (신 이외-역자) 그 밖의 다른 것을 보지 않고, 그 밖의 다른 것에 눈이 먼 사람이 신을 본다고.[257] 그래서 성 아우구스티누스는 (229쪽) 신께서는 참된 빛이시고, 영혼의 버팀목이며 영혼이 자신에 가까운 것보다 더 영혼에 가까이 계시는 분이시기에, 영혼이 모든 만들어진 사물로부터 등을 돌릴 때, 신께서 영혼 가운데 광채를 내시며 빛나시게 될 수밖에 없다고 말하고 있다. 영혼이 왜 그런가를 알지 못하는 한, 영혼은 사랑도 두려움도 가질 수 없다. 영혼이 바깥의 사물들을 향해 바깥으로 나가지 않을 때, 영혼은 (비로소-역자) 고향에 머물고 자신의 단순하고 순수한 빛 가운데 산다. 거기서 영혼은 사랑하지도, 공포와 불안을 알지도 못한다.[258] 인식(bekantnisse)은 모든 존재의 기초이며 토대이다. 사랑은 인식 안에서가 아닌 다른 것에 매달릴 수가 없다.[259] 영혼이 눈이 멀고 (신 이외-역자) 그 밖의 다른 걸 보지 않을 때, 영혼은 신을 본다. 반드시 이럴 수밖에 없다. 한 스승은 눈은 (230쪽) 자신의 최고의 순수성 가운데서 곧, 어

⋯

256) 참조. Augustinus, Sermo 279 c. 1 n. 1, PL 38 1276.
257) 아마도 성 바오로의 말이 아니라, 에크하르트 자신의 말일 것이다. 역주.
258) 참조. DW II, 164쪽 1행 이하, 578쪽 2행 이하.
259) 참조. DW I, 365쪽 1행 이하.

떠한 색을 갖지 않는 가운데서 모든 색깔을 본다고 말하고 있다.[260] 눈이 자기 자신에 있어서 모든 색깔에서부터 벗어나 있을 뿐만 아니라, 또한 눈이 신체에 자리하고 있는 곳에서도 눈은 색깔 없이 있어야 한다. 그 때, 우리는 색깔을 인식할 수 있다. 색깔 없이 있는 것에서 우리는 모든 색깔을 본다. 비록 눈이 발아래 있는 것이라 하더라도 사정은 마찬가지이다. 신은 자신 가운데 모든 존재를 지니는 그러한 존재이다. 신이 영혼에 인식되기 위해서는 영혼은 눈이 멀어있어야 한다. 그래서 성 루카는 "그는 무를 보았다."라고 말하고 있다. 이러한 무의 빛으로부터 모든 빛이 나오고, 이러한 무의 존재로부터 모든 존재가 나온다. 이에 따라 『아가』에서 신부가 "거기서 내가 조금(ein wênig) 더 앞으로 나아가자, 나는 내가 사랑하는 이를 찾았네."라고 말하고 있다(아가 3, 4). 그녀가 넘어서 간 '조금은' 모든 피조물이다. 이러한 피조물을 뒤로 물리지 않는 사람은 누구나 신을 보지 못할 것이다. 신부는 그를 통해 내가 신을 인식하고자 하는 것이 얼마나 작고 얼마나 순수하든지 간에, 그러한 것은 제거되어야 한다는 것을 말하려고 한다. (신적-역자) 빛이 내 영혼에 접하는 한에서, 나는 참으로 신이신 이 빛을 취한다면, 이는 올바른 것이 아니다. 나는 이 빛이 터져 나오는 곳에서 이 빛을 취해야 한다. 빛이 벽에서 비쳐 나올 때, 내가 그 빛이 터져 나오는 곳으로 나의 눈을 향하지 않는다면, 나는 빛을 충분히 볼 수 없을 것이다. (더 나아가-역자) 내가 빛이 터져 나오는 곳에서 빛을 취한다고 하더라도, 이러한 터져 나옴에서부터도 나는 벗어나 있어야 한다. 나는 빛이 자신 속에 휴식하는 그

---

260) 참조. Aristoteles, De an, II t. 71. : DW V, 28쪽 9행 이하.

곳에서 빛을 취해야 한다. 하지만 심지어 이러한 모든 것은 올바른 것이 아니라고 나는 말한다. 나는 빛이 내 영혼에 접하는 곳에서도, 빛이 터져 나오는 곳에서도 그리고 빛이 그 자신 안에 휴식하는 그곳에서도 빛을 취하지 말아야 한다. (231쪽) 왜냐하면, 이런 모든 것은 (하나의-역자) 방식이기 때문이다. 우리는 신을 방식 없는 방식으로 취해야 한다. 왜냐하면, 그분은 어떠한 방식도 갖고 있지 않기 때문이다.[261] 그래서 성 베른하르트는 신을 인식하고자 하는 사람은 아무런 척도 없이 그분을 측량해야 한다고 말하고 있다.[262]

전적으로 방식과 척도 없이 있는 인식에 우리가 도달할 수 있도록, 우리 주님께 기도합시다. 신이시여, 이를 위해 우리를 도우소서. 아멘.

---

261) 참조. DW Ⅰ, 43쪽 3행 이하.: DW Ⅱ, 308쪽 4행 이하.
262) 참조. Pseudo-Bernhard, In Cant. Sermo Ⅶ, PL 184, 44 c.

설교 72(Pf. 98, QT 56)

예수께서는 군중을 보시고 산으로 오르셨다.
Videns Jesus turbas, ascendit in montem etc.

– 마태오 5, 1[263]

(239쪽) (오늘–역자) 우리는 "우리 주님께서 군중을 떠나 산 위로 올라가셨다. 거기서 주님은 자신의 입을 열어 하느님의 왕국에 대해 군중들에게 가르쳤다."라는 성경 구절을 복음에서 읽는다.[264]

(240쪽) "주님은 가르쳤다." 성 아우구스티누스는 "가르치는 사람은 누구나 하늘에 강의 자리를 갖는다."라고 말한다.[265] 신의 가르침을 수용하고자 하는 사람은 누구나 넓게 나누어져 퍼져 있는 모든 걸(피조물–역자) 넘어서야 하며, 넘어가야 한다. 이러한 모든 것에서 벗어나 있어야 한다. 신의 가르침을 수용하고자 하는 사람은 집중하고 자기 자신 속

---

263) 참조. "예수님께서는 그 군중을 보시고 산으로 오르셨다. 그분께서 자리에 앉으시자 제자들이 그분께 다가왔다." 마태오 5, 1. 역자.
264) 퀸트에 따르면, 이 성경 구절은 모든 성인의 축일(11월 1일) 미사 때의 복음에 나온다. 역주.
265) 참조. Augustinus, De discipl. christ. c. 14 n. 15, PL 40, 678.

에 자신을 모아들이고, 모든 근심과 걱정 그리고 낮은 사물과의 거래 등에서 등을 돌려야 한다.[266] 그리고 다양하고 널리 나누어져 있는 영혼의 능력들을 우리는 넘어서야 한다. 심지어 이 능력들이 (높은 단계의 추론적-역자) 사유의 영역에 놓여 있다 하더라도, 이 능력들을 넘어서야 한다. (순수하게-퀸트) 자기 자신 가운데 머물러 있는 (이러한 높은 단계의 추론적-역자) 사유는 놀라움을 불러일으킨다. 하지만 더는 나누어져 있지 않은 그러한 능력(이성과 의지-역자)에 신께서 말씀하시고자 하신다면, 이러한 (높은 단계의 추론적-역자) 사유조차도 우리는 넘어서야 한다.[267]

(241쪽) 둘째로, "우리 주님께서 산 위로 올라가셨다."에 대해 말해보자. 이는 신께서 자신의 본성의 높고 달콤함을 드러내심을 말하고 있다. 그러한 본성 안에는 모든 피조물은 필연적으로 떨어져 나갈 수밖에 없다. 거기서는 주님은 신과 그리고 자신이 신의 상인 한, 자기 자신 이외 그 어떤 것도 인식하지 않으신다.

셋째로, "우리 주님께서 산 위로 올라가셨다."에 대해 말해보자. 이는

...

266) 참조. DW Ⅰ, 359쪽 2행 이하. : DW Ⅱ, 74쪽 2행 이하.
267) 다양하고 널리 나누어져 있는 영혼의 능력들은 낮은 단계의 식물적 영혼의 능력, 동물적 감각적 영혼의 능력에서부터 낮은 단계의 추론적 오성 등을 우리는 신의 가르침을 받아들이기 위해서는 넘어서야 한다. 그뿐만 아니라, 높은 단계의 추론적 사유(ratio) 가운데 작용하는 능력들도 넘어서야 한다. 비록 추론적 사유 자체가 대단한 것이긴 하지만 그렇게 해야 한다. 그때 신께서 더는 나누어져 있지 않은 곳, 최고의 의지 능력과 최고의 이성 능력에 대해 말씀하신다. 이러한 최고의 의지 능력과 최고의 이성 능력은 더는 다양한 사물적 대상들에 의해 분산되지도 나누어지지도 않는다. : 참조. DW Ⅰ, 285쪽 4행 이하, 215쪽 6행 이하.

주님의 높이를 드러내고 있다. – 높은 것은 신과 가까이 있는 것이다. – 그리고 높은 것은 신과 가까이 있는 (영혼의-역자) 능력을 뜻한다. 우리 주님께서는 한번은 제자 셋을 데리고 산 위로 올라가시어 그들 앞에서 우리가 영원한 삶에 있어서 갖게 될 것과 똑같은 몸의 찬란한 변모 가운데서 그들 앞에서 광채를 내셨다(마태오 17, 1-2).[268] 우리 주님께서 "내가 너희들에게 말한 것을 기억하라. 너희들은 거기서 (감각적-역자) 상도 (기억에 따른-역자) 유상성(bilde und glichnisse)도 보지 못했다."라고 말씀하고 계신다.(참조. 요한 16, 4)[269]

성 아우구스티누스는 세 가지 종류의 인식에 대해 가르치고 있다. 하나의 인식은 신체와 결부된 것으로서 눈과 같이 (감각적-역자) 상을 취한다. 곧, 눈은 보고 (감각적-역자) 상을 받아들인다. 다른 또 하나의 인식은 정신적이긴 하지만, (243쪽) 여전히 유형적 사물로부터 상을 취한다. 세 번째 종류의 인식은 내적 정신 가운데 있어 어떠한 (감각적-역자) 상이나 (기억에 따른-역자) 유사성 없이 인식한다. 이러한 인식은 천사의 인식과 닮아있다.

천사의 최고의 등급은 (좌품, 케루빔 그리고 세라핌 등-역자) 세 가지

...
268) 참조. "엿새 뒤에 예수님께서 베드로와 야고보와 그의 동생 요한만 따로 데리고 높은 산에 오르셨다. 그리고 그들 앞에서 모습이 변하셨는데, 그분의 얼굴은 해처럼 빛나고 그분의 옷은 빛처럼 하얘졌다." 마태오 17, 1-2. 역자.
269) 참조. "'내가 너희에게 이 말을 한 이유는, 그들의 때가 오면 내가 너희에게 한 말을 기억하게 하려는 것이다.' '내가 처음부터 이 말을 너희에게 하지 않은 것은 내가 너희와 함께 있었기 때문이다.'" 요한 16, 4. 역자.: DW Ⅰ, 169쪽 10행 이하.

로 나뉜다. 한 스승은 영혼은 (기억에 따른-역자) 유사상(類似相) 없이는 자기 자신을 인식하지 못한다고 말하고 있다. 그러나 천사는 (기억에 따른-역자) 유사상 없이 자기 자신과 신을 인식한다. 그 스승은 신께서 (감각적-역자) 상이나 (기억에 따른-역자) 유사상 없이 높은 곳에 자리하고 있는 영혼에 자신을 주신다고 말하고자 한다.[270]

(244쪽) "주님께서는 높은 산에 오르셨다. 그리고 그들 앞에서 모습을 변하셨다."(마태오 17, 1-2) 영혼은 신의 아들인 상에 각인되고 꼴이 변해, 신의 아들인 상으로 변모되어야 한다.[271] 영혼은 신에 따라 꼴이 지워졌다(nâch gote).[272] 스승들은 아들은 신의 상인 반면, 영혼은 (아들의-역자) 상에 따라(nâch dem bilde) 꼴이 지워졌다(gebildet)고 말한다.[273] 나는 여기서 더 나아가 아들은 상을 넘어서 있는 신의 상(ein bilde gotes obe bilde)이라고 말한다. (245쪽) 아들은 숨겨진 신성의 상(ein bilde sîner verborgenen gotheit)이다. 아들이 신의 상인 것에 따라 그리고 아들이 그러한 상에 따라 꼴을 갖게 된(îngebildet) 그것에 따라 영혼은 꼴을 갖게 된다. 아들이 (자신을-역자) 받아들인 곳과 똑같은 곳으로부터 영혼도 (자신을-역자) 받아들인다. 하지만 아들이 아버지로부

⋯

270) 참조. DW Ⅲ, 226쪽 4행 이하.
271) 참조. DW Ⅰ, 272쪽 11행 이하, 197쪽 3행 이하. : DW Ⅱ, 349쪽 2행 이하.
272) 참조. "하느님께서 말씀하셨다. '우리와 비슷하게 우리 모습으로 사람을 만들자. 그래서 그가 바다의 물고기와 하늘의 새와 집짐승과 온갖 들짐승과 땅을 기어 다니는 온갖 것을 다스리게 하자.' 하느님께서는 이렇게 당신의 모습으로 사람을 창조하셨다. 하느님의 모습으로 사람을 창조하시되 남자와 여자로 그들을 창조하셨다."(Faciamus hominem ad imaginem, et similitudinem nostram. ⋯ Et creavit Deus hominem ad imginem suam.) 창세기 1, 26-27. 역자.
273) 참조. Thomas, S. theol. Ⅰ q. 3 a. 1 ad 2 ~ 3.

터 흘러나오는 그곳에 영혼은 머물러 있지는 않다. 영혼은 (모든-퀸트) 상 너머에 있다.[274] 불과 열은 하나이지만, 여전히 하나로부터 거리가 멀다.[275] 하나의 사과에 있어 맛과 색깔은 하나이지만, 여전히 하나로부터 거리가 있다. 입은 맛을 보지만, 눈은 그와 같이 맛을 볼 수 없다. 눈은 색깔을 보지만, (246쪽) 입은 색깔을 볼 수 없다. 눈은 빛을 갖고자 하지만, 맛은 어두움 속에서도 완벽하게 자신의 작용을 한다. 영혼은 하나(éin) 이외 그 어떤 것도 알지 못한다. 영혼은 모든 상 너머에 있다.[276]

예언자는 "하느님께서 당신의 양을 푸른 초원으로 이끌고 가실 것이다."라고 말하고 있다(참조. 34, 11 이하).[277] 양은 단순하다. 그리고 또한 (내적으로-퀸트) 하나로 잘 집중되는 사람은 단순하다. 한 스승은 우리는 (247쪽) 하늘의 순환 운동을 단순한 동물들보다 더 잘 인식할 수 있는 존재를 그 어디에도 발견할 수 없다고 말하고 있다.[278] 그들은 하늘의 영향을 단순하게 경험한다. 자기 자신에 고유한 아집을 갖고 있지 않은 어린아이들도 마찬가지이다. 그러나 지혜롭고, 많은 생각을 하는 사람들은 항상 바깥의 수많은 사물로 향하고 있다.[279] 우리 주님은 "당신의

• • •

274) 참조. DW II, 370쪽 8행 이하, 373쪽 3행 이하.
275) 참조. DW V, 118쪽 16행 이하.
276) 참조. DW II, 48쪽 6행 이하. : LW IV, 15쪽, 6행 이하. : LW II, 345쪽 2행 이하.
277) 참조. "주 하느님이 이렇게 말한다. 나 이제 내 양 떼를 찾아서 보살펴 주겠다. 자기 가축이 흩어진 양 떼 가운데에 있을 때, 목자가 그 가축을 보살피듯, 나도 내 양 떼를 보살피겠다. 캄캄한 구름의 날에, 흩어진 그 모든 곳에서 내 양 떼를 구해 내겠다." 에제키엘 34쪽 11-12행 이하. 역자.
278) 참조. Thomas, Sent. II d. 20 q. 2 a. 2 ad 5.
279) 참조. DW I, 136쪽 8행 이하.

양들을 산 위의 푸른 초원에서 먹이시겠다."라고 약속하셨다(참조. 에제키엘 34, 11-12).[280] 모든 피조물은 신 가운데 '푸르르게' 있다. 모든 피조물은 최초로 신에서부터 흘러나온다. 그리고 그 다음에는 천사를 통해 흘러나온다. 어떠한 피조물의 본성도 갖지 않고 있는 것(천사—역자)이 모든 피조물의 각인(indruk)을 자신 가운데 지니고 있다. 천사는 자신의 본성 가운데 모든 피조물의 각인을 지니고 있다. 천사의 본성을 받아들일 수 있는 것을 천사는 (이미—역자) 모두 자신 속에 완전하게 갖고 있다. (248쪽) 신께서 창조하실 수 있는 것을 천사는 자기 자신 가운데 지니고 있다. 왜냐하면, 다른 피조물이 소유하고 있는 모든 완전성이 천사로부터 박탈될 수 없기 때문이다. 천사는 이러한 능력을 어디에서부터 갖는가? 이는 천사가 신과 아주 가까이 있기 때문이다.[281]

(249쪽) 성 아우구스티누스는 신이 창조하시는 것은 천사를 거쳐 흘러나온다고 말하고 있다.[282] '높은 곳' 거기서는 모든 것이 '푸르르다.' '산의 높은 곳' 거기서는 모든 것은 '푸르르고' 새롭다. 그러나 모든 것이 시간 속으로 떨어지자, 그것들은 말라 시들고 만다.[283] 모든 피조물이 새롭고 '푸르른' 그곳에서 우리 주님께서는 '자신의 양을 먹이시고자' 하신다. 모든 피조물은 거기서는 '푸르름' 가운데 그리고 '드높음' 가운데 있

・・・
280) 참조. "그들을 민족들에게서 데려 내오고 여러 나라에서 모아다가, 그들의 땅으로 데려가겠다. 그런 다음 이스라엘의 산과 시냇가에서, 그리고 그 땅의 모든 거주지에서 그들을 먹이겠다. 풀밭에서 그들을 먹이고, 이스라엘의 높은 산들에 그들의 목장을 만들어 주겠다. 그들은 그곳 좋은 목장에서 누워 쉬고, 이스라엘 산악 지방의 기름진 풀밭에서 뜯어 먹을 것이다." 에제키엘 34, 13-14. 역자.
281) 참조. DW Ⅰ, 249쪽 6행 이하. : DW Ⅱ, 221쪽 3행 이하.
282) 참조. Augustinus, In Gen. ad litt. Ⅳ c. 24 n. 41, PL 34 313쪽.
283) 참조. DW Ⅱ, 231쪽 10행 이하, 350쪽 3행 이하.

다. 마치 그것들이 영혼 가운데 있는 것처럼 그러하다. 이러한 '푸르름' 가운데 그리고 '드높음' 가운데 있는 모든 피조물이, 그것들이 이 세상에 있을 때보다도, 더 영혼의 마음에 들기 마련이다. 해가 밤과 다르듯이, 거기에 있는 가장 미천한 피조물도 (여기 있는–역자) 온 세상 전부와 다르다.[284]

(250쪽) 따라서 신의 가르침을 받아들이고자 하는 사람은 반드시 '이 산' 위로 올라와야 한다. 거기서(높은 산 위에서–역자) 신께서 온전한 빛밖에 없는 영원의 날에 자신의 가르침을 수행하고자 하신다. 내가 신 안에서 인식하는 것은 빛일 따름이다. (하지만–퀸트) 피조물을 접하는 것은 밤이다. 거기에는(높은 산에는–역자) 참된 빛이 있다. 거기서는 빛은 피조물과 접하지 않는다. 우리가 인식하는 것은 무엇이든 빛이어야 한다. 성 요한은 "하느님께서는 어둠 속에 비치는 참된 빛이다."라고 말하고 있다(참조. 요한 1, 9+5).[285] 무엇이 '어둠'인가? 첫째, 우리는 그 어디에도 매달리지 말고 그 어디에도 고착되지 말고 눈이 멀어야 한다. 그래서 피조물에 대해 아무 것도 알지 말아야 한다. 나는 신을 보고자 하는 사람은 눈이 멀어야 한다고 자주 말해 왔다. 두 번째, "신은 빛이다. 이 빛은 어둠 가운데서 빛나고 있다."[286] 신은 우리를 눈멀게 하는 빛이시다. (251쪽) 이는 아무도 파악할 수 없는 그러한 빛을 뜻한다. 이 빛

• • •

284) '거기서' 또는 '거기에 있는'이라고 할 때, '거기'는 '푸르름'과 '드높음' 가운데 있는 것을 말한다. 곧, 사물들이 이데아(원형)로서 있는 거기를 말한다.
285) 참조. "그 빛이 어둠 속에서 비치고 있지만, 어둠은 그를 깨닫지 못하였다." 요한 1, 5. : "모든 사람을 비추는 참 빛이 세상에 왔다." 요한 1, 9. 역자.
286) 참조. DW III, 223쪽 7행 이하, 219쪽 5행 이하.

은 끝이 없다. 곧, 이 빛은 어떠한 끝도 갖지 않는다. 이 빛은 어떠한 끝에 대해 알지 못한다. 이는 이 빛은 영혼을 눈멀게 한다는 것을 뜻한다. 그래서 영혼은 아무 것도 알지도 인식하지도 않는다. 셋째, 어둠은 가장 최선의 것임을 뜻한다. 그리고 어둠은 그 가운데 (도대체-퀸트) 빛이라고는 없는 어둠을 뜻한다. 한 스승이 하늘은 어떠한 빛도 갖고 있지 않다. 그러기에는 하늘은 너무 높다고 말한다. 하늘은 그 자체 있어서는 빛나지도 춥지도 덥지도 않다.[287] 그래서 또한 영혼도 이러한 어둠 가운데서 모든 빛을 잃어버린다. 영혼은 열 또는 색깔이라 불릴 수 있는 모든 것에서부터 벗어난다.

한 스승이 신께서 그를 갖고 자신이 약속하신 것을 주고자 하시는 가장 높은 것은 빛이라고 말하고 있다. 또 한 스승은 바람직한 모든 맛은 이 빛 가운데서 영혼에 전달될 수밖에 없다고 말하고 있다.[288] (252쪽) 또한, 다른 한 스승은 영혼의 근저에 이를 수 있을 만큼, 그렇게 순수한 것은 오직 신 이외 아무 것도 없다고 말하고 있다.[289] 그 스승은 신께서는 어둠 가운데서 빛나고 있다. 거기서 영혼은 (그 밖의 다른-역자) 모든 빛에서부터 벗어난다는 것을 말하고 싶어 한 것 같다. 물론 영혼은 자신의 능력들 가운데서 빛과 달콤함과 은총을 받아들인다. 하지만 영혼의 근저에는 오직 신 이외에 그 어떤 것도 들어설 수 없다. 아들과 성령이 신에서부터 터져 나오는 것을 영혼은 물론 신 가운데서 받아들인

---

287) 참조. DW Ⅲ, 212쪽 4행 이하.
288) 참조. DW Ⅱ, 366쪽 7행 이하.
289) 참조. DW Ⅰ, 360쪽 5행 이하. : LW Ⅳ, 227쪽 11행 이하.

다. 그러나 영혼은 그 밖에 신으로부터 흘러나오는 빛과 달콤함을 오직 자신의 능력들 가운데서 받아들인다.

(253쪽) 최고의 스승들은 영혼의 능력들과 영혼 자체는 완전히 하나라고 말하고 있다.[290] 불과 불빛은 하나이지만, 불이 이성으로 떨어질 때 불은 (불빛과-퀸트) 다른 본성으로 떨어진다.[291] 셋째, 그것은 모든 빛 너머에 있는 빛이다. 거기서 영혼은 '높은 산 위에서' 모든 빛에서부터 벗어난다. 거기서는 더는 빛이 없다. 신께서 자기 아들로 흘러나오는 그곳에 영혼은 붙들려 있지는 않다. 우리는 그분이 흘러나오는 곳에서 신적인 어떤 것을 취할 수 있지만, 영혼은 거기에 붙들려 있지 않다. 모든 빛 너머에 있는 빛은 (오히려-퀸트) 전적으로 이런 것 너머에 드높이 있다. (이에 따라-역자) 영혼은 모든 빛과 모든 인식을 벗어난다.[292] 그래서 그분께서는 "나는 양들을 구하여 그들을 함께 모아서 그들의 땅으로 이끌고 간다. (254쪽) 거기서 나는 양들을 푸른 초원으로 이끌고 갈 것이다."라고 말씀하신다. "산 위에서 주님은 자신의 입을 여셨다." 한 스승은 우리 주님께서 여기 지상에서 자신의 입을 여셨다. 곧 그분은 성경과 피조물을 통해 우리를 가르치고 계신다고 말하고 있다.[293] 하지만 성 바오로는 "이제 하느님께서 자신의 외아들 가운데서 우리에게 말씀하셨

• • •
290) 참조. Thomas, S. theol. Ⅲ q. 90 a. 3 corp.
291) 참조. DW Ⅱ, 328쪽 7행 이하.
292) 참조. DW Ⅲ, 245쪽 3행 이하.
293) 참조. DW Ⅰ, 156쪽 7행 이하, 536쪽 1행 이하.: DW Ⅱ, 535쪽 1행 이하, 531쪽 1행 이하, 466쪽 3행 이하.: LW Ⅳ, 213쪽 1행 이하.: LW Ⅰ, 450쪽 8행 이하.
294) 참조. "이 마지막 때에는 아드님을 통하여 우리에게 말씀하셨습니다. 하느님께서는 아드님을 만물의 상속자로 삼으셨을 뿐만 아니라, 그분을 통하여 온 세상을 만들기까지 하셨습니다." 히브리 1, 2. 역자.

다."라고 말하고 있다(히브리 1, 2).²⁹⁴⁾ 그리고 또한, "외아들 가운데서 나는 가장 작은 것에서부터 가장 큰 것에 이르기까지 모든 것을 하느님 가운데서 단번에 인식하게 될 것이다."라고 말하고 있다(히브리 8, 11).²⁹⁵⁾

신이시여, 우리가 신이 아닌 모든 것에서부터 벗어날 수 있도록 우리를 도우소서. 아멘.

---

295) 참조. "그때에는 아무도 자기 이웃에게, 아무도 제 형제에게 '주님을 알아라.' 하고 가르치지 않으리라. 그들이 낮은 사람부터 높은 사람까지 모두 나를 알게 될 것이기 때문이다." 히브리 8, 11. 역자.

설교 73(Pf. 73, QT 33)

하느님과 인간들에게 사랑받는 사람의 기억은 축복 속에서 이어진다. 하느님께서 그를 영광 안에 있는 성인과 걸맞게 하셨다.
Dilectus deo et hominibus, cujus memoria in benedicatione est, similem illum fecit in gloria sanctorum.

- 집회서 45, 1-2[296]

(259쪽) 이 성경 구절은 『지혜의 책』[297]에 쓰여있다. 지혜로운 사람이 "하느님과 인간들에게 사랑받는 사람의 기억은 축복 속에서 이어진다. 하느님께서 그를 영광 안에 있는 성인과 걸맞게 하셨다."[298]

우리는 이 성경 구절을 사람들이 오늘 그의 축일을 지내는 그 성인에 대해 고유한 의미로 말할 수 있다. 그 성인의 이름은 베네딕투스, 곧 '축복받은 자'이다. (260쪽) 우리가 그에 대해 앞에서 읽었던 성경 구절 곧,

---

296) 참조. "그는 하느님과 사람들에게 사랑을 받은 모세로서 그에 대한 기억은 축복 속에서 이어진다. 주님께서는 모세를 성인들의 영광에 걸맞게 하셨고 그를 위대한 이로 만드셔서 원수들이 그를 두려워하게 하셨다." 집회서 45, 1-2. 역자.
297) 이 『지혜의 책』은 솔로몬의 지혜가 아니라, 예수 시락크(Jesus Sirach)의 지혜를 담고 있다. 곧, 여기서 인용되는 성경 구절은 예수 시락크의 지혜의 책인 집회서(Ecclesiasticus)에서 따온 것이다. Meister Echkart, Sermon & Treatises, Vol. II, Trans & Editor M.O'C. Walshe, Watkin: London & Dulverton, 1981. 197쪽 각주 1 참조. *. 이하에서는 Walshe로 줄임.
298) 퀸트에 따르면, 이 성경 구절은 베네딕투스 성인의 축일(3월 21일) 미사 때의 독서에 나온다. 역주.

"cujus memoria in benedicatione est."("하느님과 인간들에게 사랑받는 사람의 기억은 축복 속에서 이어진다.")라는 구절은 그에게 꼭 들어맞는 말이다. 그 때문에 더 나아가 우리가 그에 대해 읽는 성경 구절과 같이 그에게 '영광'이 드러난다. 그 영광 가운데서 그는 자신 앞에 놓인 세계 전체를 본다. 이 세계는 그 앞에서 하나의 구(求)처럼 완전히 뭉쳐져 그에게 나타난다. 이 성경 구절은 (이어서-역자) "하느님께서 그를 영광 안에 있는 성인과 걸맞게 하셨다."라고 말하고 있다.

이러한 '영광'에 대해 주목하자. 성 그레고리우스는 이러한 '영광' 안에 있는 영혼에는 모든 것은 작고 좁다고 말하고 있다.[299] 신께서는 이성의 자연적 빛(자연적 이성-역자)을 영혼에 쏟아부으셨다. 이 빛은 너무나 고귀하고 너무나 강력해서 신께서 이미 창조하신 유형적 모든 사물은 그 빛에는 너무 좁고 너무나 작다. 그래서 이 빛은 신께서 이미 창조하신 모든 유형적 사물보다도 더 고귀하다. 왜냐하면, 유형적 사물 가운데 있는 가장 작고 가장 천한 것이라고 할지라도, 이성인 이 빛에 비치거나 이 빛으로부터 빛을 받게 되면, 모든 유형적인 것보다도 더 고귀하게 되기 때문이다.[300] 이 빛은 해보다도 더 순수하고 더 밝다. (261쪽) 왜냐하면, 이 빛은 사물로부터 유형적인 것과 시간적인 것을 다 떼어내기(추상하기-역자) 때문이다. 이 빛은 또는 너무나 넓기에 넓이를 넘어선다. 이 빛은 넓이보다도 더 넓다.[301] 이 빛은 마치 신께서 지혜와 선성

---

299) 참조. DW Ⅲ, 219쪽 6행 이하.: DW Ⅰ, 71쪽 4행 이하.
300) 참조. DW Ⅰ, 383쪽 3행 이하.: LW Ⅳ, 317쪽 4행 이하.
301) 참조. DW Ⅰ, 365쪽 1행 이하.: DW Ⅱ, 232쪽 8행 이하.

을 넘어서시듯이, 지혜와 선성도 넘어선다. 신께서 지혜와 선성을 벗어나시는 까닭은 그분께서는 지혜나 선성이 아니라, 오히려 지혜와 선성이 그분으로부터 도래하는 것이기 때문이다.[302] 이성은 지혜로부터 성립하는 것도 진리로부터 산출되는 것도 아니다. 또한, 이성은 의지가 그런 것처럼 선성에 의해 낳아지게 되는 것도 아니다. 곧, 의지는 선성에 의해 의지하며, 선성에 의해 낳아지며, 이성에서부터 나온다. 그러나 이에 반해 이성은 진리로부터 도래하는 것이 아니다. 하지만 이성으로부터 흘러나오는 빛은 (추론적-퀸트) 오성(bekantnisse, Verstand)이며, 이 추론적 오성은 자기 자신 가운데 자리하는 이성, 그 자신의 존재 가운데 있는 이성에 비해 하나의 유출이며 하나의 터져 흘러나옴이며, 하나의 흐름과 같은 것에 지나지 않는다. 이러한 터져 흘러나옴(추론적 오성-역자)은 하늘이 땅 위에 있는 것보다도 더 (자신의 존재 가운데 자리하는-역자) 이성과 먼 거리에 있다. 나는 신께서 영혼에 이성을 쏟아부으신 것은 하나의 기적이라고 자주 말하고 더욱 자주 생각하곤 한다.

(262쪽) 이제 또 다른 빛이 있다. 이 빛은 은총의 빛이다. 이러한 은총의 빛에 비해, (이성의-역자) 자연적 빛은 지구 전체에 비해 바늘 끝만큼의 땅과 다름없을 정도로 작다. (더 나아가-역자) 지구보다 못 믿을 정도로 더 큰 하늘에 비해 바늘 끝만큼이나 작다. 은총에 의해 영혼 가운데 신의 현존은 모든 이성이 수행할 수 있는 것보다 더 많은 빛을 가져온다. 이성이 수행할 수 있는 모든 빛은 이 은총의 빛에 비하면, 바다

---

302) 참조. DW Ⅲ, 179쪽 2행 이하. : DW Ⅰ, 147쪽 1행 이하.

에 떠다니는 물 한 방울이나 다름없다. 아니 그보다 천 배나 더 작을 것이다. 이성이 수행하고 파악할 수 있는 모든 것과 모두는 신의 은총 가운데 있는 영혼에는 작고 좁을 뿐이다.[303]

(263쪽) 나는 "좋은 사람은 어떻게 신께 그렇게도 행복해하는지 그리고 그들은 어떻게 그렇게도 열정적으로 신을 섬기는지?"하는 물음을 한때 받았던 적이 있다. 이에 나는 그들이 신을 맛보았기 때문이라고 답했다. 신을 한때 맛보고 그 맛을 추구했던 사람이 다른 어떤 것을 맛보고자 한다면, 이것이 놀라운 일이 아니겠는가. 성인은 신을 맛본 영혼에 신이 아닌 모든 것은 구린내 나는 고약한 맛을 낼 것이라고 말한다.

이제 우리는 앞의 성경 구절을 또 다른 의미에서 되새겨 보자. 지혜로운 사람은 '하느님과 인간들에게 사랑받는 사람'이라고 말하고 있다. 여기서 '이다 또는 존재한다' (ist)가 빠져 있다. 곧, 지혜로운 사람은 (264쪽) "그는 하느님과 인간들에게 사랑받는다(ist geminnet)."라고 말하고 있지 않다. 왜냐하면, 지혜로운 사람은 하느님과 인간들에게 사랑받는 그 사람의 변화하는 불안정한 시간적 본성을 고려하고 있지 않기 때문이다. 이 성경 구절이 말하는 존재(wesen)는 이러한 시간성 너머에 아득히 높이 있다.[304] 존재는 자신 가운데 모든 것을 포섭하고 있으면서도 동시에 이 모든 것 너머에 있기에, 존재는 이미 창조된 모든 것에 의해

---

303) 참조. DW Ⅲ, 196쪽 2행 이하, 161쪽 6행 이하. : DW Ⅱ, 346쪽 5행 이하, 445쪽 7행 이하.
304) 참조. DW Ⅰ, 357쪽 6행 이하. : DW Ⅱ, 457쪽 1행 이하.

접촉되지 않는다.³⁰⁵⁾ 이러한 존재에 대해 알고 있다고 잘못 생각하고 있는 모든 사람은 존재에 대해 아무것도 모르고 있다. (265쪽) 성 디오니시우스는 우리가 인식하고 있고, 우리가 나누거나 부분으로 쪼개 나가는 모든 것은 신이 아니다. 왜냐하면, 신 안에는 우리가 빼내거나(추상하거나-역자) 차이(나 분류-역자)를 통해 파악할 수 있는 이것이나 저것이 존재하지 않기 때문이다. 신 가운데는 (오직-퀸트) 하나 이외, 아무 것도 없다. 그 하나가 그분 자신이다. 부동이며, 접할 수 없고, (시간적인 것을-역자) 떠나 있는 이러한 존재가 어떻게 영혼에 전달되며, 어떻게 영혼의 시야에 모습을 드러내는가 하는 문제에 대해 스승들 사이에 많은 토론이 있다. 스승들은 영혼이 어떻게 이러한 존재를 받아들일 수 있는가 하는 문제에 대해 대단히 골머리를 앓고 있다. (그러나-역자) 나는 (신의-퀸트) 신성은 그분을 받아들일 수 있는 모든 것에 자신을 전달할 수 있다는 데 매달려 있다고 말한다. 만약 그분이 자기 자신을 전달할 수 없다면, 그분은 신이 아닐 것이다.³⁰⁶⁾ (266쪽) 신께서 사랑하시어, 그에게 자신을 전달하고자 하는 영혼은 시간성과 피조물의 모든 맛으로부터 완전히 벗어나 있어야 한다. 그럴 때 신께서 영혼 가운데 자신의 고유한 냄새만을 맛보게 하실 것이다. 지혜서는 "모든 것이 고요해진 한밤중에 주님께서, 곧 당신의 말씀이 왕좌로부터 내려왔다."(지혜서 18, 14-15)라고 말하고 있다.³⁰⁷⁾ 곧, 한밤중에, 어떠한 피조물도 영혼을

• • •
305) 참조. DW Ⅰ, 212쪽 3행 이하.
306) 참조. DW Ⅰ, 149쪽 5행 이하. : DW Ⅱ, 35쪽 3행 이하, 34쪽 10행 이하.
307) 참조. "부드러운 정적이 만물을 뒤덮고 시간은 흘러 한밤중이 되었을 때 당신의 전능한 말씀이 하늘의 왕좌에서 사나운 전사처럼 멸망의 땅 한가운데로 뛰어내렸습니다." 지혜서 18, 14-15. 역자.

비추거나 영혼을 엿보지 않을 때, 그리고 어떤 것도 더는 영혼에 말을 걸지 않는 고유한 정적 가운데서, 말씀이 이성에 말해졌다.[308] 이 말씀이 이성에 고유한 것이며, 로고스 곧 말씀이라 불린다. 이 말씀은 이성 가운데 있다. 이성 가운데 서 있다.

내가 신에 관해 이야기해야 할 때, 그분과 하나이고자 하는 영혼이 얼마나 완전히 벗어나 있어야 하는가에 대해 자주 놀란다. 하지만 이렇게 완전히 벗어나는 것이 누구에게든 불가능하다고 생각되지는 않는다. 신의 은총을 갖고 있는 영혼에는 이런 일은 불가능하지 않다. (267쪽) 모든 걸 손에서 놓는 일이 신의 은총을 갖고 있는 영혼에는 어떤 인간이 그렇게 하기보다 더 쉬운 일이다. 더 나아가서 나는 신의 은총을 갖고 있는 영혼에는 모든 걸 손에서 놓는 일이 어떠한 인간이 무엇을 행하는 것보다도 더 쉬운 일이라고 말한다. 어떠한 피조물도 영혼을 해하지 않는다. 성 바오로는 "나는 확신합니다. 어떠한 피조물도 나를 하느님에서 떼어 놓을 수 없습니다. 행운도 불행도 삶도 죽음도 그렇게 할 수 없습니다."라고 말하고 있다(로마서 8, 38-39).[309]

이제 주목하라! 신께서 영혼 가운데서만큼 더 고유하게 계시는 곳은 그 어디에도 없다. 모든 피조물에는 신적인 어떤 것이 있지만, 영혼 가

---

308) 참조. DW Ⅰ, 312쪽 5행 이하. : DW Ⅱ, 307쪽 2행 이하. : LW Ⅳ, 228쪽 5행 이하.
309) 참조. "나는 확신합니다. 죽음도, 삶도, 천사도, 권세도, 현재의 것도, 미래의 것도, 권능도, 저 높은 곳도, 저 깊은 곳도, 그 밖의 어떠한 피조물도 우리 주 그리스도 예수님에게서 드러난 하느님의 사랑에서 우리를 떼어 놓을 수 없습니다." 로마서 8, 38-39. 역자.

운데서 신은 (오로지-역자) 신적으로 계신다. 왜냐하면, 영혼은 신의 안식처이기 때문이다.[310] 그 때문에, 한 스승은 신께서 그 자신 이외 아무 것도 사랑하지 않으신다. 그분은 자기 자신 가운데서 자신에 대한 사랑을 만끽하신다.[311] 한 주먹에 100마르크를 움켜쥘 수 있는 데도, 5페니히 이상을 손에 쥘 수 없는 사람은 바보다. (268쪽) 그분의 (자기 자신에 대한-퀸트) 사랑은 우리 가운데서 성령의 꽃 피어남이다.[312] 여기에 대해 다른 말로 하면, 신께서는 그분이 우리 가운데 작용하시는 선성 이외 아무 것도 사랑하지 않으신다는 말이다. 한 성인은 그분께서 우리 가운데 작용하시는 그분 자신의 고유한 작용 이외, 아무 것도 그분에 의해 월계관이 쓰일 수 없다고 말하고 있다. 내가 신은 자기 자신 이외 아무 것도 사랑하지 않으신다고 내가 말했다고 해서, 아무도 놀라지 말기 바란다. 이것이 우리에게 최선이기 때문이다. 왜냐하면, 그분은 그렇게 하시는 가운데 우리의 가장 큰 지복을 염두에 두고 계시기 때문이다.[313] 그분은 그렇게 하심으로써 우리를 자기 자신 안으로 끌어들이려고 유혹하시고자 하신다. 그래서 우리가 정화되어 (269쪽) 그분이 우리를 그분 자신 안으로 끌어들여, 그분과 함께 우리를 그분 자신 가운데서 그리고 우리 가운데 그분 자신을 사랑할 수 있게끔 하신다. 그분께는 우리의 지복이 너무나 요긴한 일이기 때문에, 그분은 우리를 자신 속으로 끌어들일 수 있는 모든 힘을 다해 우리를 유혹하신다. 그것이 그분께 즐겁든 그렇지

---

310) 참조. DW Ⅰ, 173쪽 7행 이하. : DW Ⅱ, 94쪽 9행 이하.
311) 참조. DW Ⅱ, 285쪽 9행 이하.
312) 참조. DW Ⅰ, 168쪽 3행 이하. : DW Ⅲ, 163쪽 8행 이하. : LW Ⅳ, 53쪽 7행 이하.
313) 참조. LW Ⅳ, 53쪽 2행 이하.

않든 관계없이 그렇게 하신다. 우리를 그분께로 끌어들이려고 유혹하시지 않으려고 그분께서 우리에게 어떤 짓을 행하는 것을 신께서는 금지하여 주소서.[314] 나는 그분께서 나를 사랑하신다는 사실에 신께 절대 고맙게 생각하지 않는다. 왜냐하면, 그분께서는 나를 사랑하는 일을 그만둘 수 없기 때문이다. 그분께서 원하시든 그렇지 않든 간에, 그분의 본성이 그렇게 하도록 강제하고 있기 때문이다. (오히려-역자) 나는 그분의 선성으로 인해 그분이 나를 사랑하기를 그만두실 수 없다는 사실에 감사드린다. 우리가 우리 자신에서 벗어나, (270쪽) 신 가운데 자리하는 것이 어렵지 않다. 왜냐하면, 신께서 우리 가운데 이를 행하실 수밖에 없기 때문이다. 하지만 이는 신께서 하시는 일이다. 우리는 따르기만 하면 된다. 우리는 수동적으로 신께서 그 일을 하시는 데 저항하지 않으면 된다.[315]

신이시여, 우리가 당신과 하나 될 수 있도록, 당신께서 우리를 당신 자신 가운데 자리 잡게 하실 수 있게끔, 우리가 당신을 따르도록 도와주소서. 그래서 당신께서 당신 자신과 함께 우리를 사랑할 수 있도록, 우리를 도우소서. 아멘.

• • •
314) 참조. DW V, 232쪽 8행 이하.
315) 참조. DW II, 307쪽 6행 이하. : LW IV, 95쪽 3행 이하.

설교 74(Pf. 86)

하느님과 인간들에게 사랑받았던 사람의 기억은 축복 속에서 이어진다. 하느님께서 그를 영광 안에 있는 성인과 걸맞게 하셨다.
Dilectus deo et hominibus, cujus memoria in benedicatione est, similem eum fecit in gloria sanctorum.

— 집회서 45, 1-2[316]

(274쪽) – 오늘 우리가 기념하는 성인(프란치스코-역자)인 – "그 사람은 신과 인간에게 사랑받았다. 그리고 축복받았고, 하느님 안에서 성인들의 영광 속에서 거룩하게 되었다."(집회서 45, 1-2).[317] 우리는 오늘 내가 사랑하는 어른이신 성 프란치스코 축일에 이 성경 구절을 읽는다. 그는 여기서 두 가지 때문에 칭송받는다. 이 두 가지를 가진 이는 위대한 사람이다.

• • •

316) 참조. "그는 하느님과 사람들에게 사랑을 받은 모세로서 그에 대한 기억은 축복 속에서 이어진다. 주님께서는 모세를 성인들의 영광에 걸맞게 하셨고 그를 위대한 이로 만드셔서 원수들이 그를 두려워하게 하셨다." 집회서 45, 1-2. 역자.
317) 퀸트에 따르면, 아씨시의 성 프란치스코 축일(10월 4일) 미사 때 나오는 독서이다. 앞선 설교 73에서도 이 성경 구절이 인용되고 있지만, 설교 73은 베네딕투스 성인의 축일(3월 21일) 미사 때의 독서이다. 역주.

하나는 참된 가난이다. 그가 한때 자기 동료와 함께 길을 떠났다고 우리는 그에 대해 읽는다. 가는 중에 그는 가난한 사람을 만났다. "이 사람이 우리보다 더 가난하다는 사실을 알고서 우리에게 비난과 수치를 주고 있구나."라고 그는 자기 동료에게 말했다.[318] 그가 자신보다 더 가난한 누군가를 만났다는 사실로 인해 자신을 수치스럽게 여겼다는 표현에 주목하라. 나는 다음을 가끔 말하곤 했는데, 이 말은 참이다. 곧, 참으로 가난을 사랑하는 사람은 가난을 너무나 사랑하는 나머지, 다른 사람이 자신보다 더 적게 갖고 있다는 사실을 절대 허용하지 않는다는 것을. 그리고 또한 그것이 순수함이든 의로움이든 또는 우리가 사랑하는 어떠한 덕이든 간에, 모든 것에서 그는 최고이고자 한다. 그는 항상 우리가 시간 가운데서 도달할 수 있는 최고의 수준을 원하며, 그 자신 위에 어떤 것이 있는 것을 참지 못한다. (275쪽) 그는 항상 최고의 자리를 원한다.[319] 우리가 그것을 갖고 사랑할 수 있는 어떤 것이 더 있는 한, 사랑은 충족되지 않는다. 이 성인은 가난을 너무나도 사랑했기에, 그는 자신보다 더 가난한 누군가가 있다는 것을 (도저히-역자) 참을 수가 없었다. 우리가 정신에 있어 더욱 더 가난해지면 가난해질수록, 더욱 더 벗어나 있게 되고 모든 것을 더욱 더 무로 여기게 된다. 우리가 정신에 있어 더욱 더 가난해지면 가난해질수록 모든 게 우리의 것이 되고, 더욱 더 우리 자신의 고유한 것이 된다.[320]

∙∙∙

318) 참조. Bonaventura Legenda Sancti Francisci c. Ⅶ n. 6(Opera omnia, Quaracchi, t. Ⅷ 524b쪽).
319) 참조. DW Ⅰ, 179쪽 5행 이하. : DW Ⅱ, 62쪽 6행 이하.
320) 참조. DW Ⅰ, 272쪽 11행 이하, 88쪽 6행 이하. : DW Ⅱ, 415쪽 1행 이하, 66쪽 7행 이하.

우리를 위대하게 만드는 또 다른 두 번째 덕은 참된 겸손이다. 이 성인은 자기 자신을 부정하고 자기 자신을 낮춤으로써 참된 겸손을 완전하게 갖고 있었다. 참된 겸손이라는 이 덕목은 우리를 가장 위대하게 만든다. 이 겸손을 가장 깊게 그리고 가장 완전하게 가진 사람은 모든 완전성(신-역자)을 받아들일 가능성을 지니게 된다.[321]

(276쪽) "그 사람은 신과 인간에게 사랑받았다."라고 (성경은 말하고 있다.-역자) 이제 나는 당신들에게 아주 좋은 소식을 전하려고 한다. 이 소식을 이해하는 사람은 큰 위로를 받을 것이다. (이 소식은-역자) 신을 사랑하는 사람은 모든 성인과 모든 천사로부터 측량할 수 없을 정도 많이 사랑받는다 (라는 소식이다.-역자) 그래서 우리가 생각해 낼 수 있는 모든 사랑은 이 사랑과 같지 않으며, 이 사랑에 비하면 무에 지나지 않는다. (내가 만약 신을 사랑한다면,) 하늘에 있는 모든 이가 나를 너무나 사랑하기 때문에, 우리가 생각해낼 수 있는 모든 사랑은 앞의 사랑과 다른 사랑이다. 비록 당신이 무엇을 사랑이라고 생각하고자 하고 또는 어떻게 사랑이라고 생각하기를 원하든지 간에, 수도 헤아릴 수 없는 천사의 모든 무리에게 나는 사랑받는다.[322]

나는 최근에 천사가 모든 유형적 사물의 수보다 더 많이 있다는 것이

...
321) 참조. LW Ⅳ, 272쪽 14행 이하.: DW Ⅰ, 237쪽 1행 이하, 82쪽 13행 이하.: DW Ⅴ, 405쪽 1행 이하.
322) 참조. DW Ⅰ, 81쪽 5행 이하, 88쪽 11행 이하, 246쪽 13행 이하, 79쪽 6행 이하.: DW Ⅱ, 234쪽 1행 이하.

어떻게 가능한가? 콩과 풀 그리고 수많은 것이 있는 것처럼, 유형적 사물의 수는 헤아릴 수 없을 정도로 너무나 많은데 어떻게 그런 일이 가능한가 라는 물음을 받았다.[323] (277쪽) 그래서 나는 신께서 이 사물들에 고유하게 자리하시고, 또 이 사물은 신을 자신의 고유한 것으로 삼고 있어, 신께 가까이 있는 이러한 사물들이 대단히 많다고 답변했다. (제대로 올바르게 말하고자 하는) 스승들은 각각의 천사들은 특이한 본성을 지니고서, 각각 이러한 본성 전부를 자신 안에 받아들인다고 말하고 있다. 이같이 만약 내가 한 인간이면서도 (동시에-역자) 모든 인간의 본성을 내 가운데 지니고 있다면, 곧 모든 인간이 가지고 있는 강함, 지혜, 아름다움 등과 같은 모든 걸 내 속에 지니고 있다면, 나는 대단히 너무나 아름다운 사람일 것이다. 그리고 나 이외에 더는 사람들이 없다면, 나는 모든 인간이 받아들이는 걸 다 받아들일 수 있을 것이다.[324] 모든 천사 각각은 그들 나름대로의 본성을 갖고 있다. 만약 한 천사가 (다른 천사보다-역자) 신과 더욱 더 가까이 있다면, 그 천사가 (다른 천사보다-역자) 더욱 더 고귀하다. 각각의 천사는 자신이 신으로부터 받아들일 수 있는 만큼, 신으로부터 받아들인다. 그런데 이러한 수많은 천사가 나를 사랑하고, 신을 사랑하는 사람 모두가 나를 사랑한다. (278쪽) 그리고 신의 적 이외에는 아무도 나를 미워하지 않는다. 그가 누구든 그가 나를 미워한다는 사실 때문에, 그는 신의 적이 되고, 그 때문에 신은 그에게 적대적으로 된다. 그러나 만약 그분의 적이라 하더라도, 신께서는

---

323) 참조. DW I, 65쪽 8행 이하.
324) 참조. DW II, 235쪽 1행 이하.

이러한 적을 용서해 주신다면, 내가 또한 그 적을 용서하지 않을 이유가 무엇이 있겠는가? 만약 신께서 나에게 복수를 감행하신다면, 내가 나를 복수하고자 착수하지 않을 이유가 있겠는가? (하지만 내가 나에게 복수를 감행하지 않는 만큼, 신께서 나에게 복수하고자 하지 않으신다.-역자)

그대들은 나쁜 사람들이 더 좋은 세월을 보내고 있지 않습니까? 그들은 다른 이들보다 자기 뜻대로 더 잘 살고 있지 않습니까 라고 나에게 물을 수 있을 것이다. 솔로몬은 "'내가 악행을 저지른다고 내게 해가 될 게 무엇인가?' 그것이 나에게 고통을 주지 않는 데도 말이다. 또는 내가 악행을 행한다고 '누가 나에게 해를 끼치리오.'라고 악인들이 말할 수 없게 하소서."라고 말하고 있다.[325] (하지만-역자) 그대가 악행을 행한다는 사실 자체가 전적으로 그대의 고통이며, 그대에게 충분히 고통을 일으키는 것이다. 이러한 고통이 신의 분노의 위대한 징표라는 걸 영원한 진리에 있어서 확신하라.[326] 그분께서 죄인이 죄를 짓도록 허락하시고 허용하시는 것과 또한 그분께서 죄인이 죄를 짓지 않을 수 없다는 그보다 더 큰 불행이 없는 불운을 그에게 허용하심으로써 그에게 자비를 보이지 않으시는 것보다도, ─ 지옥을 가지고서든 그 밖의 어떤 것을 가지고서든 ─ 더 나쁜 것을 죄인에게 행하실 수 없을 것이다. (그런데 신께서는 죄인이 죄를 짓도록 허용하시지도, 죄를 짓지 않을 수 없는 불운을

---

325) 참조. "당신이 죄지었다 한들 그분께 무슨 해를 끼치며 당신의 죄악이 많다 한들 그분께 무엇을 어찌하겠습니까? 당신이 의롭다 한들 그분께 무엇을 드리며 그분께서는 당신 손에서 무엇을 얻으시겠습니까?" 욥기 35, 6-7. 역자.
326) 신의 분노에 관해서는 DW II, 8쪽 4행 이하. 참조.

인간에게 허용하지 않으신다. -역자) 신께서 온 세상의 슬픔을 죄인에게 주신다고 하더라도, 죄인 자신이 죄를 지음으로써 그 자신이 고통받는 것보다도 더 많이 죄인을 고통스럽게 할 수 없을 것이다.

(279쪽) "그 사람은 신과 인간에게 사랑받았다. 그리고 축복과 찬양을 받았다." 이 말은 무엇보다 먼저 모세에게 말해졌던 말이다.[327] 모세라는 말은 물에서 건져 올린 자라는 뜻이다.[328] 그리고 물은 흔히 지나가고 마는 사물을 뜻한다. 우리가 모든 지나가고 마는 사물에서부터 떠나 있어 건져 올려질 때만, 우리는 신께 사랑받는다. 모든 소멸하고 마는 사물들에서 가장 떠나 있고, 이런 사물을 가장 잊어버릴 때, 우리는 신께 가장 사랑받고, 신께서 우리와 가장 가까이 계신다.[329]

그대들은 "온 세상을 하느님을 위해 거부하는 데 이르기까지 내가 어떻게 행할 수 있을까요?"라고 나에게 물을 수도 있다. 나는 모든 것에서부터 벗어나거나 모든 것을 비울 수 있는 사람은 그보다 훨씬 더 많이 행했다고 답변한다. 다윗 왕은 "딸아, 네 백성과 네 아버지 집안을 잊어버려라, 그러면 임금님이 너의 아름다움을 열망하리라."라고 말하고 있다(참조. 시편 45, 11-12).[330] 이는 그가 마치 "임금이 그녀에 대한 사랑

---

327) 참조. "하느님과 인간들에게 사랑받은 이, 모세(Dilectus Deo, et hominibus Moyses)." 집회서 45, 1.
328) 참조. DW II, 120쪽 5행 이하.
329) 참조. DW I, 120쪽 5행 이하.
330) 참조. "들어라, 딸아! 보고 네 귀를 기울여라. 네 백성과 네 아버지 집안을 잊어버려라. 임금님이 너의 아름다움을 열망하시리니 그분께서 너의 주인이시기 때문이다. 그분 앞에 엎드려라." 시편 45, 11-12. 역자.: DW V, 45쪽 10행 이하.

에 매료되어 넋이 나간 사람이 되었다."라고 말하고자 한 것과 같다.[331] (280쪽) 신의 사랑이 우리 가운데 작용하고, 신께서 우리를 사랑하심으로써 우리가 어떠한 존엄함을 받아들이는가 하는 문제는 다른 이야기 그리고 다른 설교 가운데서 (이미-역자) 말했다.[332] "네 백성과 네 아버지 집안을 잊어버려라."라는 이 구절을 충분히 주목하자. 왜 내 아버지는 다른 사람보다 나에게 더 사랑스러운가? 그는 나의 아버지이며, 나의 모든 것이기 때문이다. 왜냐하면, 그는 나의 모든 것이며, 실로 나의 것이기 때문이다. 따라서 이 성경 구절은 내가 모든 것에 있어서 나의 것을 잊어야 한다는 것을 뜻하고 있다. 예언자는 '네 아버지 집안'이라고 말한다. 내가 최근에 말했듯이, 우리가 자신을 넘어가고, 자신에서부터 벗어나는 데 이를 수 있다면, 그는 충분히 잘 싸운 것이다. 그대는 그대의 것을 잊어라, 그러면 그대는 덕을 얻으리라.

덕은 네 가지 단계를 갖는다. 첫째 단계는 우리가 모든 소멸하는 것에서부터 멀어지도록 길을 뚫고 길을 만든다. 둘째 단계는 소멸하고 마는 모든 것을 인간으로부터 전적으로 치워 버린다. 셋째 단계는 소멸하고 마는 모든 걸 (우리로부터-역자) 치워 버릴 뿐만이 아니라, 이 단계는 소멸하고 마는 게 아예 존재하지 않았던 것처럼, 그것들을 아예 잊게 한다. 하지만 이 단계도 여전히 하나의 과정에 지나지 않는다. 네 번째 단계는 오로지 신 안에 있으며, 신 자신이다.[333] 우리가 이 단계에 이르러

---

331) 참조. DW I, 369쪽 7행 이하.
332) 아마 설교 73번을 가리키는 것 같다. 참조. DW III, 268쪽 2행 이하.
333) 참조. DW II, 296쪽 6행 이하.: DW I, 185쪽 6행 이하, 276쪽 3행 이하.

면, "임금께서 우리의 아름다움을 열망할 것이다."

(281쪽) 더 나아가 예언자는 "그분은 우리의 주인이며, 그대의 하느님이시다. 그들은 그분을 흠모하고 숭배하며 경배한다."라고 말하고 있다.[334] 이 경우, 우리 주님은 그대의 신이다. 신께서는 참으로 그리고 확실하게 그대의 것이다. 마치 그분이 그분 자신을 소유하는 것처럼, 그러하다. (그대 또한 이를 얼마나 원하는지를 생각해 보라.) (하지만–퀸트) 어떻게 그분이 그대의 것이 될 수 있는가? 그대가 완전히 그분의 것임을 통해서이다. 신께서 자신의 것임과 같이 나의 것이려면, 나는 나의 것임과 같이 그분의 것이어야 한다.[335]

한 작가는 "언제 신이 너의 것이 되는가?" 라고 말하고 있다. — 만약 신 이외에 그 어떤 것도 욕망하지 않는다면, 그대는 신을 맛볼 것이다. 그러나 그대가 그분에서부터 나가도록 그대를 유혹하는 어떤 것을 욕망한다면, 신은 그대의 것이 아니다. (282쪽) 또 그는(예언자는–퀸트) 다른 곳에서 만약 그대가 다른 사람보다 한 사람을 더 사랑한다면, — 그대가 그 사람의 덕을 사랑하는 게 아니라면, — 그대는 그대의 자신의 것에 매여 있다. 따라서 이 경우, 신은 그대의 신이 아니다.

- - -

334) 참조. "임금님이 너의 아름다움을 열망하시리니 그분께서 너의 주인이시기 때문이다. 그분 앞에 엎드려라." 시편 45, 12. 역자.
335) 참조. DW Ⅰ, 271쪽 2행 이하, 239쪽 8행 이하.

더 나아가서 예언자는 "그들은 그를 경배하고 모든 악인과 세상의 왕들이 그에게 조공을 가져와 바친다."라고 말하고 있다(참조. 시편 72, 10-11).[336] 이 성경 구절은 "그 사람은 신과 인간에게 사랑받았다. 그리고 모든 사람의 축복이 그에게 주어졌다."라는 것을 뜻한다. (283쪽) 사람들이 '모든'이라고 말할 때, 거기에는 어떠한 예외도 없다는 말이다. 곧 하늘과 땅에 있는 모든 사람이 갖고 있는 모든 게 그들의 것인 것처럼, 내 것이다. 그리고 나는 우리가 사랑하는 부인 마리아가 갖고 있는 것이 마치 나 자신으로부터 갖게 된 것으로 여긴다면, 나는 행복할 것이다. 그녀의 고귀함, 그녀의 덕을 마치 내가 일으킨 것인 양 여기기에 나는 행복하다.[337]

이제 사람들은 "실로 (하늘과 땅에 있는 모든 사람이 갖고 있고 누리는-퀸트) 모든 것이 나에게 속한다면, 그래서 내가 그들과 마찬가지로 그것을 누리고 있다면, 내가 왜 그렇게 노력하고 (나와 모든 것에서-역자) 떠나 있고자 해야 하는가? 나는 당연히 좋은 의지를 갖고자 하고, 좋은 사람이고자 한다. 그렇다면 나는 편안한 마음으로, 그 때문에 노력한 그 사람들(하늘과 땅에 있는 모든 이-역자)처럼, 하늘에서 좋은 몫을 갖고자 해도 괜찮지 않은가?"라고 말할 수도 있을 것이다. 나는 이 말에 반대하여 "그대가 (그러한 행복에 한몫하고자 하는 마음에서-퀸트) 풀려나 있는 만큼, (284쪽) 그대는 그만큼 더 그것을 갖게 될 것이다. 그

---

336) 참조. "타르시스와 섬나라 임금들이 예물을 가져오고 세바와 스바의 임금들이 조공을 바치게 하소서. 모든 임금이 그에게 경배하고 모든 민족이 그를 섬기게 하소서." 시편 72, 10-11. 역자.
337) 참조. DW Ⅰ, 81쪽 5행 이하. : DW Ⅱ, 13쪽 5행 이하. : DW Ⅲ, 130쪽 1행 이하.

이상은 아니다."라고 말한다.[338] 만약 그대가 당신의 몫이 될 것을 염두에 두고 그것을 곁눈질한다면, 그대에게 아무것도 주어지지 않을 것이다.[339] 내가 나를 벗어나는 것과 똑같은 크기만큼의 것이 나에게 주어질 것이다. 나는 여기에 내가 내 자신을 사랑하는 것과 똑같이 동료 인간도 사랑한다면(참조. 마르코 12, 30), 그렇게 될 것이라는 말을 한마디 덧붙인다.

마음을 다하여 신을 사랑하는 사람은 또한 자신의 이웃을 자기 자신처럼 사랑하는 법이다. 그러므로 성경 구절에 'Tanquam'이라는 말이 사용된다. 이 말은 '(나와) 같이 또는 (나와) 똑같이'라는 뜻이다.[340] (285쪽) 어떤 좋은 게 다른 사람보다 나의 형제나 나에게 생기는 게 왜 더 좋게 느껴지는가? 그 까닭은 나는 다른 사람의 것보다 나의 것을 더 많이 사랑하기 때문이다.[341] 신의 명령이 나는 신을 사랑해야 한다고 명하시는 것처럼, (내가 신을 사랑하고,-역자) 나의 이웃도 나와 똑같이 사랑한다면, 신께서 내가 온 마음을 다하고 온 영혼을 다하여 신을 사랑해야 한다는 명령과 나의 이웃을 나 자신처럼 사랑해야 한다는 명령은 내가 볼 때, 완전히 같은 것으로 보인다. 사랑은 신에서 시작해야 하며, 똑같이 이웃에도 적용되어야 한다. (286쪽) 내가 나의 것으로부터 완전히 벗어나서 내가 모든 것에 똑같은 사랑을 가진다면, 나는 모든 걸 똑같이 사랑할 것이고, 그것들을 소유하게 될 것이다. 그러나 유형적 사물의 경우

---

338) 참조. DW Ⅱ, 81쪽 7행 이하. : DW Ⅲ, 145쪽 1행 이하.
339) 참조. DW Ⅴ, 298쪽 11행 이하.
340) 참조. DW Ⅰ, 67쪽 5행 이하. : DW Ⅱ, 45쪽 6행 이하.
341) 참조. DW Ⅲ, 280쪽 3행 이하,

에는 이런 일이 있을 수 없다. 유형적인 것들은 정신적인 것과 다르다. 이들은 어떤 점에서도 정신적인 것과 같지 않다.

하나의 비유를 들어보자. 통 안에 있는 물은 목재 안에 있지 않다. 하지만 목재는 통을 둘러싸고 있다. 목재도 또한 물 안에 있지 않다. 이들 양자(물과 목재-역자)는 다른 가운데 있지 않다. 그리고 통 안에 있는 물은 그 밖의 모든 다른 물과 분리되어 있다. 하지만 정신적 사물에서는 어떤 것도 다른 것과 분리되어 있지 않다. 최고의 천사가 자신 가운데 지니고 있는 모든 것을 그 아래 있는 천사도 완전히 자신 가운데 포함하고 있다. 그래서 최고의 천사는 가장 낮은 천사 가운데 있지 않은 한 점 크기의 그 어떤 것도 지니고 있지 않다. 존재에서든 지복에서든 마찬가지이다. 정신적 사물의 경우는 이와 같다. 왜냐하면, (정신적 사물의 경우-역자) 하나 가운데 있는 것은 다른 것 속에도 또한 있기 때문이다.[342] 가장 많이 비우는 사람은 또한 그만큼 가장 많이 받는다. 그러나 만약 우리가 자기나 자신들의 것에 염두를 두면, 우리는 아무것도 손에 놓은 것이 없다. (287쪽) 이는 성 베드로가 말한 것과 같다. 그는 "Ecce nos reliquimus omnia"라고 말했다. 이는 번역하면 "보소서! 주여, 우리는 모든 것을 버렸습니다. 그러니 저희는 무엇을 받겠습니까?"이다(마태오 19, 27 : 루카 5, 11).[343] 자신에게 주어질 몫을 엿보는 사람이 어떻게 모

∙ ∙ ∙

342) 참조. DW Ⅱ, 611쪽 1행 이하. : DW Ⅲ, 99쪽 2행 이하.
343) 참조. "그때 베드로가 그 말씀을 받아 예수님께 물었다. '보시다시피 저희는 모든 것을 버리고 스승님을 따랐습니다. 그러니 저희는 무엇을 받겠습니까?'" 마태오 19, 27. : "그들은 배를 저어다 뭍에 대어 놓은 다음, 모든 것을 버리고 예수님을 따랐다." 루카 5, 11. 역자.

든 걸 버렸다고 말할 수 있겠는가?

한 마디만 더 이야기하겠다. 더는 하지 않겠다. 주목하라. 어떤 것이 더욱 더 보편적이면 보편적일 수록, 그것은 더욱 더 고귀하고 더욱 더 가치가 있다. 나는 살아 있는 것들과 함께 생명을 공유하고 있다. 그런데 살아 있는 것에 있어 생명은 존재에 포섭된다. 존재만 갖고 있는 것들이 존재에다 생명까지 갖고 있는 것들보다 더 많다. 나는 감각을 동물과 공유하고 있다. 나는 나의 생명을 잃어버리기보다 나의 감각을 잃고자 한다. 존재는 나에게 가장 소중한 것이며, 내가 (다른 모든 것과─역자) 가장 공유하는 것이며, 나의 가장 내적인 것이다. 나는 신 아래 있는 모든 존재를 (차라리─퀸트) 손에서 놓는다. 존재는 신으로부터 직접 흘러나온다. 그리고 생명은 존재로부터 흘러나온다. 따라서 나에게 존재는 가장 맛난 것이다. 존재는 또한 모든 피조물에게 가장 귀중한 것이다. 우리의 생명이 더욱 더 보편적이면 보편적일 수록, 우리의 생명은 더욱 더 낫고 더욱 더 고귀한 것이게 된다.[344]

(288쪽) 신이시여, '성인이 영광 가운데서 누리는 것'과 똑같은 것이 우리에게도 주어질 수 있도록, 우리가 신께 사랑받고, 참다운 가난 속에서 온 세상을 놓아버리고, '아버지의 집안'을 잊어버리고 '우리 이웃을 우리 자신을 사랑하듯이' 사랑할 수 있도록, 우리를 도우소서. 아멘.

∙∙∙
344) 참조. DW Ⅰ, 66쪽 8행 이하.

설교 75(Pf. 86)

내가 너희에게 새로운 계명을 준다. 내가 너희를 사랑한 것처럼, 서로 사랑하여라.
Mandatum novum do vobis, ut diligatis invicem, sicut dilexi vos etc.

- 요한 13, 34-35[345]

(292쪽) 요한이 쓴 거룩한 복음에서 우리는 우리 주님께서 자신의 제자들에게 다음과 같이 말씀하신 것을 (오늘-역자) 읽는다. 곧, 주님께서는 "내가 너희에게 새로운 계명을 준다. 내가 너희를 사랑한 것처럼, 서로 사랑하여라. 그대들이 서로 사랑한다면, 사람들이 그것을 보고 그대들이 나의 제자라는 것을 알게 될 것이다."라고 말씀하셨다.[346]

우리는 우리 주님이 갖고 계신 세 가지 사랑을 발견한다. 그 세 가지 사랑에 있어서 우리는 주님과 같아져야 한다. 최초의 사랑은 자연적 사랑이고, 두 번째 사랑은 은총의 사랑이고, 세 번째 사랑은 신의 사랑이

---

345) 참조. "내가 너희에게 새 계명을 준다. 서로 사랑하여라. 내가 너희를 사랑한 것처럼 너희도 서로 사랑하여라. 너희가 서로 사랑하면, 모든 사람이 그것을 보고 너희가 내 제자라는 것을 알게 될 것이다." 요한 12, 34. 역자.
346) 퀸트에 따르면, 8월 24일 성 바르톨로메오 축일 미사 때의 복음이다. 역주.

다. (293쪽) 비록 신 가운데서는 신이 아닌 어떤 것도 없긴 하지만, (우리 인간의 관점에서 이렇게 세 가지로 나누었다.-역자) 우리는 세 가지 사랑은 이같이 (세 가지 단계로-퀸트) 파악한다. 그래서 우리에 있어서 좋은 것(자연적 사랑-퀸트)에서 더 좋은 것(은총의 사랑-퀸트)으로 그리고 더 좋은 것에서부터 가장 완전한 것(신적 사랑-퀸트)으로 올라간다. 그러나 신 가운데서는 더 모자라는 것도, 더 나은 것도 없다. 그분은 오로지 하나의 단순하고 순수하고 본질적 진리이실 뿐이다.[347]

신께서 갖고 계신 첫 번째 사랑에서 우리는 다음을 인식하고 배워야 한다. 곧, 모든 피조물이 그분의 선성을 그분과 함께 향유하도록 하게끔 하기 위해, 그분께서 자신의 섭리에 따른 상 가운데(in dem bilde sîner vürsihticheit) 영원으로부터 회임하고 있던 모든 피조물을 그분께서 창조하시도록, 그분의 자연적 선성이 그분을 강제하는(twanc) 것을 우리는 인식하고 배워야 한다.[348] (294쪽) 그분께서는 모든 피조물 가운데 하나를 다른 하나보다 더 사랑하지 않으신다. 왜냐하면, 각각의 것이 (그분을 받아들일 수 있기 위해 그릇이-역자) 넓으면 넓은 만큼, 그만큼 더 그분은 자신을 그것들에 더 폭넓게 부어주시기 때문이다. 만약 내 영혼이 아무 것도 자신 가운데 지니고 있지 않은 세라핌 천사만큼 넓고 확 터져 있다면, 신께서는 세라핌 천사에게 그렇게 하시는 만큼, 나

---

347) 참조. DW Ⅰ, 178쪽 10행 이하. : DW Ⅱ, 24쪽 10행 이하. : LW Ⅳ, 72쪽 3행 이하. : LW Ⅱ, 407쪽 3행.
348) 참조. DW Ⅲ, 13쪽 5행 이하. : DW Ⅴ, 261쪽 4행 이하.

에게 완전히 자신을 부어주실 것이다.³⁴⁹⁾ 이는 누군가 하나의 둥근 원을 만들 때와 같다. 원은 둘레에 작은 점들이 가득 찍혀 있고, 중심에는 하나의 점이 있다. 이 중심점에 다른 점들은 모두가 똑같이 가까이 있거나 멀리 있거나 한다. 그런데 한 점이 그 중심점에 더 가까이 있고자 한다면, 이 점은 자신의 자리를 벗어난 것이다. 왜냐하면, 중심점은 확고하게 중심에 항상 머물러 있기 때문이다. 신의 존재도 이와 똑같다. 신의 존재는 자신 바깥에서 어떤 것도 찾지 않고, 자기 자신 가운데 항구적으로 머물러 있다. 피조물이 신의 존재로부터 (존재를-역자) 받으려면, 피조물은 (자신을 고집하지 않고,-역자) 자기 자신에서 벗어나 있어야 한다는 것은 필연적일 수밖에 없다.³⁵⁰⁾ (295쪽) 우리가 인간에 대해 말하는 것은 우리가 모든 피조물에 대해 말하는 것과 같다. 왜냐하면, 그리스도께서는 자신의 제자들에게 "너희는 가서 모든 피조물에게 복음을 선포하여라."라고 말씀하셨기 때문이다(마르코 16, 15).³⁵¹⁾ 그리고 또한 모든 피조물이 인간에 다 모여 있기 때문이다.³⁵²⁾ 그러나 신께서는 피조물이 받아들일 수 있을 만큼 많이 모든 피조물에 존재인 자신을 쏟아부으신다. (296쪽) 이는 우리가 신으로부터 받은 모든 걸 갖고서, 우리가 어떻게 모든 피조물을 다 똑같이 사랑해야 하는가에 대한 좋은 가르침이다. 하지만 어떤 사람이 친척이거나 동무이기 때문에, 자연적으로 우리

∙∙∙
349) 참조. DW Ⅱ, 604쪽 4행 이하. : DW Ⅴ, 423쪽 5행 이하, 424쪽 2행 이하.
350) 참조. LW Ⅳ, 194쪽 11행 이하.
351) 참조. "예수님께서는 이어서 그들에게 이르셨다. '너희는 온 세상에 가서 모든 피조물에게 복음을 선포하여라.'" 마르코 16, 15. 역자.
352) 참조. DW Ⅰ, 49쪽 4행 이하. : Aristoteles, De an. Ⅲ t. 37. "모든 것은 어떤 식으로든 영혼이다 (omnia ea quae sunt, quodammodo est anima)."

에게 더 가까운 것도 사실이다. 그렇더라도 우리는 그 사람에게 신적 사랑으로부터 똑같은 선의 관점에서 (예전과-역자) 똑같이 선의를 베풀어라. 나는 자주 한 사람을 다른 사람보다도 더 사랑하는 것 같다. 그러나 내가 한 번도 만난 적 없는 다른 사람에게 (친척에게 보였던 것과-역자) 똑같은 호의를 갖는다면, 그리고 그가 나에게 자주 나타난다면, 나는 나를 그에게 더 많이 쏟아붓게 될 것이다.[353] 신께서는 모든 피조물을 똑같이 사랑하시고, 자신의 존재로 모든 피조물을 (똑같이-역자) 채우신다. 따라서 우리도 사랑을 지니고서 모든 피조물로 우리 자신을 흘려보내야 한다. 우리는 이교도들에 있어서 그들이 자연적 인식을 갖고 이러한 사랑으로 넘치는 평화에 도달하는 걸 많이 볼 수 있다. 왜냐하면, 한 이교도 스승은 "인간은 자연적으로 부드러운 동물이다."라고 말하고 있기 때문이다.[354]

신의 두 번째 사랑은 은총에 해당하는 정신적 사랑이다. 신께서는 이러한 사랑을 갖고서 영혼과 천사들로 들어서신다. 이는 이성적 피조물(인간-역자)이 모든 자연적 빛 너머에 있는 빛(은총의 빛-역자)을 갖고 자기 자신에서부터 벗어나야 한다고 앞서 말했던 것과 같다. 모든 피조물은 자신의 자연적 빛 가운데서 아주 많은 즐거움을 누리고 있기에, 은총의 빛이 이들 피조물을 그러한 즐거움으로부터 끌어내기 위해서는 은총의 빛은 (자연적 빛보다-역자) 더욱 더 강해야 한다. 왜냐하면, 인간

• • •
353) 참조. DW III, 280쪽 3행 이하, 285쪽 1행 이하, 282쪽 1행 이하. .
354) 참조. DW II, 175쪽 8행 이하. : LW IV, 19쪽 1행 이하.

은 자연적 빛 가운데서 자기 자신 가운데서 즐거움을 누리지만, (자연적 빛보다-역자) 말로 표현할 수 없을 정도로 강한 은총의 빛은 인간에게서 그들 자신의 고유한 즐거움을 빼앗아, 자기 자신(은총의 빛-퀸트)으로 끌어들여야 하기 때문이다. 따라서 『아가서』에서 영혼은 "당신의 달콤한 향내 가운데서 나를 당신께로 끌어 당겨주세요."라고 말하고 있다 (참조. 아가서 1, 3).[355]

(298쪽) 우리가 신을 미리 인식하지 않고서는 우리는 신을 사랑할 수 없다. 왜냐하면, 신이신 본질적 중심점은 (모든 원의-역자) 정 중앙에 머물러 있기에 모든 피조물에서부터 똑같이 멀고 똑같이 가까운 분이기 때문이다. 만약 내가 그분께 더 가까이 다가가려면, 나의 자연적 이성은 그것 너머에 있는 은총의 빛으로 대치되어야 한다. 이는 마치 나의 눈이 태양의 빛을 자신의 능력 가운데서 받아들일 수 있을 만큼 강한 빛이라면, 그래서 태양의 빛과 하나가 될 수 있다면, 내 눈은 단지 자신의 능력만을 갖고서만 아니라, 태양의 빛을 갖고서 태양을 있는 그대로 보리라는 것과 마찬가지 이야기이다. 이는 나의 이성에도 그대로 해당하는 이야기이다. 이성은 빛이다. 만약 내가 모든 것에서부터 돌아서서 (오직-역자) 신께로만 향한다면, 신께서 중단 없이 은총을 갖고 흘러나오시는 그곳에서, 나의 이성은 빛을 받아 이러한 (은총의-퀸트) 사랑과 하나 되어, 신을 있는 그대로 인식하고 사랑하게 될 것이다. 이리하여 다음이

---

355) 참조. "정녕 당신의 향유 내음은 싱그럽고 당신의 이름은 부어 놓은 향유랍니다. 그러기에 젊은 여자들이 당신을 사랑하지요." 아가서 1, 3. 역자.

우리에게 보이게 될 것이다. 곧, 신께 은총의 빛을 갖고서 이성적 피조물(인간-역자)로 어떻게 흘러 나오시는지, 그리고 우리가 우리의 이성을 갖고 이러한 은총의 빛에 어떻게 다가가고, 그리고 우리 자신에서부터 벗어나, 신 자신이신 빛(신적 빛-역자)으로 우리가 어떻게 상승하게 되는지가 우리에게 보이게 될 것이다.

(299쪽) 세 번째 사랑은 신적 사랑이다. 신적 사랑에서 어떻게 신께서 영원히 자신의 외아들을 낳아 오고 있는지 그리고 지금도 외아들을 낳고 있고, 영원히 낳고 있는가를 우리는 배워야 한다. - 한 스승은 이렇게 말한다. - 그리고 신께서는 출산한 부인처럼 산실에 누워계신다. 곧, 자신에서 벗어나, 신 가운데 머물러 있는 모든 좋은 영혼에 누워 계신다.[356] 이러한 출산은 자기 자신의 인식(sîn verstantnisse)이다. 이러한 그분의 자기 인식은 그 가운데 그분이 자신의 온전한 행복을 누리는, 자신의 부성적(父性的) 마음으로부터(von sînem veterlîchen herzen) 영원으로부터 흘러나온다. 그분은 산출할 수 있는 모든 걸 그분의 이러한 자기 인식 가운데서 즐기신다. 이러한 자기 인식이 그분의 출산이다. 그리고 그분은 자신의 바깥에서 아무 것도 추구하지 않으신다. 그분은 자기 아들 가운데서 온전한 자신의 행복을 누리신다. 그분은 아들과 그분이 자신 가운데서 발견하는 모든 것 이외에 아무 것도 사랑하지 않으신다. 왜냐하면, 아들은 영원으로부터 부성적 마음 가운데서 빛나던 빛이

---

356) 참조. DW II, 86쪽 48행 : DW III, 224쪽 5행 이하.

기 때문이다.[357] 우리가 아들인 이러한 빛에 도달하려면, (300쪽) 우리는 자연적 빛으로부터 은총의 빛으로 올라가야 하며, 그리고 은총의 빛 가운데서 아들 자신인 이러한 (신적-역자) 빛으로 성장해 나가야 한다. 거기서 우리는 성령이신 사랑을 갖고 아들 가운데서 아버지로부터 사랑받게 된다. 성령은 영원으로부터 (아버지로부터-역자) 솟아 나오며, 영원한 출생으로 꽃피워 나온다. — 이것이 제3의 위격이다. — 성령은 아들로부터 아버지로 끊임없이 꽃피워 나온다. 이 양자(아버지와 아들) 상호간의 사랑으로부터 그렇게 한다.[358]

스승은 나는 천사가 마리아에게 한 말, 곧 "은총이 가득한 이여, 기뻐하소서."라는 말을 자주 생각한다고 말하고 있다(루카 1, 28).[359] 마리아가 '은총이 가득'하다고 하더라도, (301쪽) 내가 '은총이 가득'하지 않다면, 그게 무슨 소용이냐? 그리고 아버지께서 자기 아들을 낳는다고 하더라도, 내가 아들을 낳지 못한다면 그게 무슨 소용이냐?[360] 그 때문에, 신께서는 자기 아들을 완전한 영혼 가운데 낳으시고, 산실(영혼에-역자)에 누워계신다. 이는 영혼이 모든 자신의 작용들 가운데서 그분을 다시 낳게 하기 위해서이다.[361] 여기에 관해 족장의 아들 요셉의 이교도 젊은

---

357) 참조. DW Ⅰ, 72쪽 8행 이하, 27쪽 8행 이하, 31쪽 4행 이하. : DW Ⅱ, 115쪽 2행 이하.
358) 참조. DW Ⅰ, 180쪽 2행 이하, 218쪽 5행 이하, 168쪽 3행 이하. : DW Ⅱ, 50쪽 8행 이하. : DW Ⅲ, 163쪽 8행 이하.
359) 참조. "천사가 마리아의 집으로 들어가 말하였다. '은총이 가득한 이여, 기뻐하여라. 주님께서 너와 함께 계시다.'" 루카 1, 28. 역자.
360) 참조. LW Ⅱ, 268쪽 7행 이하.
361) 참조. DW Ⅰ, 376쪽 3행 이하.

부인이 "나는 그를 인간으로 여기지 않고 하느님으로 여겼습니다. 왜냐하면, 그 사람이 하는 일들로부터 하느님께서 빛났기 때문입니다."라고 말하였다(참조. 창세기 39, 23).[362] 따라서 우리는 아들 가운데서 성령의 사랑과 하나이어야 한다. 그리고 아들과 함께 아버지를 인식해야 한다. 그리고 아버지 가운데서 우리를 그리고 또한 우리 가운데서 아버지를, 아버지와 아들 양자의 사랑을 갖고 사랑해야 한다.

이러한 세 가지 사랑에 있어 완전하게 되고자 하는 사람은 반드시 다음의 네 가지의 것을 가져야 한다. 첫째의 것, 모든 피조물에서부터 떠나 있어야 한다.[363] (302쪽) 둘째의 것, (야곱의 첫째 아내인-역자) 레아(Lya)의 참된 삶, 곧 (레아처럼-역자) 활동적이고 실천적인 삶(ein würkende leben)을 살아야 한다. 이러한 활동적이고 실천적인 삶은 성령이 임하심으로써, 영혼의 근저에서 움직여지는 삶이다. 세 번째의 것, (야곱의 또 다른 아내인-역자) 라헬의 참된 삶, 곧 직관적이고 명상적인 삶이다. 네 번째의 것, 상승하는 정신(aufklimmenden geist)이다. 한 제자가 자신의 스승에게 천사의 위계질서에 관하여 물었다. 그 스승은 그에게 말했다. "(모든 것에서부터-역자) 멀리 떠나라. 그대가 그것을 인식하게 될 때까지 그대 자신 안으로 들어가라. 그리고 그대의 존재를 갖고 자신의 내면 안으로 들어가 그대가 그 내면 안에서 발견하는 것 이외, 어떤 다른 것에서 발견할 수 없는 것을 보아라. 그러면 그대가 천사

---

362) 참조. "전옥은 요셉의 손에 맡긴 것에 대해서는 아무런 간섭도 하지 않았다. 주님께서 요셉과 함께 계셨으며, 그가 하는 일마다 주님께서 잘 이루어 주셨기 때문이다." 역자.
363) 참조. DW V, 400쪽 이하.

가 하나라는 생각이 비로소 떠오를 것이다. 그리고 난 다음, 그대가 천사의 모든 존재에 너 자신을 집중하라. 그러면 그대가 모든 천사와 함께 모든 천사라는 생각이 떠올 것이다."라고 답했다. 제자는 (모든 것에부터-역자) 멀리 떠나, 자신이 이 모든 걸 참으로 깨달을 때까지, 자기 자신 속에 머물러 있었다. 그리고 다시 그는 스승에게 되돌아와 감사드리면서 "당신께서 저에게 말씀하신 게 나에게 그대로 일어났습니다. 내가 천사의 존재로 나 자신을 집중하여 그의 존재로 상승하였을 때, 나는 모든 천사와 함께 모든 천사라는 생각이 비로소 떠올랐습니다."라고 말했다. 그러자 스승이 "참으로 그대가 조금만 더 앞으로 나아가 원천에 도달한다면, 그때 기적을 넘어서 기적이 그대의 영혼과 함께 일어나게 될 것이다."라고 답했다. 하지만 우리가 피조물을 통해 상승하고 피조물을 통해 (신적인 것을-역자) 받아들이고자 하는 한에서, (303쪽) 우리는 (참다운-역자) 휴식에 절대 도달할 수 없을 것이다. 그러나 우리가 (피조물 가운데서 아니라,-역자) 신 가운데서 상승할 때, 우리는 아들 가운데서 아들과 함께 아버지로부터 신께서 행하실 수 있는 모든 걸 받아들일 것이다.

신이시여, 우리가 하나의 사랑에서부터 다른 사랑으로 상승하여 신과 하나되어 그 가운데 영원히 복되게 머물 수 있도록, 우리를 도우소서. 아멘.

설교 76(Pf. 7, QT 35)

아버지께서 우리에게 얼마나 큰 사랑을 주시어 우리가 하느님의 자녀들이라 불리게 되었는지를, 그리고 우리는 하느님의 자녀이게 되었는지를 생각해보십시오.
Videte qualem caritatem dedit nobis pater, ut filii dei nominemur et simus.

— 1 요한 3, 1[364]

(310쪽) 신을 인식하는 것과 신에 의해 인식되는 것, 그리고 신을 보는 것과 신에 의해 보여지는 것은 실제로 하나라는 걸 우리는 알아야 한다. (311쪽) 신께서 우리를 보게 하고 인식하게 하는 것 안에서 우리는 신을 인식하고 본다.[365] 빛을 받아 빛나게 된 공기는 그것이 빛을 내는 것과 다른 게 아니다. 왜냐하면, 공기는 빛을 받아 빛을 내게 되는 걸 통해 빛이 나기 때문이다. (312쪽) 이같이 우리가 인식되고 신께서 우리가 인식하도록 해 주시는 것을 통해, 우리도 (신을―역자) 인식한다. 따라서 그리스도는 "너희는 다시 나를 볼 것이다."라고 말씀하신다. 곧, 이는 내가 너희를 보게 만듦으로써 너희는 나를 인식할 것이라는 말이다. 그리

...

364) 참조. "아버지께서 우리에게 얼마나 큰 사랑을 주시어 우리가 하느님의 자녀라 불리게 되었는지 생각해 보십시오. 과연 우리는 그분의 자녀입니다. 세상이 우리를 알지 못하는 까닭은 세상이 그분을 알지 못하였기 때문입니다." 요한의 첫째 서간 3, 1. 역자. : 퀸트에 따르면, 이 성경 구절을 갖고 설교하고 있는 이 설교는 어느 축일 미사의 독서인지 확인할 수 없다. 역주.
365) 참조. DW Ⅰ, 201쪽 5행 이하.

고 이어서 "너의 마음이 기뻐할 것이다."라고 말씀하신다. 곧, 이는 나를 직관하고 인식하는 가운데서 "너의 마음이 기뻐할 것이다."라는 말이다. (그리고 이어서-역자) "너희의 기쁨을 아무도 너희에게서 **빼앗지** 못할 것이다."라고 말씀하신다.[366]

성 요한은 "아버지께서 우리에게 얼마나 큰 사랑을 주시어 우리가 하느님의 자녀들이라 불리게 되었는지를 그리고 우리는 하느님의 자녀가 되었는지를 생각해보십시오."라고 말하고 있다. 그는 "(우리가 하느님의 자녀들이라-역자) 불리게 되다.(nominemua)"라고 말할 뿐만이 아니라, 또한 "(하느님의 자녀들-역자)이다.(simus)"라고 말하고 있다.[367] (313쪽) 따라서 나는 우리가 지식 없이 지혜로운 사람이 될 수 없듯이, 신의 아들의 아들-존재(sunlich wesen gotes sunnes) 없이 아들일 수 없다고 말한다. 곧, 우리가 아들 자신이 갖고 있는 신의 아들의 본질과 똑같은 걸 갖지 않고서는, 절대 우리는 아들이 될 수 없다고 말한다. 이는 마치 지식 없이 지혜로운 존재가 될 수 없는 것과 똑같다. 따라서 그대가 신의 아들이고자 한다면, 그대가 신의 아들이 가지고 있는 신의 존재와 똑같은 존재를 가져야, 그대는 신의 아들일 수 있을 것이다.[368] 하지만 이는 "아직 우리에게 감추어져 있다." (314쪽) 그리고 그는 이어서 "사랑하는 여러분, 우리는 하느님의 자녀입니다."라고 쓰고 있다. 과연

⁝
366) 참조. "이처럼 너희도 지금은 근심에 싸여 있다. 그러나 내가 너희를 다시 보게 되면 너희 마음이 기뻐할 것이고, 그 기쁨을 아무도 너희에게서 빼앗지 못할 것이다." 요한 16, 22. 역자.
367) 참조. LW Ⅳ, 58쪽 3행 이하.
368) 참조. DW Ⅰ, 32쪽 6행 이하, 72쪽 11행 이하, 378쪽 7행 이하, 109쪽 7행 이하. 194쪽 1행 이하. : DW Ⅱ 293쪽 7행 이하, 378쪽 7행 이하, 96쪽 7행 이하.

우리가 무엇을 알게 된다는 말인가? 그래서 그는 이어서 "우리도 그분처럼 될 것이다."라고 말하고 있다. 곧, '우리가 그분을 있는 그대로 뵙게 될' 때, 우리는 그분과 똑같은 것, 똑같은 존재 그리고 똑같은 취향과 똑 같은 인식, 그분과 전적으로 똑같은 것이게 될 것이다. 따라서 나는 내가 (우선-역자) 신의 아들의 존재를 갖지 않는다면, 나를 신께서 내가 신의 아들일 수 있도록 할 수 없을 거라고 말한다. 이는 내가 (우선-역자) 지혜-존재(wîse-wesen, 아들-역자)를 갖지 않는다면, 신께는 나를 지혜롭게 할 수 없는 것과 같다. (하지만-역자) 우리가 어떻게 신의 자녀들일 수 있을까? "여전히 우리는 그것을 모릅니다. 그것은 우리에게 드러나 있지 않습니다." 우리가 그에 대해 아는 것은 성 요한이 말하는 것처럼, "우리도 그분처럼 될 것이다."라는 것 밖에 없다(이상은 1 요한 3, 2).[369] 우리의 영혼에 있어 이를 감추고 있고 이러한 인식을 덮어씌우고 있는 어떤 것들이 있다.

영혼은 자신 가운데 절대 꺼지지 않는 이성의 작은 불꽃(ein vünkelîn der redelicheit)이 있다. 우리는 마음의 최상위의 부분인 이 작은 불꽃 안에 영혼의 상(daz bilde der sêle)을 위치 지운다. (곧, 우리는 이 작은 불꽃을 영혼의 참된 모습이라고 말한다.-역자) (316쪽) 하지만 동시에 우리의 영혼에는 또 다른 외적 사물로 향하는 인식이 있다. 곧, (사물의 감각상感覺相을 받아들이는-역자) 감각적 인식과 (감각상을 수용해 감

• • •
369) 참조. "사랑하는 여러분, 이제 우리는 하느님의 자녀입니다. 우리가 어떻게 될지는 아직 드러나지 않았지만, 그분께서 나타나시면 우리도 그분처럼 되리라는 것은 알고 있습니다. 그분을 있는 그대로 뵙게 될 것이기 때문입니다." 1 요한 3, 2 역자.

각적 사물 세계를 추론하고 판단하고 정리하는-역자) 오성적 인식(daz sinneliche und vestentliche bekennen)이 있다. 특히 후자는 감각상과 개념들을 갖고 작용하는데, 이것이 참다운 인식을 숨긴다. 그렇다면 우리가 어떻게 '신의 아들'일 수 있는가? 우리가 신과 하나의 존재를 가짐으로써이다. 우리는 우리가 신의 아들이라는 걸 어느 정도 인식하기 위해서는 외적 인식(ûzern verstânne)과 내적 인식(innern verstânne)을 나누어 생각해야 한다. 내적 인식(innern bekennen)은 이성적인 것으로서 우리 영혼의 존재(unserer sêle wesene)에 토대를 두고 있다. 하지만 내적 인식은 영혼의 존재는 아니다. 오히려 내적 인식은 영혼의 존재에 뿌리박고 있으며, 영혼의 생명에 해당한다. 인식은 영혼의 생명이라고 우리가 말할 때, 우리는 이성적 생명(vernünftigez leben)을 뜻하는 것이다. 이러한 이성적 생명 가운데서 우리는 신의 아들로 그리고 영원한 생명으로 낳아지게 되는 것이다. (317쪽) 이러한 인식은 시간도 장소도 여기도 지금도 없이 있다. 이러한 생명 가운데서 모든 것은 하나이며, 모든 것은 다 같이 모든 것이며, 모든 것은 모든 것 가운데 있으며, 온전히 하나로 있는 것이다.[370]

내가 하나의 비유를 들겠다. 신체에 있어서 신체의 모든 부분은 하나로 통합되어 있어 하나이다. 그래서 눈은 발에, 발은 눈에 서로 속한다. 만약 발이 말을 할 수 있다면, 눈은 발에 있을 때보다 머리에 있을 때 더욱 그 자신의 것이 된다고 발은 말할 것이다. 눈이 말을 할 수 있다면,

---

370) 참조. DW Ⅰ, 170쪽 11행 이하. : DW Ⅱ, 347쪽 3행 이하.

이와 거꾸로 말할 것이다.[371] (318쪽) 따라서 마리아 가운데 있는 모든 은총이 천사나 성인들 가운데 있을 때보다 (마리아 가운데 있을 때-역자) 더욱 더 참되게 천사에 속하고, 성인들에 속한다고 나는 생각한다. - 마리아 가운데 있는 은총이 그러하다. - 왜냐하면, 마리아가 가지고 있는 것이 자신들 가운데 있을 때보다 (마리아에 있을 때-역자) 모든 성인은 마리아가 가지고 있는 것을 더욱 더 자신의 것으로 갖기 때문이다. 따라서 마리아 가운데 있는 은총이 성인들 가운데 있을 때보다 (마리아 가운데 있을 때-역자) 그들에게 더욱 풍요롭게 되는 법이다.[372]

(319쪽) 이러한 해석은 너무나 천박하고 너무나 물질적인 측면을 지니고 있다. 왜냐하면, 이 해석은 감각적인 유형적 비유이기 때문이다. 따라서 나는 더욱 더 순수하고 더욱 더 정신적인 비유를 말하고자 한다. 나는 하늘나라에서는 모든 것은 모든 것 가운데 있고, 모든 것은 하나이고, 모든 것은 우리 것이라고 말한다. 우리 부인 마리아가 은총에 있어 가지고 있는 모든 것은 - 만약 내가 하늘나라에 있다면, - 내 가운데 있다고 말한다. 하지만 마리아로부터 샘 솟아 나오고, 마리아로부터 흘러 넘쳐 나오는 것으로서가 아니라, 내 가운데 있는 것으로서, 나에게 고유한 것으로서 (나에게-역자) 내 안에 있다. 그것이 멀리서 (나에게-역자) 도래하는 게 아니다. 그래서 하나의 것이 가지고 있는 것은, 무엇이든지 다른 것도 가지고 있으며, 다른 것으로부터도 다른 것에 있어서 아니라,

⋯

371) 참조. DW Ⅱ, 103쪽 2행 이하.
372) 참조. DW Ⅰ, 81쪽 5행 이하. : DW Ⅱ, 13쪽 5행 이하, 104쪽 5행 이하. : DW Ⅴ, 298쪽 1행 이하.

자기 자신에 있어서 가지고 있다. 따라서 한 사람 가운데 있는 은총은 다른 사람 가운데도 온전히 있다. 그 자신의 고유한 은총으로 그 사람 가운데 있다고 나는 말한다.[373] 이렇게 정신은 정신 가운데 있다. (320쪽) 따라서 내가 신의 아들이 가지고 있는 것과 똑같은 존재를 가지지 않는 한, 나는 신의 아들일 수 없다고 나는 말한다. 우리가 (신의 아들이 가지고 있는 것과-역자) 똑같은 존재를 가짐으로써 우리는 신과 똑같이 되고, 우리는 그분이 신인 바대로 신을 볼 것이다. 그러나 "우리가 어떻게 될지는 아직 드러나지 않았습니다. (그분께서 나타나시면 우리도 그분처럼 되리라는 것은 알고 있습니다. 그분을 있는 그대로 뵙게 될 것이기 때문입니다.-역자)" 그래서 이러한 의미에서 (그분을 그대로 뵙게 될 때,-역자) 어떠한 유사성도, 어떠한 차이도 없이 우리는 신 자신인 그분과 똑같은 본성과 그분과 똑같은 존재와 그분과 똑같은 실체이게 될 것이다. 그러나 "아직 드러나지 않았다." "우리가 그분을 있는 그대로 뵙게 될 때," 비로소 이러한 일이 드러날 것이다.

신께서는 우리가 신 자신을 인식하게끔 하신다. 그분의 존재는 그분의 인식이다. 그분이 나를 인식하게끔 하시는 것과 내가 인식하는 것은 똑같은 것이다. 따라서 그분의 인식은 나의 것이다. (321쪽) 이는 한 스승에 있어서 그 스승이 가르치는 것과 그가 가르침으로써 제자들이 배우게 되는 것이 똑같은 것과 마찬가지이다. 그리고 그분의 인식이 나의 것이고, 그리고 그분의 인식은 그분의 실체이고 그분의 본성이며 그분

---

373) 참조. DW Ⅰ, 71쪽 7행 이하. : DW Ⅱ, 46쪽 1행 이하. : DW Ⅲ, 300쪽 7행 이하.

의 존재이기에, 그분의 실체, 그분의 존재 그리고 그분의 본성 또한 나의 것이다. 이때 나는 신의 아들이다. "보라, 형제들이여," "하느님께서 우리에게 얼마나 큰 사랑을 주시어 우리가 하느님의 자녀들이라 불리게 되었는지를, 그리고 우리는 하느님의 자녀이게 되었는지를 생각해 보십시오."

주목하라. 우리는 아들이 가지고 있는 것과 똑같은 존재를 가짐으로써 우리는 아들이다. 그런데 우리가 어떻게 신의 아들일 수 있는가 또는 이를 우리가 어떻게 알 수 있는가? 왜냐하면, 신은 어떤 것과도 똑같지 않기 때문이다.[374] (322쪽) 이는 옳은 말이다. 이사야는 "너희는 하느님을 누구와 비교하겠는가? 그분을 어떤 형상에 비기겠느냐?"라고 말하고 있다(이사야 40, 18).[375] 신의 본성은 그 누구와도 같지 않기에, 우리가 신 자신과 똑같은 존재로 옮겨가기 위해, 우리는 무(niht)의 상태에 반드시 도달해야 한다. 그래서 내가 나를 무 가운데 세우고, 무를 내 가운데 세워서, 내 가운데 있는 걸 완전히 걷어내어 그것(내 가운데 있는 것-역자)에서부터 벗어나는 데 내가 도달할 때, 나는 신의 벌거벗은 존재로 이동할 것이다. 곧 정신의 벌거벗은 존재로 이동할 것이다. 따라서 신 안으로 내가 이동하여, 신과 하나이게 되고, 신과 하나의 실체, 하나의 존재, 하나의 본성, 곧 신의 아들이 되기 위해서는 유사한 모든 것은 물러나야 한다. 그리고 이런 일이 일어나고 난 다음에는, '드러나지 않

...

374) 참조. DW Ⅰ, 107쪽 6행.
375) 참조. "너희는 하느님을 누구와 비교하겠느냐? 그분을 어떤 형상에 비기겠느냐?" 이사야 40, 18. 역자.

은 것' 또는 나의 것이 아닌 것은 그 어떤 것도 더는 신 가운데 '드러나지 않고 숨겨져' 있지 않다. 그때 나는 지혜롭고 능력 있고, 마치 신처럼 (모든 것에 있어-역자) 모든 것이 될 것이다. 신과 똑같이 될 것이다.[376] 그래서 시온은 참되게 보는 자가 될 것이고, '참된 이스라엘'이 될 것이다. 곧, '신을 보는 사람'이 될 것이다.[377] (323쪽) 그때 그 사람에게 신성 가운데 있는 그 어떤 것도 감추어져 있지 않을 것이다. 그때 우리는 신으로 인도될 것이다. 그러나 나에게 드러나지 않은 그 어떤 것도 신 가운데 숨겨져 있지 않기 위해, 나에게 어떠한 유사한 것도 어떠한 상도 드러나지 않아야 한다. 왜냐하면, 어떠한 상이든, 상은 우리에게 신성이나 신의 존재를 열어 내주지 못하기 때문이다. (324쪽) 어떠한 상이나 유사성이 그대 가운데 머물러 있다면 그대는 결코 신과 하나일 수 없을 것이기에, 그대가 신과 하나이고자 한다면, 생각된 것이나 생각 속에서 만들어진 그 어떤 것도 그대 안에 자리하고 있어서는 안 된다. 곧, 드러나지 않고 그대를 덮고 있는 어떤 것, 바깥으로 버려져야 할 그 어떤 것도 그대 안에 있어서는 안 된다.[378]

무엇이 결핍(gebrest)인지를 주목하라! 이러한 결핍은 무(nichte, 신을 떠나 있는 피조물의 무 또는 선을 떠나 있는 악-역자)로부터 도래한다. 우리 가운데 있는 무는 박멸되어야 한다. 왜냐하면, 결핍이 그대 가

---

376) 참조. DW Ⅰ, 186쪽 2행 이하.
377) 참조. Isidorus Hispalensis, Etymologiae 15. c. 1. n. 5.
378) 참조. DW Ⅰ, 185쪽 1행 이하.: DW Ⅱ, 53쪽 9행 이하.

운데 있는 한, 그대는 신의 아들일 수 없기 때문이다.[379] 우리가 슬픔과 비애로 고통받는 까닭은 항상 이러한 결핍으로부터 오는 것이다. 따라서 우리가 신의 아들이 되기 위해서는, 이러한 결핍 모두는 박멸되어야 하며, 내쫓겨야 한다. 어떠한 슬픔도 고통도 없게끔 그렇게 되어야 한다. 우리는 돌도 목재도 아니다. 왜냐하면, 이 모두는 결핍이며 무이기 때문이다. (325쪽) 이러한 무가 바깥으로 쫓겨날 때, 우리는 무와 (더는-역자) 같지 않게 된다. 그래서 하느님께서 '모든 것 속에 모든 것'이듯이, 우리도 모든 것 가운데 모든 것이 된다.

인간에게는 두 겹의 낳음(출산)이 있다. 하나는 세상으로의 출산이고, 다른 하나는 세상을 벗어나 정신적으로 신으로 낳아지는 출산이다. 그대의 아이가 낳아지고 있는가? 그리고 그 아이가 벌거벗고 있는가 등을 알고 싶은가? 곧, 그대가 신의 아들로 낳아지고 있는가를 알고 싶은가? 그대가 그것이 죄이든 무엇이든 간에, 어떤 것 때문에 마음에 고통을 가지고 있는 한, 그대의 아이는 낳아지지 않고 있다. 그대가 마음의 고통을 갖고 있다면, 그대는 (아직-역자) 어머니가 아니다. 그러나 그대는 (여전히-역자) 출산 중이며, 출산과 가까이 있다. 그러므로 그대가 자신 때문이든 그대의 동무 때문이든 고통을 받고 있다고 절망하지 말아라. (아직-역자) 출산한 것은 아니지만, 출산에 가깝다. 그리고 완전히 아이가 낳아지면, 그때 우리는 어떤 것으로 인해 마음의 고통을 더는 겪지 않을 것이다. 그때 우리는 신께서 갖는 모든 것, 곧 신의 존재, 신의

---

379) 참조. DW Ⅰ, 197쪽 11행.

본성, 신의 실체 그리고 지혜와 기쁨 등 모든 걸 갖게 될 것이다. 그때, 우리는 신의 아들과 똑같은 존재는 우리의 것이 되고, 우리 가운데 있게 된다. 우리는 신과 똑같은 존재에 도달하게 된다.[380]

(326쪽) 그리스도께서는 "나를 따르고자 하는 사람은 자기 자신을 버리고 십자가를 지고 나를 따르라."라고 말씀하고 계신다(마태오 16, 23 : 마르코 8, 24).[381] 곧, 모든 마음의 고통을 벗어버려라. 그래서 그대의 마음에 항구적인 기쁨 이외, 그 어떤 것에도 머물지 않도록 하라. 이럴 때, 아이가 태어난다. 아이가 내 가운데 태어난다면, 비록 사람들이 내 눈 앞에서 나의 아버지와 내 동무 모두를 죽이는 것을 본다고 하더라도, 나의 마음은 그 때문에 동요되지 않을 것이다. 만약 내 마음이 그로 인해 동요된다면, 아이가 내 가운데 태어난 것이 아닐 것이다. 하지만 아마도 아이가 출산에 가까이 있을 수는 있다. 신과 천사는 좋은 사람의 모든 행위에 그 이상 그 같은 기쁨이 없을 정도로 큰 기쁨을 가질 거라고 나는 말한다. 따라서 만약 아이가 그대 가운데 태어난다면, (327쪽) 그대는 이 세상에서 행해지는 모든 좋은 행위로부터 아주 큰 기쁨을 가질 것이다. 그래서 이러한 그대의 큰 기쁨은 가장 큰 항구성을 지니기에, 변하지 않을 것이다. 따라서 그리스도께서는 "그대의 기쁨을 아무도 너

• • •

380) 참조. DW V, 34쪽 20행 이하, 22쪽 6행 이하, 233쪽 4행 이하.
381) 참조. "그때 예수님께서 제자들에게 말씀하셨다. '누구든지 내 뒤를 따라오려면, 자신을 버리고 제 십자가를 지고 나를 따라야 한다.'" 마태오 16, 24. : "예수님께서 제자들과 함께 군중을 가까이 부르시고 그들에게 말씀하셨다. '누구든지 내 뒤를 따르려면 자신을 버리고 제 십자가를 지고 나를 따라야 한다.'" 마르코 8, 34. 역자.

희에게 빼앗지 못할 것이다."라고 말씀하셨다(요한 16, 22).[382] 만약 내가 신적 존재로 완전히 옮겨진다면, 신과 그분께서 갖고 계신 모든 것이 나의 것이 될 것이다.[383] 그래서 그분은 "나는 너의 주님, 하느님이다."라고 말씀하신다(탈출기 20, 2).[384] (328쪽) 고통도 슬픔도 기쁨을 빼앗아 가지 못할 때, 나는 올바른 기쁨을 갖는다. 그때 나는 신적 존재로 자리가 옮겨진다. 신적 존재 가운데서는 어떠한 고통도 자리하지 않는다. 우리는 신 안에 분노도 슬픔도 없고, 오직 사랑과 기쁨만 있는 걸 우리는 본다. 비록 그분이 죄인들에게 이따금 화를 내는 것 같이 보이긴 하지만, 실은 그것은 분노가 아니라, 사랑이다. 왜냐하면, 분노는 위대한 신의 사랑으로부터 도래하는 것이기 때문이다. 그분은 자신이 사랑하는 사람들을 벌하신다. 왜냐하면, '하느님은 사랑'이시기 때문이다.[385] 이때 사랑은 성령이시다. 따라서 신의 분노는 사랑으로부터 도래하는 것이다. 왜냐하면, 그분은 고통 없이 분노하시기 때문이다.[386] 따라서 그대가 무엇 때문에 고통도 비통함도 갖지 않을 수 있는 지점, (329쪽) 곧 그대에게 고통이 고통이 아닌 지점, 그리고 모든 것이 그대에게 순수한 즐거움인 지점에 도달할 때, 그때 아이가 참으로 탄생한다. 따라서 그대들은 아이가 단지 낳아지게 될 뿐만이 아니라, 마치 신 가운데 아들이 항

∙ ∙ ∙

382) 참조. "이처럼 너희도 지금은 근심에 싸여 있다. 그러나 내가 너희를 다시 보게 되면 너희 마음이 기뻐할 것이고, 그 기쁨을 아무도 너희에게서 빼앗지 못할 것이다." 요한 16, 22. 역자.
383) 참조. DW Ⅰ, 101쪽 1행 이하. : DW Ⅱ, 222쪽 3행 이하. : DW Ⅴ, 59쪽 13행 이하.
384) 참조. "나는 너를 이집트 땅, 종살이하던 집에서 이끌어 낸 주, 너의 하느님이다." 탈출기 20, 2. 역자.
385) 참조. "하느님께서 우리에게 베푸시는 사랑을 우리는 알게 되었고 또 믿게 되었습니다. 하느님은 사랑이십니다. 사랑 안에 머무르는 사람은 하느님 안에 머무르고 하느님께서도 그 사람 안에 머무르십니다." 요한의 첫째 서간 4, 16. 역자.
386) 참조. DW Ⅴ, 22쪽 11행.

상 낳아지고 있듯이, (그대 가운데 항상-역자) 아이가 낳아지고 있도록 노력하라.

신이시여, 이러한 일이 우리에게 일어나도록 우리를 도우소서. 아멘.

설교 77(Pf. 49)

보라, 나는 나의 천사를 보낸다.
Ecce mitto angelum meum.

— 말라키 3, 1 : 루카 7, 27[387]

(334쪽) 이 성경 구절은 복음에 나오며, 독일어로는 "보라, 나는 나의 천사를 보낸다."이다.[388]

무엇보다 먼저 천사가 무엇인지를 알아야 한다. 왜냐하면, 성경은 우리는 천사와 같아져야 한다고 말하고 있기 때문이다.[389] 한 스승(디오니시우스-역자)이 천사는 신의 상(ein bilde gotes)이라 말하고 있다.[390] 다른 스승은 천사는 신의 모습에 따라 있다(nâch gote gebildet)고 말한

---

387) 참조. "보라, 내가 나의 사자를 보내니 그가 내 앞에서 길을 닦으리라. 너희가 찾던 주님, 그가 홀연히 자기 성전으로 오리라. 너희가 좋아하는 계약의 사자를 보라, 그가 온다. — 만군의 주님께서 말씀하신다. — " 말라키 3, 1. : "그는 성경에 이렇게 기록되어 있는 사람이다. '보라, 네 앞에 나의 사자를 보낸다. 그가 네 앞에서 너의 길을 닦아 놓으리라.'" 루카 7, 27. 역자.
388) 퀸트에 따르면, 2월 1일 마리아 빛의 축일 미사에 나오는 독서이다. 역주.
389) 참조. "천사들과 같아져서 더 이상 죽는 일도 없다. 그들은 또한 부활에 동참하여 하느님의 자녀가 된다." 루카 20, 36. 역자.
390) 참조. Dionysius Areopagita, De div. nom c. 4. § 22(PG 3, 724B).

다. (335쪽) 세 번째 스승은 천사는 맑은 거울이라고 말한다. 그런데 그 거울은 자신 가운데 신적 선과 똑같은 것을 반영하고 있다. 곧 가능한 한, 신의 감추어진 신비와 정적(靜寂)의 신적 순수성과 똑같은 것을 반영하고 있다. 그러나 이들과 다른 한 스승은 천사는 모든 물질적 사물과 동떨어져 있는 이성적인 순수한 빛(ein vernünftic blôz lieht)이라고 말하고 있다.[391] 우리는 이러한 천사와 같아져야 한다. (감각적 지각에 바탕을 두고-역자) 인식하는 모든 존재는 시간이라는 빛 가운데서 인식할 수밖에 없다. 왜냐하면, 내가 무엇을 생각하든지 간에, 나는 시간 가운데서 곧, 시간적인 빛 가운데서 생각한다. 그러나 천사는 시간을 넘어선 영원한 빛 가운데서 인식한다. 따라서 천사는 영원한 지금에 있어 인식한다. 하지만 우리 인간은 시간적인 지금에 있어서 인식한다.[392] 시간적 지금은 가장 보잘 것 없는 것이다. (336쪽) 그러므로 시간적인 지금을 벗어나라. 그러면 그대는 모든 곳에 있을 것이며, 모든 시간을 갖게 될 것이다. 이러 저러한 존재는 모든 것이 아니다. 왜냐하면, 내가 이러 저러한 것이거나 이러 저러한 것을 갖는 한, 나는 모든 게 아니며, 모든 것을 갖고 있지도 않기 때문이다. 그러므로 그대는 이러한 것과 저러한 것이거나 이러 저러한 것을 가지고 있는 것에서부터 떠나라. 그러면 그대는 모든 것일 것이며, 모든 걸 가지게 될 것이다. 또한, 그대가 여기도 저기에도 있지 않다면, 그대는 모든 곳에 있게 될 것이다. 그리고 또한, 그대가 이것도 저것도 아니라면, 그대는 모든 것일 수 있을 것이다.[393]

...

391) 이들은 실제로 네 명의 스승이 아니라, 한 사람 곧, 위-디오니시오스일 것이다. Walshe, 41쪽, 각주 4 참조.
392) 참조. LW Ⅳ, 116쪽 6행 이하.

천사는 자신의 지위에 맞게 이성적으로 존재하고 작용하고, 중단 없이 직관한다. 그의 직관 대상은 이성적 존재(vernünft wesen, 신-퀸트)이다.[394] 그러므로 (천사의-역자) 존재는 모든 (물질적-퀸트) 사물로부터 아주 멀리 있다. 천사는 모든 것의 총합 또는 수인 것과는 거리가 멀다.

(337쪽) 우리는 "나는 보낸다."라는 성경 구절에 대해 조금만 더 이야기하고자 한다. 루카 복음은 '나'라는 대명사를 말하지 않고 있고, 말라키서는 '나'라라는 이름을 말하고 있다.[395] 예언자는 "나는 천사를 보낸다."라고 말하고 있지만, 루카 복음사가는 '나'를 말하지 않고 그냥 "보라, 나의 천사를 보낸다."라고 말하고 있다. 복음사가가 '나'라는 이름을 말하고 있지 않은 까닭은 무엇인가? 이는 첫째, 신은 신을 언어로 말할 수 없음을 나타내고자 그렇게 한 것이다. 곧, 신은 이름 붙일 수 없고 자신의 존재의 순수한 근저에서 모든 말을 넘어서 있다. 거기서 신은 어떠한 명칭도 언표도 가질 수 없다. 거기서 신은 모든 피조물에 대해 아무 말도 아무 언급도 없이 계신다. 둘째, 이는 영혼은 언어로 언표할 수 없다는 것을 뜻하고자 한 것이다. 곧, 영혼은 말로 표현할 수 없다. 영혼을 그 자신의 고유한 근저에서 파악한다면, (338쪽) 거기서는 영혼은 말로 표현할 수 없으며, 이름 부를 수 없으며, 어떠한 명칭도 가질 수 없다.

∴

393) 참조. DW Ⅰ, 169쪽 8행 이하, 170쪽 11행 이하. : DW Ⅱ, 347쪽 3행 이하, 306쪽 2행 이하.
394) 참조. DW Ⅰ, 348쪽 1행 이하. : DW Ⅱ, 217쪽 4행 이하, 317쪽 7행 이하.
395) 말라키아서, "Ecce ego mitto angelum meum."이라고 쓰고 있지만, 루카서 "Ecce mitto angelum meum."이라고 쓰고 있다. 곧, 말라키서에는 나(ego)가 표기되어 있지만, 루카서에는 나(ego)가 표기되어 있지 않다. 역주.

왜냐하면, 영혼은 이름과 모든 말을 넘어서 있기 때문이다. 이것이 바로 '나'라는 이름을 말하지 않은 까닭이다. 왜냐하면, 거기서(영혼의 근저에서) 어떠한 말도 명칭도 갖지 않기 때문이다. 셋째, 신과 영혼은 온전히 하나이기에, 신은 그를 갖고 그분이 영혼과 구별되거나 영혼과는 다른 어떤 걸 갖는 어떠한 속성도 가질 수 없다는 것을 복음사가가 '나'라는 이름을 말하지 않은 까닭이다. 그래서 신께서는 "나는 나의 천사를 보낸다."라고 말할 수 없었던 것이다. 만약 그렇게 말하면, 신께서는 영혼과 다른 것일 수도 있으니까 그렇다. 왜냐하면, 만약 신께서 '나'를 말씀하셨다면, 신께서 영혼과 다른 어떤 것을 생각하였을 수도 있을 것이다. 따라서 이러한 근거로부터 '나'라는 이름이 말해지지 않았다. 왜냐하면, 신과 영혼은 온전히 하나이기 때문이다. 그래서 신께서는 자신만의 고유한 걸 가질 수 없다. 따라서 차이나 타자성을 드러낼 수도 있는 어떤 것을 신에 대해 긍정적으로 말하거나 부정적으로 말할 수 없다.[396]

(339쪽) 또 다른 의미. 말라키서는 '나'를 언급하고 있다. 이는 첫째, 신의 존재성(isticheit)을 뜻하고 있다. 곧 신만이 참된 존재라는 걸 말하고 있다. 왜냐하면, 모든 것은 신 가운데 존재하고, 신으로부터만 존재하기 때문이다. 신 바깥에 그리고 신 없이는 참으로 무(無)만 있다. 왜냐하면, 모든 피조물은 신에 비하면, 전혀 가치가 없는 것이고 하나의 순수한 무에 지나지 않기 때문이다. 따라서 피조물이 참으로 있다는 것은, 그것들이 신 가운데 있다는 것이다. 따라서 신만이 참으로 존재할 따름

---

[396] 참조. DW Ⅰ, 235쪽 9행 이하, 113쪽 6행 이하. : DW Ⅱ, 383쪽 6 이하.

이다. 그러므로 '나'라는 말은 신적 진리의 존재성(isticheit)을 뜻한다. 왜냐하면, '나'라는 말은 '존재하는 것'(istes)을 입증하는 말이기 때문이다. 따라서 '나'라는 말은 그분만이 존재한다는 것을 입증하고 있다.[397] (340쪽) '나'라는 말의 두 번째 의미는 신께서는 모든 것과 분리되어 있지 않다는 것을 뜻하고 있다. 왜냐하면, 신께서는 모든 것 가운데 계시기 때문이다. 신께서는 피조물들이 자기 자신 속에 있는 것보다도 더 내적으로 그것들 가운데 계시기 때문이다. 따라서 신께서는 모든 것에서 분리되어 있지 않으신다. 따라서 우리도 또한 모든 것에서부터 분리되어 있지 않아야 한다. 곧, 우리는 자신 가운데 무가 되어, 자기 자신에서부터 온전히 벗어나 있어야 한다. 이때, 우리는 모든 것에서부터 분리되어 있지 않고, 모든 것이 된다. 따라서 그대는 모든 것에서 분리되지 않고 있는 그만큼, 그대는 신이며 모든 것이게 된다. 왜냐하면, 신의 신성은 그분이 모든 것에서 분리되지 않는다는 것이기 때문이다. 따라서 모든 것에서 분리되어 있지 않은 사람은 신 자신이 자신의 신성을 취하듯이, 신성을 취하는 사람이다. 셋째, '나'라는 말은 '나'라고 불리는 자의 어떠한 완전성을 가리키고 있다. 왜냐하면, '나'라는 말은 어떠한 고유 이름(고유 명사—역자)이 아니라, (오히려 하나의 대명사이다.—퀸트) 그 까닭에 '나'라는 이름은 이름을 대신하고 하고 있으며, 이름의 완전성을 뜻하고 있다. 그래서 '나'라는 이름은 부동성(unbeweglicheit)과 접촉 불가능성(unberüerlicheit)을 뜻하고 있다. (341쪽) 따라서 '나'라는 이름

---

397) 참조. DW Ⅰ, 197쪽 2행 이하, 80쪽 12 이하, 69쪽 8행 이하. : DW Ⅱ, 117쪽 3 이하, 372쪽 3행 이하. : LW Ⅰ, 168쪽 6행 이하. : LW Ⅱ, 235쪽 14행 이하.

은 신께서는 부동적이며 접촉 불가능하며 영원한 항구성(ewigiu stae-ticheit)을 의미한다.[398] 넷째, '나'라는 이름은 어떠한 옆에 갖다 붙이는 것(mitewesen, 우연자)도 없이 존재하는 신적 존재의 단순한 순수성을 뜻한다. 선성과 지혜 그리고 그 이외 우리가 신에 대해 말할 수 있는 모든 것은 신의 순수한 존재에 갖다 붙는 우연자들일 뿐이다. 이러한 모든 우연자는 (순수한 신적-역자) 존재에 낯선 것을 불러일으킨다. 따라서 '나'라는 말마디는 신의 존재의 순수성을 뜻한다. 곧, 신의 존재의 순수성은 낯선 존재와 그 존재와 거리가 먼 것을 불러일으키는 어떠한 우연자도 없이 자기 자신 가운데 순수하게 있을 뿐이다.[399]

(342쪽) 이제 천사에 대해 조금 더 이야기하고자 한다. 나는 앞서 천사는 신의 상(모습-역자)이며, 가능한 한, 그 안에 선성과 신의 정적(靜寂)과 신비의 순수성을 자신 안에 똑같이 반영하는 거울이라고 말했다. 이제 우리는 천사와 같게 되어야 한다. 그래서 천사처럼 신의 상이어야 한다. 왜냐하면, 신께서 우리를 자기 자신의 상으로 창조하셨기 때문이다. 인간을 그리고자 하는 예술가는 인간 그림을 콘라트(철수-역자)나 하인리히(영희-역자)에 따라 그리지 않는다. 반면에 그는 콘라트나 하인리히에 따라 그림을 그린다면, 그는 인간을 그리는 걸 목표로 하지 않는다. 오히려 그는 콘라트나 하인리히를 그리는 것을 목표하고 있다. 하지만 그가 콘라트를 그린다면, 그는 하인리히를 그리는 것을 목표로 하

---

[398] 참조. DW Ⅰ, 218쪽 8행 이하.: DW Ⅱ, 421쪽 1 이하.: LW Ⅱ, 20쪽 3행 이하.
[399] 참조. DW Ⅰ, 56쪽 1행 이하.: DW Ⅱ, 553쪽 10행 이하, 636쪽 2행 이하, 274쪽 1행 이하, 344쪽 1행 이하.: LW Ⅳ, 94쪽 6행 이하.

고 있지 않다. 만약 그 예술가가 능력과 기술이 있다면, 그는 온전히 콘라트를 온전히 그 자신과 똑같이 그릴 것이다. 이제 신께서 온전한 기술과 능력을 지니고 계신다. 따라서 신께서 그대를 온전히 당신과 똑같이(im alzemále glich), 그분 자신의 상으로 창조하셨다. 그러나 '그분과 같이'(im glich)는 낯선 것과 (신과 인간 사이에-역자) 거리가 있음을 드러내고 있다. (343쪽) 그러나 인간과 신 사이에는 낯선 것도, 거리가 있음도 없다. 따라서 (이 경우-역자) 인간은 신과 같지 않다. 그러나 인간은 오히려 신과 완전히 같은 모습을 하고 있고, 신과 전적으로 똑같다.[400]

나는 알지도 못하고, 더는 말할 수도 없다. 이로써 이 설교는 (여기서-역자) 끝맺자. 나는 한때, 걸어가는 중에 우리는 자기 생각에서 전적으로 떠나 있어야 한다고 생각했다. (344쪽) 그래서 우리는 신성 그 자체 이외에, 그 누구도 그 무엇도 염두에 두지 말아야 한다고 생각했다. 오직 신으로서 신 그리고 신성 그 자체 이외, 지복도 이러저러한 것도 염두에 두지 말아야 한다고 생각했다. 왜냐하면, 그대가 염두에 두는 신성 이외에 그 밖의 것은 모두 다 신성의 우연자들이기 때문이다. 따라서 신성의 모든 우연자를 버리고, 신성을 순수하게 있는 그대로 취하라.

신이시여, 우리가 여기에 도달할 수 있도록 도와주소서. 아멘.

---

400) 참조. DW Ⅰ, 111쪽 5행 이하, 216쪽 1행, 107쪽 1행 이하. : DW Ⅱ, 584쪽 2행 이하, : DW Ⅴ, 34쪽 4행 이하,

설교 78(Pf. 28)

가브리엘 천사가 보내졌다.
Missus est Gabriel angleus etc.

- 루카 1, 26-27[401]

(351쪽) 성 루카는 복음에서 "한 천사가 하느님으로부터 갈릴래아 땅 나자렛이라는 고을로 마리아라 불리는 처녀에게 보내졌다. 마리아는 요셉과 약혼한 사이이며, 요셉은 다윗 가문의 사람이었다."[402]

한 스승, 베다는 "이 이야기로 우리 구원이 시작되고 있다."라고 말하고 있다.[403] 나는 자주 말해 왔던 말을 지금 또 한다. 곧, 우리 주님께서 행한 모든 것은 신께서 우리와 하나이게 되는 것, 그리고 우리가 신과 하나되는 것 이외에, 그 밖의 다른 어떤 것을 위해서도 행하지 않으셨다

· · ·

401) 참조. "여섯째 달에 하느님께서는 가브리엘 천사를 갈릴래아 지방 나자렛이라는 고을로 보내시어, 다윗 집안의 요셉이라는 사람과 약혼한 처녀를 찾아가게 하셨다. 그 처녀의 이름은 마리아였다." 루카 1, 26-27. 역자.
402) 퀸트에 따르면, 이 성경 구절은 마리아 고지(告知) 축일 미사 때, 읽는 복음이다. 역주.
403) 베다(673?-735)는 잉글랜드의 종교사를 쓴 수도사이며, the Venerable Bede로 알려진다. 참조. Beda, Homiliae Ⅰ,1, PL 94, 9.

고 나는 말한다. 따라서 신께서 인간이 되셨다.[404] 스승들은 신께서 마리아에게 육체적으로 태어나기 이전에, 먼저 우리 처녀에게 정신적으로 태어나셨다고 말하고 있다. (352쪽) (정신적-퀸트) 낳음이 들끓어 흘러넘치는 가운데, 하늘에 계신 아버지께서 자기 외아들을 마리아의 영혼에 낳으셨다. 그리고 난 다음에 영원한 말씀이 마리아 가운데서 인간적 본성을 받아들이셨다. 그래서 마리아는 육체적으로 회임하게 되었다.[405]

이제 성 루카는 "한 천사가 하느님으로부터 보내졌다."라고 말하고 있다. 나는 (지금-퀸트) 천사가 하느님으로부터 반드시 보내질 수밖에 없다고 말한다. 천사의 빛이 신으로부터 영혼에 보내지지 않았다면, 그리고 신적 빛이 천사의 빛 가운데 감추어져 있지 않다면, 천사의 빛을 받아들이는 것을 영혼은 수치스럽게 여길 것이다. 천사의 빛은 신적 빛을 맛 내고 있다. 그렇지 않다면, 영혼은 어떠한 천사의 빛도 가지고자 하지 않을 것이다.[406]

(353쪽) 이제 성 루카는 '한 천사'라고 말하고 있다. 한 천사는 무엇인가? 세 사람의 스승들이 천사란 무엇인가에 대해 말하고 있다. 디오니시우스는 한 천사는 어떠한 티끌도 없는 거울이라고 말하고 있다. 이 거울은 더할 수 없이 맑아서, 신적 빛을 있는 그대로 다 반영하고 있다.[407] 아

...

404) 참조. DW II, 227쪽 6행 이하.
405) 참조. DW I, 375쪽 10행 이하.
406) 참조. DW II, 116쪽 3행 이하.
407) 참조. Dionysius Areopagita, De div. nom. c. 4 § 22,

우구스티누스는 천사는 신 가까이에 있고, 물질은 무 가까이에 있다고 말하고 있다.[408] 요한네스 다마셰누스는 천사는 신의 상(bilde, 모습)이며, 이러한 신의 상을 갖고 자신에 속하는 모든 것(자신의 모든 존재-퀴트)을 두루 비춘다고 말하고 있다.[409] (354쪽) 영혼은 자신의 최고의 정상에 있어서, 자신의 최고 높이 있는 가지(zwîge)에 있어서 이러한 상을 지니고 있다. 거기서 신의 빛이 중단 없이 빛나고 있다. 여기까지가 다마셰누스가 천사가 무엇인지에 대해 말한 첫 부분이다. 그리고 난 다음, 그는 천사는 신적 욕망으로 불타오르고 있는 날카로운 칼이라고 말한다. 그리고 그는 천사는 물질로부터 자유로우며, 너무나 자유롭기에, 천사는 물질의 적이라고 덧붙여 말한다. 보라, 이것이 바로 천사이다.

이제 성 루카는 "한 천사가 하느님으로부터 보내졌다."라고 말하고 있다. 왜 보내졌는가? 디오니시우스는 천사는 세 가지 작용을 수행한다고 말하고 있다.[410] 첫째 작용은 정화 작용, 둘째 작용은 빛을 비추는 작용(조명), 셋째 작용은 완성하는 작용이다. (355쪽) 천사는 세 가지 방식으로 영혼을 정화한다. 첫째, 천사는 영혼을 영혼에 덮여 있는 더러움을 정화한다. 둘째, 천사는 영혼을 물질로부터 정화하여 영혼을 자기 자신으로 집중시킨다. 셋째, 천사는 영혼을 무지로부터 정화한다. 마치 한 천사가 다른 천사에게 행하듯이 그렇게 한다. 천사는 영혼에 두 가지 방식으로 빛을 비춘다(조명한다-역자). 신적 빛은 너무 강렬하

---

408) 참조. Augustinus, Confess. XII c, 7.
409) 참조. Johannes Damascenus, De fide orthodoxa II c. 3.
410) 참조. Dionysius Areopagita, De cael. hier. II c. 3 § 2.

게 흘러넘쳐, 천사의 빛 가운데서 조절되고 (어느 정도-역자) 그늘지지 않으면, 영혼이 이러한 신적 빛을 견뎌낼 수 없다. 그래야 (비로소-역자) 이 신적 빛은 영혼에 전달될 수 있다. 따라서 천사는 영혼을 동일성(glicheit)을 갖고 비춘다(조명한다-역자). (356쪽) 천사는 자신의 이성(verstantnisse)을 영혼에 전달하여 영혼을 강하게 만들어 영혼이 신적 빛을 받아들이거나 견뎌낼 수 있도록 한다. 만약 내가 사막에 홀로 있다면, 두려울 것이다. 이때 만약 내가 한 아이가 내 옆에 있다면, 두려움이 사라지고, 나에게 힘이 날 것이다. 그리고 사는 것 자체가 너무나 고귀하고 너무나 기쁘고 너무나 힘이 날 것이다. 만약 내 옆에 아이가 없고 내 옆에 짐승이 있다고 해도, 나는 큰 위안을 받을 것이다. 따라서 마법으로 마술을 하는 사람은 개와 같은 동물의 도움을 받는다. 동물의 생명이 그들에게 힘을 주기 때문이다. (357쪽) (생명이라는-역자) 동일성이 모든 것에 있어서 힘을 나게 하고 (우리 삶을 보다-역자) 강하게 하는 법이다. 따라서 천사는 동일성을 영혼에 부여한다. 곧, 천사는 영혼을 (자신과-역자) 같게 하고, 영혼을 비추고(조명하고-역자), 영혼을 강하게 하고, 영혼이 신적 빛을 받아들일 수 있도록 준비시킨다.

이제 성 루카는 "한 천사가 하느님으로부터 보내졌다."라고 말하고 있다. 영혼은 내가 말한 바와 같이, 천사와 같아져야 한다. 그때 아들이 보내져, 영혼 가운데 태어날 것이다. 천사가 어떻게 영혼을 완전하게 하는지 하는 문제에 관해서는 말하지 않고 남겨 두겠다.

신이시여, 당신께서 우리에게 천사를 보내시어, 천사가 우리를 정화하고 우리를 비추고 우리를 완전하게 하여, 우리가 당신과 함께 영원히 복되게 될 수 있도록, 우리를 도우소서. 아멘.

설교 79(Pf. 91, QT. 41)

하늘아, 환성을 올려라. 땅아, 기뻐 뛰어라.
Laudate caeli et exultet terra.

– 이사야 49, 13[411]

나는 세상의 빛이다.
Ego sum lux mundi.

– 요한 8, 12[412]

(363쪽) 나는 라틴어로 두 개의 성경 구절을 말했다. 하나는 (오늘 미사—역자) 독서에 나온다. 예언자 이사야는 "하늘아, 환성을 올려라. 땅아, 기뻐 뛰어라. 하느님께서 당신 백성을 위로하시고 당신의 가난한 이들을 가엾이 여기셨다."라고 말하고 있다. 또 다른 하나는 (오늘 미사—역자) 복음에 나온다. 우리 주님께서 "나는 세상의 빛이다. 나를 따르는 이는 어둠 속을 걷지 않고 생명의 빛을 얻을 것이다."라고 말씀하고 계신다.[413]

...

411) 참조. "하늘아, 환성을 올려라. 땅아, 기뻐 뛰어라. 산들아, 기뻐 소리쳐라. 주님께서 당신 백성을 위로하시고 당신의 가련한 이들을 가엾이 여기셨다." 이사야 49, 13. 역자.
412) 참조. "예수님께서 다시 그들에게 말씀하셨다. '나는 세상의 빛이다. 나를 따르는 이는 어둠 속을 걷지 않고 생명의 빛을 얻을 것이다.'" 요한 8, 12. 역자.
413) 퀸트에 따르면, 수난 제1주 이전의 토요일 미사에 나오는 독서와 복음이다. 역주.

(364쪽) 이제 첫 번째 성경 구절에 주목하자. 예언자는 "하늘아, 환성을 올려라. 땅아, 기뻐 뛰어라."라고 말하고 있다. 참으로 하느님께 맹세코 이것이 신께서 사시는 방식임을 확신하라. 가장 작은 선행 또는 가장 작은 좋은 의지 또는 가장 작은 열망에도 하늘과 땅에 있는 모든 성인과 모든 천사가 이 세상의 모든 기쁨이 결코 제공할 수 없는 그러한 큰 기쁨 속에서 기뻐한다. 모든 각각의 성인은 높이 있으면 높이 있을 수록, 그들의 기쁨은 더욱 더 크다. 그리고 모든 각각의 천사는 더 높이 있으면 있을 수록, 그들의 기쁨은 더 큰다. 하지만 이러한 기쁨을 모두 다 합쳐도, 신께서 (우리가 행하는 작은 일에서-역자) 가지는 기쁨에 비하면, 밀알 하나보다도 더 적다. 왜냐하면, 신께서는 선행에 대해 해맑은 기쁨과 미소를 곧장 지으시기 때문이다. 반면에 신의 찬미를 위해 행하지 않은 그 밖의 모든 일은 신 앞에서는 하나의 잿더미에 지나지 않는다.[414] 그래서 예언자는 "하늘아, 환성을 올려라. 땅아, 기뻐 뛰어라. 주님께서 당신 백성을 위로하신다."라고 말하고 있다. (365쪽) 이제 그가 "하느님께서 당신의 백성을 위로하시고 당신의 가난한 이들을 가엾이 여기셨다."라고 예언자가 말하고 있는 것에 주목하자. 그는 '당신의 가난한 이들'이라고 말하고 있다. 가난한 이들은 오직 신께만 내맡겨져 있다. 왜냐하면, 아무도 그를 돌보아 주지 않기 때문이다. 만약 누군가에게 가난한 한 동무가 있다면, 그는 그 동무를 아는 척도 하지 않는다. 하지만 만약 그 동무가 재산도 있고 공부도 많이 했다면, 그는 "그대는 내 둘도 없는 동무다."라고 말하고 그를 바로 아는 척 할 것이다. 그리고 가난한 동무

---

414) 참조. DW Ⅰ, 101쪽 1행 이하. : DW Ⅱ, 223쪽 3행 이하, 252쪽 4행 이하.

에게는 '신께서 자비를' 이라고 말할 것이다. 가난한 이들은 오직 신께만 내맡겨져 있다. 왜냐하면, 가난한 이들이 가는 곳마다 어디서나 신을 볼 것이고 신을 가질 것이기 때문이다. 그리고 신께서 그들을 돌보아 주실 것이기 때문이다. 왜냐하면, 그들은 신께 자신을 맡기고 있기 때문이다. 따라서 복음은 "가난한 사람은 복되다."라고 말하고 있다.

이제 복음에 나오는 성경 구절에 주목하자. 복음은 "나는 세상의 빛이다(Ich bin ein lieht der werlt)."라고 말하고 있다. "나는 … 이다. (또는 있다.-역자)"(Ich bin)라는 말로써 복음사가는 존재를 나타내고 있다. 스승들은 모든 피조물은 (자신에 대해-퀸트) '나'(ich)라고 말할 수 있다고 한다. '나'라는 말은 누구나 쓸 수 있는 일반적 말 마디이다. 반면에 "나는 이다."(sum, bin)라는 말마디는 신 이외에 아무도 고유한 의미에서 사용할 수 없다고 말하고 있다. 본래 오직 신만이 (자기 자신에 대해-퀸트) 이 말마디를 말할 수 있다.[415] (367쪽) Sum(나는 … 이다. 나는 있다. 곧, 존재-역자)은 모든 선을 자신 안에 지니고 있는 어떤 것을 말한다. 그러나 모든 피조물은 모든 선을 지니고 있지 않다. 곧, 어떠한 피조물도 우리 인간을 위로해 줄 수 있는, 모든 것을 지니고 있지 않다. 만약 내가 원하는 모든 것을 내가 갖고 있다고 하더라도, 만약 내 손가락이 아프다면, 나는 나를 위로해 줄 수 있는 모든 것을 갖고 있지 않다. 왜냐하면, 나의 손가락이 아프기 때문이다. 내가 배고플 때, 빵은 나에게 대단한 위로가 될 것이다. 하지만 내가 목마를 때, 빵은 돌이 나에게

---

415) 참조. DW II, 68쪽 4행 이하. : LW IV, 199쪽 1행 이하.

위로가 되지 않는 것처럼, 나에게 전혀 위로가 되지 않을 것이다. 만약 내가 추위를 느낀다면, 옷은 나에게 위로가 될 것이다. 하지만 내가 더 위를 느낀다면, 옷은 나에게 어떠한 위로도 되지 않을 것이다. 이는 모든 피조물에 해당하는 이야기이다. 따라서 모든 피조물은 자신 안에 비통함을 지니고 있다는 말은 참이다. 하지만 모든 피조물은 벌집 위에 떠도는 꿀처럼 어떠한 위로를 자신 안에 갖고 있다는 말도 참이다. 이 꿀은 모든 피조물이 서로 나누고 있는 선이다. 이러한 선은 오로지 신 가운데서 있는 그러한 선이다. 그러므로 지혜서는 "그대와 함께 모든 좋은 것이 내 영혼에 왔다."라고 말하고 있다(참조. 지혜서 7, 11).[416] 이러한 위로는 신으로부터 도래한다. 하지만 피조물이 주는 위로는 온전하지 못하다. (367쪽) 왜냐하면, 그 위로는 결함을 자신 속에 지니고 있기 때문이다. 하지만 신께서 주시는 위로는 순수하고 결함이 없고, 온전하고 완전하다. 신께서 무엇보다도 먼저 자기 자신을 우리에게 주시기에 이르기까지, 그분은 그대에게 주시는 것을 지체하실 수 없다는 것이 그분께는 필연적이다. 그래서 신께서는 그분 자신의 우리에 대한 사랑 때문에, 바보가 되신다. 곧, 그분은 하늘과 땅 그리고 그분의 모든 지복과 그분의 모든 신성을 망각하시고, 나를 위로할 수 있는 모든 걸 나에게 주시기 위해 오로지 나에게만 신경을 쓰시는 것 이외에, 아무 것도 하지 않으신다. 그리고 그분은 나에게 나를 위로할 수 있는 걸 온전히 주시고, 나에게 그 위로를 완전히 주시고, 그 위로를 가장 순수하게 주시고,

---

• • •

416) 참조. "지혜와 함께 좋은 것이 다 나에게 왔다. 지혜의 손에 헤아릴 수 없이 많은 재산이 들려 있었다." 지혜서 7, 11. 역자.

항상 주시고, 모든 피조물에도 (항상-역자) 주고 계신다.[417]

(368쪽) 이제 주님께서 "나를 따르는 이는 어둠 속을 걷지 않는다."라고 말씀하고 계신다. 그분이 '나를 따르는 이'라고 말씀하신 것에 주목하자. 스승들은 영혼은 세 가지 능력을 갖고 있다고 말하고 있다.[418] 첫째 능력은 항상 가장 달콤한 것을 추구한다. 둘째 능력은 항상 가장 높은 것을 추구한다. 셋째 능력은 항상 가장 최선의 것을 추구한다. 왜냐하면, 영혼은 너무나 고귀하기에, 모든 선성이 만든 것이 물방울처럼 흘러나오는 근원 이외에, 그 어느 곳에서도 (결코-역자) 쉴 수 없기 때문이다. 보라, 신의 위로는 너무나 달콤한 것이기에, 모든 피조물은 신을 찾고, 신을 향해 내달린다. 그리고 나는 더 나아가 모든 피조물의 존재와 생명은 그것들이 신을 찾고 신을 향해 내달린다는 데 놓여 있다고 말한다.[419]

(369쪽) 이제 그대들은 다음과 같이 말할 수 있을 것이다. "모든 피조물이 그리로 내달리는 이러한 신이, 또 그를 통해 피조물이 자신의 존재와 생명을 가지는 이러한 신이 어디에 계시는가?" – "나는 신성에 관해 기꺼이 말할 것이다. 왜냐하면, 우리의 모든 지복이 거리로부터 흘러나오기 때문이다. – 아버지께서는 "나의 아들아, 성인의 영광 가운데서 내가 오늘 너를 낳으리라."(참조. 시편 109, 3)라고 말씀하신다. 이러

---

417) 참조. DW Ⅰ, 149쪽 9행 이하, 369쪽 7행 이하. : DW Ⅱ, 35쪽 3행 이하, 269쪽 13행 이하.
418) 세 가지 능력은 인식(bekantnisse), 위로 치솟아 오르는 욕망(irascibilis), 의지(wille, 사랑)이다. 참조. DW Ⅱ, 141쪽 5행 이하.
419) 참조. DW Ⅲ, 171쪽 2행 이하, 95쪽 5행 이하, 172쪽 4행 이하. : DW Ⅴ, 32쪽 13행 이하.

한 신이 어디에 계시는가? – "성인들의 충만한 무리 속에 나는 들어 있다."(참조. 집회서 24, 16) 이러한 신은 어디에 계신가? – 아버지 가운데. 이러한 신은 어디에 계신가? – 영원성 가운데. 지혜로운 자가 "주님, 당신은 숨어 계신 하느님이십니다."라고 말하고 있듯이(이사야 45, 15),[420] 아무도 여태까지 신을 찾은 적이 없다. 이러한 신은 어디에 계시는가? 마치 우리가 자신을 숨기고서는 마른 기침을 하면서 자기 자신을 드러내듯이, 신께서도 그렇게 행하신다. 아무도 여태까지 신을 찾은 적이 없다. 하지만 이제 그분은 자기 자신을 드러내신다. 한 성인(아우구스티누스–역자)이 "나는 가끔 내 가운데서 엄청난 달콤함을 맛보기에, (370쪽) 나는 나 자신과 모든 피조물을 깡그리 잊고, 당신께로 온전히 흘러 들어가고 싶나이다."라고 말하고 있다. 그리고 이어서 "주여, 내가 완전히 당신에게 둘러싸이고자 할 때, 당신은 그것을 나에게 빼앗아 가나이다. 주여, 당신은 그로써 무엇을 의도하시나이까? 당신은 나를 유혹하시면서, 왜 당신은 나에게서 당신을 빼앗아 가시나이까? 당신은 나를 사랑하시지만, 왜 당신은 나를 피해 달아나시나이까? 오, 주여, 당신은 내가 당신을 더욱 더 많이 받아들일 수 있도록 그렇게 하시나이다."라고 말하고 있다. 예언자는 '나의 주님'이라고 말하고 있다(참조. 시편 16, 2).[421] "나는 그대들의 하느님이라고 누가 그대에게 말했는가요?" "주여, 당신 안에서가 아니며, 나는 결코 편히 쉴 수가 없나이다. 당신 안에서가 아니면, 나는 어디에서도 편안할 수가 없나이다."

⋯

420) 참조. "아, 구원을 베푸시는 이스라엘의 하느님! 정녕 당신은 자신을 숨기시는 하느님이십니다." 이사야 45, 15. 역자.
421) 참조. "주님께 아룁니다. '당신은 저의 주님. 저의 행복 당신밖에 없습니다.'" 시편 16, 2. 역자.

아버지와 아들과 성령이시여, 우리가 하느님을 찾고 만날 수 있도록 우리를 도우소서. 아멘.

설교 80(Pf. 97, QT. 55)

어떤 부유한 사람이 있었다.
Homo quidam erat dives.

— 루카 16, 19[422]

(378쪽) "부유한 한 사람이 있었는데, 그는 자주색 옷과 고운 아마포 옷을 입고 날마다 좋은 음식을 먹었다."(루카 16, 19) 그런데 그 사람은 이름이 없었다.[423]

우리는 이 성경 구절을 두 가지 방식으로 이해할 수 있다. (하나의 방식은–역자) 근저 없는 신성에 관하여, (둘째 방식은–역자) 섬세한 영혼에 관하여 말하는 것으로 이해할 수 있다.

---

422) 참조. "어떤 부자가 있었는데, 그는 자주색 옷과 고운 아마포 옷을 입고 날마다 즐겁고 호화롭게 살았다." 루카 16, 19. 역주.
423) 퀸트에 따르면, 삼위일체 축일 이후 첫 번째 일요일 미사에 나오는 복음이다. 그런데 그는 루카 16, 19를 인용하고 이어서 '그 사람은 이름이 없었다.'를 덧붙이고 있다. 이는 에크하르트가 '어떤 부유한 사람'을 근저를 알 수 없는 신성과 모든 섬세한 영혼에 해당하는 말로 이해하기 위함이다. 역주.

(379쪽) "부유한 한 사람이 있었다." (이때 인간이라는 말이 무슨 뜻인지 헤아려 보자-역자) 이교도 스승(아리스토텔레스-역자)은 '인간'은 이성적 존재를 뜻한다고 말하고 있다.[424] 그러나 우리는 성경에 따라 '인간'이라는 말을 신으로 이해한다.[425] 성 그레고리우스는 만약 신에 있어 다른 것보다 더 나은 하나의 것이 있다면, 그리고 우리가 이를 말할 수 있다면, 그것은 이성적 인식(verstantnisse)일 것이다. 왜냐하면, 이성적 인식 가운데서 신은 자신이 자신에게 드러나기 때문이다. 곧, 이성적 인식 가운데서 신은 자기 자신으로 흘러 들어가기 때문이다.[426] 그리고 이성적 인식 가운데서 신은 모든 것으로 흘러나가기 때문이다. 곧, 이성적 인식 가운데서 신은 모든 것을 창조하셨기 때문이다.[427] 만약 신에 있어 이성적 인식이 없다면, 삼위일체도 있을 수 없을 것이다. 그에 따라 또한, 어떠한 피조물도 흘러나오지 않았을 것이다.[428]

(380쪽) "그 사람은 이름이 없었다." 또한, 근저 없는 신도 이름이 없다. 왜냐하면, 영혼이 그분께 붙인 모든 이름은 영혼의 (제한된-역자) 인식에서 비롯된 것이기 때문이다. 따라서 이교도 스승이 『빛들의 빛』(『원인론』-역자)이라는 책에서 신은 존재를 넘어서 있으며, 파악할 수

---

424) 참조. Aristoteles, De an. II, 1.
425) "성경에 따라 '인간'이라는 말을 신으로 이해한다."라는 에크하르트의 말을 어떻게 해석해야 할 지 난감하다. 그리스도를 '인간의 아들'로 불렀다는 것을 따른 것일까? 아니면, 비유적 표현인 '씨뿌리는 사람', '포도밭 주인' 등 그리스도를 비유적으로 나타낸 말에 따른 것일까? 역주.
426) 신의 자기 인식을 말하고 있는 듯 하다. 역자.
427) 에크하르트는 신의 자기 인식을 내적으로 끓어 오름(bullitio)으로 표현하고, 이러한 자기 인식이 바깥으로 흘러나가는 것을 외적으로 끓어 오름(ebullitio)으로 표현하고 있다. 역주.
428) 참조. DW I, 150쪽 3행 이하.

없으며, 인식할 수 없다고 말하고 있다.[429] 이는 자연적 인식(natiurlich verstân)에 국한하는 한, 그러하다. (381쪽) 나는 은총에 의한 인식(gnaedichîchem verstânne)을 말하고 있지 않다. 성 바오로가 이해한 것처럼, 우리가 그렇게 인식할 수 있도록, 우리도 은총에 의해 이끌리게 될 수도 있을 것이다. 성 바오로는 제3의 하늘로 옮겨져 우리가 말로 표현해서도 안 되고 표현할 수도 없는 것들을 보았다(참조. 2 코린토 12, 2-4). 실로 그는 그것들을 보았지만, 그 역시 자신이 보았던 것을 말로 표현할 수 없었기 때문이다. 왜냐하면, 우리가 무엇을 인식할 수 있으려면, 우리는 그것의 원인 또는 그것의 방식, 그리고 그것의 작용 등을 알아야 한다. 그 때문에 신은 인식될 수 없는 것으로 머물러 있을 수밖에 없다.[430] 왜냐하면, 그분은 어떤 것에 의해서도 원인 지워지지 않기 때문이다. 그 까닭은 그분은 최초의 것이기 때문이다. 또한, 그분은 방식 없이 계시기 때문이다. 곧, 그분은 인식될 수 없는 본성을 지니고 계시기 때문이다.[431] 또한, 그분은 작용 없이 계시기 때문이다. (382쪽) 곧 그분은 자신의 숨겨진 고요함 가운데(in sîner verborgenen stillheit) 계시기 때문이다. 따라서 그분은 이름들 없이 계신다. 그분께 붙여진 모든 이름

---

429) 참조. Liber de causis § 5. "만약 어떤 것이 오직 원인이며, 결코 야기된 것이 아니라면, 그 어떤 것은 제1 원인에 의해 인식되지도 않으며, 언명되지도 않는다. 왜냐하면, 그 어떤 것은 언명보다 위에 있기에, 언어로 이 어떤 것을 결코 (무엇이라) 결론 지을 수 없기 때문이다. 언명은 언어를 통해 성립하며, 언어는 정신을 통해, 정신은 사유(cogitationem)를 통해, 그리고 사유는 관찰(표상, meditatio/doxaston)을 통해, 또한 관찰(표상)은 감각을 통해 성립하기 때문이다. 그런데 제1 원인은 모든 것 너머에 있다. 왜냐하면, 제1 원인은 모든 것의 원인이기 때문이다. 따라서 제1 원인은 감각과 관찰, 사유 그리고 정신과 언어 아래로 떨어지지 않는다. 따라서 제1 원인은 언명될 수 없다."
430) 참조. DW Ⅰ, 323쪽 3행 이하, 135쪽 5행 이하.: DW Ⅱ, 458쪽 1행.: LW Ⅰ, 238쪽 4행 이하.: LW Ⅲ, 158쪽 11행 이하, 17쪽 3행 이하.
431) 참조. DW Ⅰ, 43쪽 9행 이하.

은 도대체 무엇인가? 모세가 그분께 그분의 이름을 물었다. 거기에 신께서는 "존재하는 자가 너를 보냈다."라고 답하셨다(탈출기 3, 14).[432] 그분께서 다르게 말씀하셨다면, 그는 그것을 이해할 수 없을 것이다. 왜냐하면, 그분께서 있는 그대로의 자신을 피조물이 인식하게끔 할 수 없으시기 때문이다. 그분이 그것을 할 수 없으시기 때문이 아니라, 피조물이 그것을 인식할 수 없기 때문이다.[433] 그래서 『빛들의 빛』이라 불리는 책에서 스승은 신은 존재를 넘어서 있으며, 모든 찬양을 넘어서 있으며, 파악할 수도, 인식할 수도 없다고 말하고 있다.

"그 사람은 또한 부유하였다." 이같이 또한 신도 자기 자신에 있어서 그리고 모든 것에 있어서 부유하시다.[434] 이제 주목하라! 신의 부유함은 다섯 가지의 항목에 놓여 있다. 첫째, 그분은 제일 원인이시다. (383쪽) 따라서 그분은 자신을 모든 사물로 흘려보내신다. ― 둘째, 그분은 자신의 존재에 있어서 단순하시다. 따라서 그분은 모든 사물의 가장 내적인 것에 있다. ― 셋째, 그분은 끓어 솟아오르는 원천(ursprunglich)이다. 따라서 그분은 자신을 모든 사물에 나누어 주신다.[435] ― 넷째, 그분은 불변적이다. 그래서 그분은 가장 항구적인 분이시다. 다섯째, 그분은 완전하시다. 따라서 그분은 가장 원할 만한 가치가 있으신 분이다.

...

432) 참조. "하느님께서 모세에게 '나는 있는 나다.' 하고 대답하시고, 이어서 말씀하셨다. '너는 이스라엘 자손들에게 있는 나께서 나를 너희에게 보내셨다.' 하여라." 탈출기 3, 14. 역자.
433) 참조. DW II, 303쪽 7행 이하.
434) 참조. DW II, 232쪽 3행 이하.
435) 참조. DW I, 302쪽 2행 이하. : DW III, 265쪽 7행 이하.

그분은 제일 원인이다. 따라서 그분은 모든 것 안으로 흘러 들어가신다. 따라서 이교도 스승은 제일 원인은 다른 원인이 그들의 결과물에 자신을 퍼붓는 것보다도 더 많이 모든 원인에 자신을 퍼붓는다고 말하고 있다.[436] — 또한, 그분은 자신의 존재에 있어서도 단순하시다.[437] 무엇이 단순한 것인가? 알브레히트 주교(알베르투스 마뉴스-역자)는 그 자신에 있어서 다른 것 없이 하나인 것은 단순하다. 그런데 그러한 것은 신이다. 하나로 있는 단순한 모든 사물은 신 안에서 자신을 유지한다고 말하고 있다. 거기서는 피조물들은 하나 가운데 있는 하나이다. 신 가운데 있는 신이다. 하지만 피조물들은 그 자신에 있어서는 무이다.[438] — 셋째, (385쪽) 그분은 끓어 솟아오르는 원천(ursprunglich)이시다. 따라서 그분은 모든 사물로 흘러 들어가신다. 여기에 관해 주교 알브레히트(알베르투스 마뉴스-역자)는 그분은 일반적으로는 세 겹으로 모든 사물로 흘러 들어가신다. 곧, 존재와 생명과 빛(이성-역자)을 지니고서 모든 사물로 흘러 들어가신다. 하지만 특별히 이성적 영혼으로는 모든 사물을 인식하는 능력과 모든 피조물의 최초의 원천으로의 복귀하는 것을 인식하는 능력을 지니게끔 흘러 들어가셨다. 이러한 최초의 원천이 빛들 가운데 빛이다. 왜냐하면, 성 야고보가 말하듯이, "모든 선물과 완전

· · ·

436) 참조. Liber de causis prop. 1. § 1 "모든 제1 원인은, 보편적인 제2 원인보다도, 자신에 의해 야기된 것에 더 강하게 영향을 미친다." "제1 원인은 제2 원인의 작용 위에 군림하면서, 제2 원인을 돕는다. 왜냐하면, 제2 원인이 작동시키는 모든 작용을 또한 제1 원인도 작동시키기 때문이다. 하지만 (제2 원인과는-역자) 다른 더 높고 더 고상한 방식으로 작용시키기 때문이다."
437) 참조. DW Ⅰ, 93쪽 6행 이하.: DW Ⅱ, 528쪽 6행 이하.: DW Ⅲ, 307쪽 3행 이하.
438) 참조. DW Ⅰ, 289쪽 6행 이하, 80쪽 12행.: DW Ⅱ, 307쪽 5행, 369쪽 5행 이하, 600쪽 13행 이하.: DW Ⅲ, 339쪽 3행 이하, 226쪽 2행 이하.

성은 빛의 아버지에게서 흘러나오시기" 때문이다.[439] (386쪽) – 넷째, 그분은 불변적이다. 그래서 그분은 가장 항구적인 분이시다. 이제 신께서 사물들과 어떻게 하나로 계신지 주목하라! 그분은 사물들을 자신과 하나로 결합하지만, 여전히 자기 자신에 있어서 자신을 지탱하고 계신다는 것을. 모든 사물은 신에 있어서 하나로 있다. 그래서 그리스도는 그대들이 나로 변할지라도 나는 그대들로 변하지 않는다고 말씀하신다.[440] 이는 그분의 불변성과 그분의 측량할 수 없으심과 사물의 미세함(der dinge kleinheit)에서 도래한다. 이에 대해 예언자는 모든 것은 거친 바다에 비해 물 한 방울과 같이 작다고 말하고 있다(참조. 지혜서 11, 23). (387쪽) 만약 우리가 물 한 방울을 거친 바다에 부으면, 바다로 변할 것이지만, 바다가 물 한 방울로 변하지는 않을 것이다.[441] 영혼에도 이 같은 일이 일어난다. 신께서 영혼을 자기 자신 쪽으로 끌어당기면, 영혼은 신으로 변한다. 영혼은 신적으로 되지만, 그렇다고 신이 영혼이 되지는 않는다. 거기서 영혼은 자신의 이름과 자신의 능력을 잃고 말지만, 자신의 의지와 자신의 존재는 잃어버리지 않는다. 마치 신께서 자기 자신에 머무시듯이, 거기서 영혼은 신 가운데 머문다.[442] 그에 대해 주교 알브레히트(알베르투스 마뉴스–역자)는 우리가 갖고 죽는 의지 가운데서 우리는 영원히 머문다고 말하고 있다.[443] (388쪽) — 다섯째, 그분은 완전

⋯

439) 참조. "온갖 좋은 선물과 모든 완전한 은사는 위에서 옵니다. 빛의 아버지에게서 내려오는 것입니다. 그분께는 변화도 없고 변동에 따른 그림자도 없습니다." 야고보 1, 17. 역자.
440) 성경에 나오는 말이 아니라, 오히려 아우구스티누스(Confess. Ⅶ c. 10. n. 16)에 나오는 말이다.
441) 참조. DW Ⅱ, 445쪽 7행 이하. : DW Ⅲ, 262쪽 5행 이하. : DW Ⅴ, 262쪽 5행 이하.
442) 참조. DW Ⅱ, 427쪽 8행 이하. : DW Ⅴ, 568쪽 1행 이하.
443) 참조. Albertus, M, Super Matth. 7, 2. 알베르투스는 죄를 짓는 의지는 영원하며, 참회하지 않고 죄 가운데 죽은 사람은 악 가운데 머물며, 영원히 은총을 받을 수 없다고 말한다.

하시다. 따라서 그분은 가장 원할 만한 가치가 있으신 분이다. 신께서는 자기 자신에서도 모든 사물에서도 완전하신 분이시다. 무엇이 신에 있어서 완전함인가? 곧, 신에 있어서 완전함이란 그분이 자기 자신과 모든 사물의 선성이란 뜻이다. 따라서 모든 것은 그분을 바란다. 왜냐하면, 그분은 모든 것의 선이기 때문이다.

 신이시여, 신 자신이신 선이 우리에게 우리의 것이 될 수 있도록 그리고 우리가 그 선을 영원히 누릴 수 있도록, 우리를 도우소서. 아멘.

설교 81(Pf. 97, QT. 55)

거세고 빠른 강의 물살이 하느님의 도성을 즐겁게 하네. 지극히 높으신 분의 처소(천막)를 성스럽게 하네.
Flumininis impetus laetificat civitatem Dei : sanctificavit taberculum suum Altissimus.

— 시편 45, 5[444)

(395쪽) "거세고 빠른 강의 물살이 하느님의 도성을 즐겁게 하네."[445) 이러한 성경 구절에서 우리는 세 가지에 주목해 한다. 곧, 첫째, 신의 '빠른 물살', 그리고 둘째, 신께서 그리로 흘러 들어가시는 '도성', 셋째, 거기서 오는 유익함 등을 주목해야 한다.

성 요한은 신적 사랑에 의해 생기를 얻고 선행들로 입증되는 "신앙을 가진 모든 사람으로부터 살아 있는 물이 흘러 나올 것이다."라고 말하고 있다(참조. 요한 7, 38).[446) 이로써 그는 성령을 가리키고자 한다. (하

• • •
444) 참조. "강이 있어 그 줄기들이 하느님의 도성을, 지극히 높으신 분의 거룩한 거처를 즐겁게 하네." 시편 46, 5. 역자.
445) 퀸트에 따르면, 로마 전례력에 따른 미사나 도미니꼬회 전례력에 따른 미사나 간에, 미사중 독서라는 걸 확인할 길이 없다. 역주.
446) 참조. "나를 믿는 사람은 성경 말씀대로 '그 속에서부터 생수의 강들이 흘러 나올 것이다.'" 요한 7, 38. 역자.

지만-퀸트) 예언자(시편 저자-퀸트)는 너무 놀라 성령의 빠르고 놀라운 작용들로부터 성령을 어떻게 말해야 할 줄을 몰랐다. 따라서 그 예언자는 빠른 물살 때문에, 성령을 거셈(rûsch)이라고 불렀다. 왜냐하면, 성령은 영혼이 겸손으로 자신을 비우고, 성령을 받아들일 수 있도록 넓어지는 만큼, 영혼으로 가득 흘러 들어가기 때문이다.[447] 우리 주님 예수 그리스도의 영혼에서처럼, 또한 나의 영혼도 그처럼 넓다면, 그리고 신께서 영혼 가운데 그처럼 넓은 자리를 발견할 수 있다면, 성령은 영혼을 이러한 '물살'로 완전히 가득 채우실 거라고 나는 확신한다. 왜냐하면, 성령은 모든 것으로 흘러 들어가는 걸 억제할 수 없기 때문이다. 성령은 (들어갈 수 있는-역자) 자리를 발견하는 모든 것으로 흘러 들어가기 때문이다. 성령이 (그 가운데-퀸트) 자리를 발견하는 만큼 흘러 들어가기 때문이다.[448]

둘째, 우리는 '도성(都城)'이 무엇인지 주목해야 한다. 도성은 정신적 의미에서 영혼이다. '도성'은 시민들의 통일성(civium unitas)을 뜻한다. 도성은 바깥으로 (철통같이-역자) 둘러싸여 있으며, 안으로는 하나로 결속된 하나의 도성을 뜻한다. 신께서 그리로 흘러 들어가시는 영혼도 이와 같아야 한다. 곧 영혼도 안으로는 모든 장애로부터 보호되어야 하며, 안으로는 모든 능력이 하나로 모여져야 한다.[449] 내가 만약 다른 한

---

447) 참조. DW II, 604쪽 4행 이하, 450쪽 5행 이하. : DW III, 298쪽 10행 이하, 297쪽 1행 이하, 275쪽 6행 이하, 294쪽 2행 이하.
448) 참조. DW II, 306쪽 10행 이하, 399쪽 3행 이하.
449) 참조. DW I, 269쪽 8행 이하. : DW II, 594쪽 4행 이하, 594쪽 8행.

사람의 눈을 본다면, 나는 그 사람의 눈 안에 있는 나의 상(모습-역자)을 볼 것이다. 하지만 이 나의 상은 그 사람의 눈 안에 있기 이전에 보다 먼저 공기 가운데 있었다. 만약 나의 상이 먼저 공기 가운데 없었다면, 그 상이 눈에 도달하지 못했을 것이다. 하지만 우리는 그 상을 공기 가운데서는 볼 수 없다. 왜냐하면, 공기는 희박하여 투명하고 촘촘히 결합되어 있지 않기 때문이다. 그래서 우리가 무지개에서 보듯이, 어떠한 상도 공기 가운데서는 드러날 수가 없다. 공기가 촘촘하게 된다고 하더라도, 해의 상은 무지개에서 여러 가지 색깔로 드러날 뿐이다. 내가 거울을 보면, 나의 얼굴이 반영된다. 그런데 만약 (유리-역자) 뒷면에 납을 발라놓지 않으면, 이런 일을 절대 일어나지 않을 것이다. 따라서 영혼도 자신 가운데 자리하고 있는 고귀한 능력으로 집중되어 촘촘해져야 한다. (397쪽) 만약 영혼이 자신을 가득 채우고 자신을 기뻐 용약(勇躍)하게 할 신적 '흐름'을 받아들이려면, 그렇게 해야 한다.[450] 성 요한은 사도들은 성령을 받을 때, 방안에 다 같이 모여 있었다고 말하고 있다.

좋은 삶을 시작하고자 하는 초심자는 다음의 비유를 주목해야 한다고 나는 이미 자주 말했다. 곧, 원을 그리고자 하는 사람은 ― 무엇보다도 먼저 중심점을 설정하고 자신이 원을 다 그릴 때까지 그 중심점에서 벗어나지 않아야 한다고. 그러면 좋은 원이 그려질 것이다.[451] 이는 우리가 무엇보다 먼저 우리의 마음을 고정해야 한다는 걸 말하고 있다. 그러면 우리는 모든 일에 있어서 항구적으로 서 있게 될 것이다. 우리가 비록

---
450) 참조. DW Ⅰ, 299쪽 6행 이하.
451) 참조. DW Ⅲ, 294쪽 4행 이하.

대단한 일을 한다고 하더라도, ― 우리의 마음이 불안정하다면, 아무 소용이 없다. 두 가지 유형의 스승들이 있다. 한 유형의 스승들은 선한 사람은 (내적으로-퀸트) 흔들려서는 안 된다고 말하고 있다. 그들은 이러한 입장을 많은 아름다운 말로써 입증하고 있다. 또 다른 유형의 스승들은 이렇게 생각하지 않는다. 그들은 선한 사람도 흔들릴 수 있다고 말하고 있다. 성경은 이를 뒷받침하고 있다. 선한 사람은 흔들릴 수 있지만, 궤도를 벗어나지는 않는다. 우리 주님 예수 그리스도와 그 밖의 성인들은 때로는 흔들렸지만, 궤도를 벗어나 부덕으로 내닫지는 않았다. (398쪽) 이는 우리가 물에서 항해를 해 본 사람은 다 아는 일이다. (배 위에서-역자) 우리가 자고자 할 때, 우리는 닻을 물에 던져 배를 고정한다. 물론 배는 물 위에서 흔들리지만, 더는 앞으로 나아가지는 않는다.[452] 나는 완전한 사람은 쉽게 방해받지 않는다는 걸 말했다. 만약 우리가 어떠한 것에 불안해 한다면, 우리는 완전하지 않다.[453]

셋째, 성령의 거센 물살로부터 도래하는 유익함이다. 이는 예언자가 우리 주님께서 영혼 가운데서 머무시기에, 영혼은 절대 흔들리지 않는다고 예언자가 말하는 것이다.[454] 영혼은 가장 순수한 것 이외에 아무 것도 원하지 않는다. 따라서 신의 순수성이 영혼 가운데 작용하기 위해서는 영혼은 피조물과 섞여 있는 혼합물을 참을 수 없다.[455] 우리 주님이신

● ● ●
452) 참조. DW V, 214쪽 2행 이하.
453) 참조. DW II, 295쪽 5행 이하. : DW V, 254쪽 9행 이하.
454) 성경 어느 구절을 인용하고 있는지 확인할 길이 없다.
455) 참조. DW III, 173쪽 1행 이하, 20쪽 1행 이하, 228쪽 6행 이하.

신께서는 어떤 일은 아무런 낯선 도움 없이 직접 하셨지만, 또한 많은 일은 다른 사람의 도움으로 행하셨다. 나의 설교와 결부되어 있는 은총이 (피조물과의-역자) 아무런 혼합 없이, 마치 신 자신이 그 말씀을 (직접-역자) 하시거나 (직접-역자) 작용하시는 것처럼, (설교를 듣는 그대들의-역자) 영혼에 흘러 들어간다면, 영혼은 전적으로 회심하여 거룩하게 될 것이며, 그렇게 되지 않을 수 없을 것이다. 하지만 내가 신의 말씀을 전하지만, 나는 신의 공동 협력자일 뿐이므로, 은총이 피조물과 섞여 있어, 온전히 (그대들의-역자) 영혼 가운데로 수용되지 않을 것이다. (399쪽) 그러나 성령께서 (그대들의-역자) 영혼으로 가져다 주는 은총은, 영혼이 신을 인식하는 단순한 능력(최고의 이성, 영혼의 불꽃-퀸트)으로 집중되는 한, 섞이지 않고 (영혼에-역자) 온전히 수용될 것이다. 은총은 아버지의 마음에서 솟아나서, 아들로 흘러들어 간다. 그리고 이 양자의 결합 가운데서 은총은 아들의 지혜로부터 흘러나와, 성령의 선성으로 흘러들어 간다. 그리고 성령과 함께 영혼 속으로 보내어진다. 은총은 신의 얼굴(거룩한 삼위일체-퀸트)이다. 그리고 섞이지 않은 채, 성령과 함께 영혼 속으로 각인되어 영혼을 신에 따라 형성한다. 신께서는 이러한 작용을 아무런 도움도 없이 행하신다. 이러한 작용에 도울 수 있을 만큼 그렇게나 고귀한 천사는 없다. 또한, 인간이 아무리 존엄하다고 하더라도 그렇게 할 수 없다. 그런데도 천사가 자기 본성의 고귀성 때문에 그러한 일을 할 수 있다고 하더라도, 신께서는(천사라 하더라도-역자) 어떠한 피조물이 자신을 돕는 것을 견뎌내실 수 없으실 것이다. 왜냐하면, (신께서 피조물이 자신을 돕는 것을 허용하시는-역자) 때는 어떠한 피조물도 영혼에 (결코-역자) 도달할 수 없을 정도로, 그분이 영혼의 자연적 고향 자리를 아득히 넘어 영혼을 고양시킬 때이기 때문이다. 그런데도 천사가 이러한 일을 할 수 있고, 또 신께서도 천사가 이런 일을 할 수 있도록 허용하신다고 해도, 영혼은 이를 무시할 것이다. 왜냐하면, 영혼은 피조물과 섞여 있는 한에서는 모든 것을 거부하기 때문이다. (400쪽) 그런데도 만약 영혼이 이러한 빛(은총-역자) 가운데서 신을 받아들인다는 것을 알지 못하거나 확신하지 못한다면, 그 속에서 (신과-퀸트) 영혼이 하나가 되는 빛(은총-퀸트)조차도 영혼은 거부할 것이다. 왜냐하면, 영혼은 신 자신이 아닌 모든 것을 거부하기 때문이다. 그 까닭에 신께서는 자신의 신부(영혼-퀸트)를 모든 피조물의 존귀함과 고귀함으로부터 사막으로, 곧 자기 자신으로 이끌고 가, 거기서 영혼의 마음에 직접 말씀하시기 때문이다. 곧, 그분은 은총에 있어서 영혼을 자기 자신과 똑같이 만드신다.[456] 우리가 영혼에 대한 다음의 비유를 통해 알 수 있는 것처럼, 이러한 고귀한 일을 위해 우리의 영혼은 자신을 모으고 자신을 (피조물로부터-역자) 닮아 걸어야 한다. 영혼에 대한 비유는 다음과 같다. 곧, 영혼은 심장과 다른 지체들의 도움 없이 신체에 생명을 부여한다는 것이다. — 만약 영혼이 심장의 도움을 받아야만 한다면, 제2의 심장이 있어야만 할 것이다. 그 심장으로부터 영혼은 생명을 받아야 할 것이다. 이같이 신께서는 아무런 매개(도움-역자) 없이 영혼 가운데 은총의 순수한 생명과 선성의 순수한 생명을 불어넣으신다.[457] 마치 우리의 모든 지체가 영혼이 부여하는 생명에 기뻐하듯이, 영혼의 모든 능

---

456) 참조. DW Ⅱ, 456쪽 7행 이하.: DW Ⅲ, 299쪽 8행 이하, 422쪽 5행 이하.
457) 참조. DW Ⅰ, 143쪽 4행 이하.: DW Ⅱ, 214쪽 2행 이하, 405쪽 4행 이하.

력이 우리 주님의 은총의 순수한 흘러 들어옴으로 가득 채워져 기뻐할 것이다. 왜냐하면, 은총과 신의 관계는 햇빛과 해의 관계이기에,[458] 은총은 신과 하나이며 영혼을 신적 존재로 데리고 가서, 영혼을 신적 형상으로 만들어,[459] 영혼이 신적 고귀성을 맛보게 하기 때문이다.[460]

(401쪽) (첫째, -역자) 신적 고귀성을 맛본 영혼은 신이 아닌 모든 것에 냉담하고 역겨워한다.[461] 둘째, 영혼은 최고의 것을 원하기에, 자신 위에 있는 어떤 것도 견뎌낼 수 없다. 심지어 나는 영혼은 자신 위에 있는 신조차도 참아낼 수 없다고 말한다. 만약 영혼이 모든 것을 아득히 넘어 자신의 최고의 자유에 치솟아 올라, 영혼이 순수한 신의 본성에 접할 수 있다면, 신 자신이 영혼으로 들어오시고 영혼이 신 안으로 들어서게 될 때까지 영혼은 절대 쉬지 않을 것이다.[462] 비록 신께서 그분 자신의 고귀성과 본성에 있어서 영혼을 아득히 넘어서 계신다고 해도, 신을 파악하는 게 피조물에게 가능한 한, 영혼은 신을 파악할 때까지 쉴 수 없을 것이다.[463] 따라서 솔로몬은 훔친 물이 다른 물보다 더 많이 달콤하다고 말하고 있다(잠언 9, 17).[464] 곧, 완전한 영혼은 그 어떤 것에도 묶여 있을 수 없고, 모든 것에서부터 벗어나서 모든 걸 넘어서 신적 자

---

458) 참조. DW II, 631쪽 11행 이하.
459) 참조. DW II, 568쪽 1행 이하. : DW III, 428쪽 9행 이하.
460) 참조. DW III, 263쪽 1행 이하.
461) 참조. DW V, 264쪽 16행 이하.
462) 참조. DW III, 268쪽 6행 이하, 241쪽 1행 이하, 281쪽 10행 이하.
463) 참조. DW II, 143쪽 7행 이하.
464) 참조. "훔친 물이 더 달고 몰래 먹는 빵이 더 맛있다!" 잠언 9, 17. 역자.

유에 도달해야 한다는 것이다. 그 가운데 영혼은 큰 기쁨을 느낄 것이다.[465] 셋째, 영혼은 (신적 은총의 물결이 영혼 가운데 불러일으키는 작용 가운데서-퀸트) 바로 영혼이 신적 본성이 수행할 수 있는 가장 큰 행복을 욕망한다는 것이다. 곧, 신적 본성은 (영혼의-퀸트) 최상위의 것 (영혼의 불꽃-퀸트)에 자기 자신을 산출하며 그리고 영혼의 최상위의 것을 자기 자신에 따라 산출하신다. (그렇게 함으로써 신적 본성과 똑같음이 영혼에 부여된다-퀸트). 하늘과 땅에 있어서 가장 큰 기쁨은 이러한 똑같음에 놓여 있다. (402쪽) 신적 본성이 영혼의 최상위의 것에 있어서 불러일으키는 것이 바로 이러한 똑같음이다. 우리가 자신 가운데 신과 똑같음을 지니지 않는 한, 우리는 결코 신을 온전히 따를 수 없다.[466] 우리는 우리가 받은 모든 은총이 신적인가, 그리고 그 은총이 신의 고귀성을 맛 내고 있는가, 그리고 은총이 모든 것에 널리 공유되고 모든 것에 흘러나오는 것인가를 잘 살펴보아야 한다. 은총은 마치 신께서 자신의 선성을 갖고 어떤 방식으로든 그분을 받아들일 수 있는 모든 것으로 흘러나오시는 것처럼, 흘러나온다. 그러므로 우리는 신으로부터 받은 모든 선물을 바깥으로 흘려보내고, 다른 것과 공유해야 한다.[467] 성 바오로는 "우리가 그분으로부터 받지 않은 것이 무엇이 있습니까?"라고 말하고 있다(코린토인에게 보낸 첫째 서간 4, 7).[468] 만약 우리가 다른 사람에게 기꺼이 베풀지 않는 어떤 거라도 갖고 있다면, 우리는 좋

---

465) 참조. DW II, 121쪽 2행, 191쪽 10행 이하.
466) 참조. DW II, 596쪽 3행 이하. : DW III, 425쪽 1행 이하.
467) 참조. DW I, 149쪽 1행 이하. : DW III, 383쪽 2행 이하.
468) 참조. "누가 그대를 남다르게 보아 줍니까? 그대가 가진 것 가운데에서 받지 않은 것이 어디 있습니까? 모두 받은 것이라면 왜 받지 않은 것인 양 자랑합니까?" 코린토인에 보낸 첫째 서간 4, 7. 역자.

은 사람이 아니다. 어떠한 사람이라도 다른 사람에게 정신적인 것과 지극한 행복에 속하는 것을 기꺼이 베풀어 주지 않는다면, 그는 정신적인 사람이 아니다. 우리는 받아들이고 소유하는 데 끝나서는 안 된다. 오히려 우리는 자신을 나누고, 몸과 영혼을 갖고 자신이 소유하고 있는 모든 것을 나누어야 하고, 바깥으로 흘려보내야 한다. 우리가 할 수 있는 만큼 그리고 누군가가 우리에게 원하는 것 무엇이든 우리는 나누어야 한다.[469]

성 바오로는 "인간이 은총으로 자신의 마음을 굳건히 하는 것이 최고의 선이다."라고 말하고 있다(참조. 히브리인에게 보낸 둘째 서간 13, 9).[470] 우리는 이 말에서 세 가지를 주목해야 한다. 첫째, 우리는 어디서 시작해야만 할 것인가? (403쪽) 심장에서 시작해야 한다. (둘째, -퀸트) 무엇을 시작해야 할까? 은총을 갖고서 시작해야 한다. (셋째, - 퀸트) 왜 그러한가? 우리가 좋은 사람으로 머물기 위해, 우리는 심장에서 시작해야 한다. 심장은 몸에 있어서 가장 고귀한 지체이다. 심장은 중심에 자리 잡고 있어, 몸 전체에 생명을 부여하고 있다. 왜냐하면, 생명의 샘은 심장에서 솟아나며, 심장은 하늘과 같은 작용을 한다.[471] 하늘은 끊임없이 돈다. 하늘은 빨리 돌기 위해 둥글어야 한다. 왜냐하면, 하늘은 모든

∙∙∙
469) 참조. DW Ⅰ, 87쪽 9행 이하.
470) 참조. "갖가지 이상한 가르침에 끌려가지 마십시오. 음식에 관한 규정이 아니라 은총으로 마음을 굳세게 하는 것이 좋습니다. 그 규정에 따라 살아간 이들은 아무런 이득을 얻지 못하였습니다." 히브리인에게 보낸 둘째 서간 13, 9. 역자.
471) 참조. DW Ⅲ, 217쪽 7행 이하.

피조물에 그 존재와 생명을 부여하기 때문이다. 만약 하늘이 한순간이라도 멈춘다면, ― 우리가 손으로 불을 쥔다고 하더라도 불이 우리를 태우지 못할 것이며, 강물도 흐르지 않을 것이며, 모든 피조물도 힘을 온전히 잃어버리게 될 것이다. 실로 영혼과 하늘이 없다면, 모든 피조물은 깡그리 사라질 것이다. 마치 그것들이 있지 않았던 것처럼 그렇게 될 것이다.[472] 하지만 하늘은 이러한 힘을 자기 자신으로부터 갖는 게 아니라, 하늘을 움직이는 천사로부터 갖는다. 모든 피조물이 유형적인 모습으로 창조물로 만들어지기 이전에, 모든 피조물의 모든 상과 원형(alle bilde und glichnisse, 이념들―퀸트)이 천사에 의해 창조되었다고 나는 자주 말해 왔다. 따라서 천사는 자신의 생명과 자신의 능력을 하늘에 쏟아붓고, 하늘을 끊임없이 돌게 한다. 그리고 하늘과 함께 피조물에서의 모든 생명체와 모든 능력을 불러일으킨다.[473] 내 마음속에 지니고 있는 내 뜻을 펜으로 글자를 써서 편지를 작성하고 그 편지를 다른 사람에게 보내, 그것을 읽게 함으로써 내 뜻을 알리는 것처럼, ― 천사는 하늘을 돌림으로써 자신이 신으로부터 받은 모든 피조물의 원형을 자기 뜻을 지니고 모든 피조물에 쏟아붓는다. 또한, 하늘은 중심에 있어 모든 방향에 있는 것에 똑같이 가깝다. 이같이 인간의 심장도 거의 둥글며, 끊임없이 순환한다. 심장은 고동치면서 끊임없이 작동한다. 그래서 만약 심장이 두 동가리 나거나, 한순간이라도 돌기를 중단하면, 인간은 그 즉시 죽는

・・・

472) 불, 물 등 모든 원소의 활동성은 하늘의 빠른 순환으로 인해 작용한다. 따라서 하늘이 순환을 정지하면, 모든 원소의 능동적 작용은 소멸한다는 그 당시의 유기체론적 사고방식이다. : 참조. 참조. DW Ⅱ, 326쪽 5행, 75쪽 2행 이하. : LW Ⅱ, 76쪽 3행 이하.
473) 참조. DW Ⅱ, 75쪽 2행 이하, 556쪽 1행, 568쪽 18행 이하, 221쪽 3행 이하.

다. 따라서 우리가 스트레스 가운데 있으면, 우리의 얼굴은 창백하게 된다. 왜냐하면, 자연(의 능력-퀸트)과 피는 모든 몸의 지체로부터 물러나, 심장으로 흘러가서 심장에 모이고자 하기 때문이다. 그 까닭은 생명의 샘은 심장에 있기 때문이다. 그 까닭에 어떠한 위험이 신체에 가해지더라도, 그 위험이 무엇보다도 심장에 도달하지 못하게끔, 심장은 몸 안 중심에 있다. 우리가 다른 사람이 우리를 때리거나 찌르거나 하지 않을까 걱정될 때, 우리는 양손을 (무엇보다도 먼저-역자) 심장 앞으로 가져간다. 우리는 (부지불식간에-역자) 심장을 가장 많이 걱정한다.[474] (404쪽) 은총도 이와 똑같다. 신께서는 은총을 끊임없이 영혼의 가장 깊은 중심 내면에 심어 놓는다.[475] 그래서 어떠한 장애가 우리의 몸이나 영혼에 닥쳐오더라도, 은총이 잃어버리게 되지 않게끔 그래서 은총이 보호되게끔 그렇게 하신다. 그래서 우리는 영원한 지복의 삶이 매달려 있는 은총을 잃어버리기 전에, 우리는 우리 자신과 신이 아닌 모든 것을 은총 앞에다 갖다 놓아야 한다. 우리가 은총에 있어서 방해받기 전에, 우리가 기꺼이 포기하지 않으려고 할 만큼, 결코 더 사랑스럽거나 더 마음에 무척 드는 어떤 게 없어야 한다는 의지를 우리가 갖고 있는 한, — 우리가 그렇게 서 있는 한, 우리는 우리의 완전성 안에 서 있게 되는 것이다. 왜냐하면, 선한 의지는 선한 사람을 만들기 때문이다. 그리고 완전한 의지는 완전한 사람을 만들기 때문이다. 우리는 모든 (사물의-역자) 선성에 따라 모든 것을 사랑하기 때문이다. 모든 사람 가운데서 가장 사랑스러

---

474) 참조. DW Ⅲ, 400쪽 6행 이하, 403쪽 2행 이하. : DW Ⅱ, 472쪽 6행 이하.
475) 참조. DW Ⅱ, 95쪽 2행.

운 사람이 되고자 하는 사람은 모든 사람 가운데서 최고로 선한 사람이어야 한다. 우리가 더 선하게 되면 될수록, 우리는 더욱 더 많이 신으로부터 사랑받는 법이다

신이시여, 이러한 진리로 우리를 이끄소서. 아멘.

설교 82(Pf. 62, QT. 54)

이 아기가 과연 무엇이 될 것인가? 주님의 손길(손)이 그 아이와 함께 하시도다.
Quis, putas, puer iste erit? Etenim manus domini cum ipso est.

− 루카 1, 66[476]

(442쪽) "이 아기에게 어떠한 놀라운 일(Waz wunders)이 일어나게 될 것인가? 주님의 손길(손)이 그 아이와 함께 하시도다."[477]

이 성경 구절에서 우리는 세 가지를 주목해야 한다.[478] 첫째, 복음사가 루카가 "주님의 손길(손)이 그 아이와 함께 하시도다."라고 말할 때, 기술자의 존귀함(die wirdicheit des werkmeisters)을 주목해야 한다. '신의 손길(손)'은 두 가지 것으로 인해 성령을 뜻한다. 첫째, 우리는 손을 갖고 모든 일을 행한다. 둘째, 손은 몸과 그리고 팔과 하나이다. 우리가 손을 갖고 행하는 모든 일은 심장에서 솟아나서 몸의 지체를 거쳐 손

---

476) 참조. "소문을 들은 이들은 모두 그것을 마음에 새기며, '이 아기가 대체 무엇이 될 것인가?' 하고 말하였다. 정녕 주님의 손길이 그를 보살피고 계셨던 것이다." 루카 1, 66. 역자.
477) 퀸트에 따르면, 세례자 성 요한의 탄생 축일(6월 2일) 미사때의 복음이다. 역주.
478) 설교의 주요한 구성 요소는 1. 기술자의 존귀함, 2. 성령의 작용, 3. 놀라운 일 등이다.

에서 완수된다. 따라서 우리는 이 성경 구절에서 거룩한 삼위일체를 주목할 수 있다. 곧, 아버지는 심장과 몸에서 인식할 수 있다. 비록 영혼이 모든 지체에 완전히 있다고 하더라도, 영혼이 가장 큰 지체에서와 마찬가지로 가장 작은 지체에도 완전히 있다고 하더라도, 영혼의 존재는 무엇보다도 먼저 심장에 있다. 곧, 영혼의 존재와 모든 일의 원천은 우선 심장에 있다. (423쪽) ― 그러므로 아버지는 시작이며, 모든 신적 작용의 원천이다. 반면에 아들은 팔에 비유된다. 마니피캇(magnificat)[479]에서 '그분은 당신의 팔로 권능을 떨치시어'라고 쓰여있듯이, 그러하다.[480] 그래서 신적 능력은 몸에서부터 그리고 팔을 거쳐 손으로 나아간다. 그래서 성령은 손으로 비유된다.[481] 영혼이 신체와 유형적인 것과 결부되어 있듯이, 영혼에 드러나야만 하는 정신적 사물은, 영혼이 정신적 사물을 인식하기 이전에, 그 정신적 사물은 반드시 유형적이고 신체적인 것과 결부되어 있어야 한다. 따라서 우리는 성령은 '손'을 통해 보여주고자 한다. 이 손이 이 '아이'에게 작용하였다.

∙∙∙

479) 복된 동정녀 마리아가 천사로부터 예수의 잉태를 예고받고 예수를 잉태한 몸으로 엘리사벳을 방문하여 부른 노래(루가 1:46-55). 하느님께서 자신을 통하여 역사하신 위대한 일과 이스라엘에 베푸신 구원에 감사하고 찬양한 내용이다. "내 영혼이 주님을 찬양하며 …"(루가 1:46)로 시작되는 이 노래는 불가타 역본에서 '찬양한다'를 뜻하는 라틴어 마니피캇(magnificat)으로 시작되므로 마니피캇이 마침내 이 노래를 지칭하는 곡명이 되었다. 이는 성무일도에 인용되어 있고 전례를 집전하는 여러 경우에 곡을 붙여 부르기도 한다. 마니피캇의 내용은 세 부분으로 나눌 수 있다. 마리아가 구세주 하느님을 찬양하고(1:46-50), 이스라엘에 베푸신 하느님의 업적을 회상하며(1:51-53), 아브라함에게 예언한 하느님의 계획이 자신을 통하여 이루어졌음을 감사하는 내용(1:54-55)이 그것이다. goodnews@catholic.or.kr, 가톨릭대사전.

480) 참조. "그분께서는 당신 팔로 권능을 떨치시어 마음속 생각이 교만한 자들을 흩으셨습니다." 루카 1, 51. 역자.

481) 참조. DW II, 537쪽 4행 이하. : DW III, 399쪽 2행 이하, 403쪽 2행 이하, 217쪽 7행 이하.

(424쪽) 첫째로, 우리는 신께서 그 안에 작용하시는 우리 인간이 어떠해야 하는지에 주목해야 한다. 복음사가 성 루카가 '아이'라고 말할 때, 이 '아이'라는 말은 어떠한 잡티도 없는 순수하고 맑은 공기를 뜻한다. 따라서 성령이 영혼 안에 작용할 수 있게끔, 영혼은 맑고 순수해야 한다. 지혜로운 스승이 "영원한 지혜는 시온에 거처하고 그 지혜의 휴식은 순수한 도읍에 있을 수밖에 없다."라고 말하고 있다(집회서 24, 10-11).[482] '시온'은 높이 있는 것 또는 망루를 뜻한다.[483] 그러므로 (첫째-역자) 영혼은 모든 소멸하고 마는 사물들 위로 드높여져야 한다. 둘째, 영혼은 모든 지나가는 사물과 변화무상한 사물들에서부터 벗어나야 한다. 셋째, 영혼은 곧 다가올 장애를 막기 위해 미리 내다보는 망루이어야 한다.

(425쪽) 둘째로 우리는 영혼 가운데 성령의 작용을 주목해야 한다. 만약 우리가 일하고 있는 것과 우리 사이에 동일성을 발견하지 못한다면, 우리는 절대 기쁘게 일할 수 없을 것이다. 내가 한 사람을 인도해야 할 때, 그 사람이 만약 나와 동일성을 자신 안에 느끼지 못한다면, 그 사람은 나를 절대 기쁘게 따르지 않을 것이다. 왜냐하면, 어떠한 운동도 어떠한 일도 동일성이 없이는 기쁘게 행해질 수 없기 때문이다. 신을 따르는 사람들도 사정은 이와 마찬가지이다. 모든 사람은 원하든 원하지 않든, 신을 따라야만 한다. 만약 우리가 신을 기꺼이 따른다면, 우리는 기

---

482) 참조. "나는 거룩한 천막 안에서 그분을 섬겼으며 이렇게 시온에 자리 잡았다. 그분께서는 이처럼 사랑받는 도성에서 나를 쉬게 하셨다. 나의 권세는 예루살렘에 있다." 집회서 24, 10-11. 역자.
483) 참조. DW II, 259쪽 1행 이하.

쁨에 가득 찰 것이다. 하지만 우리가 신을 어쩔 수 없이 따른다면, 우리는 고통으로 가득할 것이고, 고통만 뒤따를 것이다.[484] 따라서 신께서 영혼에 대해 갖는 호의와 사랑으로부터 신께서는 영혼이 창조되던 시점부터 신적 빛을 영혼에 부여하신다. 신께서 자신과 똑같은 것(영혼의 작은 불꽃-역자) 안에서 기쁘게 작용하기 위해서 그렇게 하신다.[485]

어떤 피조물도 그 자신 안에 지니고 있는 능력을 넘어서 작용할 수 없다. 따라서 영혼은 신께서 자신에게 주신 빛(영혼의 최상위의 이성, 영혼의 작은 불꽃-역자)을 갖고 자기 자신을 넘어서 작용할 수 없다. 왜냐하면, 그 빛은 영혼에 속한 것이기 때문이다. 곧, 신께서 이 빛을 신부에게 주는 선물로서 영혼의 최상위의 능력에 부여하셨기 때문이다. 비록 이러한 신의 빛이 (신과의-역자) 동일한 것이라 하더라도, 이 빛(영혼의 최상위의 이성, 영혼의 작은 불꽃-역자)은 여전히 신으로부터 창조된 것이기 때문이다.[486] 창조주는 하나이고, 빛(영혼의 최상위의 이성, 영혼의 작은 불꽃-역자)은 또 다른 것이며, 피조물이기 때문이다. 곧, 신께서 피조물을 창조하시기 이전에, 신만 계셨기에 빛만 있었고 어둠은 전혀 없었기 때문이다. 따라서 사랑이 영혼을 드높여, 영혼이 자기 자신을

---

484) 참조. DW Ⅰ, 188쪽 3행 이하. : DW Ⅱ, 596쪽 3행 이하. : DW Ⅲ, 401쪽 13행 이하.
485) 참조. DW Ⅰ, 39쪽 2행 이하.
486) 이는 에크하르트를 곤경에 빠뜨린 그 유명한 '영혼의 작은 불꽃'에 대한 논의이다. 여기서 그는 이 작은 불꽃이 창조되었다고 말하고 있다. 이러한 그의 주장은 '영혼의 작은 불꽃'은 창조되지 않았다고 말하는 설교 22의 주장과 다르다(『M. 에크하르트 중세 고지 독일어 작품집 Ⅰ』, 이부현 역주, 메타노이아, 2023. 275-276쪽 참조. * 이하에서는 M. 에크하르트 중세 고지 독일어 작품집 Ⅰ로 줄임). 여기서 아마도 이단 혐의를 염두에 두고 조심스럽게 말하고 있는 듯하다. 아마도 이 작품은 말년에 쾰른에서 행해진 설교로 추정된다. Walshe, 115쪽 각주 7 참조.

작품집 Ⅱ의 텍스트와 이 4부의 텍스트를 꼼꼼하게 대조해보고, 작품집 Ⅰ, 작품집 Ⅱ, 작품 Ⅴ 그리고 라틴어 작품집들과의 주의 깊은 검토를 통해 에크하르트의 참된 작품으로 인정된 설교들

넘어서 작용할 수 있게끔, 신께서는 사랑을 갖고서 영혼에 오신다. 하지만 사랑이 동일성을 발견하지 못하거나, 동일성을 만들어 내지 못하는 곳에서 사랑은 절대 존재할 수 없다. 신께서 영혼 가운데서 자신과의 동일성을 발견하면 발견하는 만큼, 신께서는 더 많이 사랑을 갖고 영혼을 넘어서 작용하신다.[487] 신께서는 무한하시기에, (427쪽) (영혼에 대한-퀸트) 그분의 사랑도 무한하다. 만약 우리가 천년 또는 그 이상 산다면, 우리는 사랑에 있어서 (계속-역자) 증대할 수 있을 것이다. 이는 우리가 다음과 같은 불에서의 비유를 통해 잘 인지할 수 있다. 불은 목재가 있는 한, 계속 탄다. 불이 커지고 바람이 강하게 부는 한, 불은 (점점 더-역자) 커지게 마련이다. 따라서 우리는 불을 갖고 사랑을 이해하고자 하고, 바람을 갖고 영혼 가운데 성령의 작용이라는 관점에서 성령을 이해하고자 한다. 그래서 영혼 가운데 사랑이 커지면 커질수록, 그리고 성령의 바람이 더 많이 불면 불수록, 불은 더욱 더 완전해진다. 하지만 이런 일은 한방에 일어나는 것이 아니라, 영혼의 성장과 발맞추어 서서히 일어난다. 우리가 단번에 불붙으면, 이는 좋은 일이 아닐 것이다. 따라서 성령은 천천히 불어온다. 우리가 천년이나 산다면, 우리는 사랑에 있어서 (계속-역자) 성장할 수 있을 것이다.[488]

셋째로, 복음사가 성 루카가 "이 아기에게 어떠한 놀라운 일(Waz wunders)이 일어나게 될 것인가?"라고 말할 때, 신께서 영혼 가운데 작

---

487) 참조. DW Ⅰ, 174쪽 4행 이하.
488) 참조. DW Ⅱ, 341쪽 12행 이하.

용하시는 놀라운 일을 이 성경 구절에서 주목해야 한다. 작품이 완전히 이루어지려면, 기술자가 일할 수 있도록 모든 도구가 충분히 갖추어져야 한다. 인간은 신의 도구이다. 도구는 기술자의 고귀성에 발맞추어 작동해야 한다.[489] 따라서 성령이 영혼 가운데 일하고 계신다는 게 영혼을 만족시키지 않는다. (428쪽) 왜냐하면, 성령은 영혼의 본성이 아니기 때문이다. 나는 신께서 그분 자신과 같은 그리고 그분 자신의 본성인 것과 같은 신적 빛을 영혼에 주신다고 자주 말했다. 그리고 그 빛을 영혼에게 고유한 것으로 주셨기에, 그 빛은 영혼의 한 부분이라고 자주 말했다. 그분이 영혼 가운데 기쁨에 겨워 작용하실 수 있게끔 그렇게 하신다고 자주 말했다.[490] 이는 빛의 영향을 받는 질료의 고귀성에 따라 작용하는 빛에서 우리가 다음을 인식하는 것과 같다. 곧, 빛(자연적인 해의 빛-역자)이 목재에 떨어지면, 자신의 고유한 작용인 열기와 불을 일으킨다. 그러나 빛(자연적인 해의 빛-역자)이 나무와 습기 찬 사물에 떨어지면, 빛은 열기나 불 등 자신의 고유한 작용을 일으키지 않고, 그것들을 성장시킨다. 곧, 그것들을 푸르게 하고 열매 맺게 한다. 빛(자연적인 해의 빛-역자)이 살아 있는 피조물에 떨어지면, 빛은 죽은 사물로부터 생명을 불러일으킨다. 마치 풀을 뜯어 먹는 양의 눈과 귀가 풀로부터 생겨나는 것과 같다.[491] 이 빛(이때는 은총의 빛-역자)이 인간에 떨어지면, 이 빛은 지복을 불러일으킨다. 이는 신의 은총으로부터 비롯된다. (429쪽) 이 빛은 영혼을 신께로 고양시키고, 영혼을 신과 하나이게 하고, 영혼을

---

489) 참조. DW I, 114쪽 2행 이하.
490) 참조. Proc. Col. I n. 25.
491) 참조. DW I, 215쪽 5행 이하. : DW II, 474쪽 2행 이하.

신의 모습(gotvar)이게 한다.[492] 영혼이 신적이고자 한다면, 영혼은 (신이 계신 곳까지-역자) 높아져야만 한다.[493] 이는 우리가 높은 탑에 이르고자 하면, 우리는 그 탑만큼 높아져야 한다는 것과 같다. 이처럼 은총은 영혼을 신께로 드높여야 한다. 은총이 하는 일은 영혼을 (위로-역자) 끌어올리고, 끝까지 (위로-역자) 끌어올리는 일이다. 그 때문에 은총을 따르지 않는 사람은 불행하다. 하지만 영혼은 은총이 하는 일에 만족하지 않는다. 왜냐하면, 은총은 피조물이기 때문이다. 영혼은 신께서 자기 자신의 본성에 있어서 작용하시는 곳에 이르러야만 한다. 거기서는 기술자는 도구의 고귀성에 따라 작용한다. 곧, 자기 자신의 본성에 있어서 작용한다. 거기서 작품은 기술자와 똑같이 고귀하다. 거기서는 쏟아 붓는 자와 쏟아 부어지는 자는 온전한 하나이다.[494] (430쪽) 성 디오니시우스는 가장 높이 있는 것들은 가장 낮은 것들로 자신을 쏟아붓고, 가장 낮은 것들은 가장 높은 것들로 자기를 쏟아부어, 가장 높은 것들과 하나가 된다고 말하고 있다.[495] 이같이 영혼은 신과 하나가 되어야 하고, 신 안에 둘러싸여야 한다. 거기서는 은총은 영혼에서 벗어난다. 거기서는 영혼은 더는 은총과 작용하지 않고, 신 안에서 신적으로 작용한다. 거기서 영혼은 놀라운 방식으로 황홀하게 되며, 자기 자신을 망각한다. 이는 마치 누군가가 한 방울의 물을 술이 가득 찬 술통 안에 붓는 것과 같다. 그래서 영혼은 자기 자신에 대해 더는 알지 못하며, 자신이 신이라고 생

---

492) gotvar의 원래 뜻은 신의 색깔이라는 뜻이다. Walshe, 116쪽 각주 10 참조.
493) 참조. DW Ⅱ, 124쪽 5행 이하, 568쪽 1행 이하. : DW Ⅲ, 400쪽 12행 이하.
494) 참조. DW Ⅰ, 367쪽 1행 이하.
495) 참조. Dionysius Areopagita, De cael. hier. c. 7. § 3, PG 3, 209A.

각하게 된다.[496) 여기에 대해 나는 그대들에게 한 이야기를 더 하고자 한다. 한 추기경이 성 베른하르트에게 "왜 내가 신을 사랑해야 하며, 그리고 어떤 방식으로 신을 사랑해야 합니까?"라고 물었다.[497)] (431쪽) 성 베른하르트는 "이를 그대에게 말하겠다. 신 (자신이-퀸트) 우리가 그분을 사랑해야 하는 근거이다. 그리고 (이러한 사랑의-퀸트) 방식은 방식이 없다(âne wîse)."라고 답했다. 왜냐하면, 신은 무(niht)이기 때문이다. 이는 그분이 존재 없이 계신다는 말이 아니라, (오히려-퀸트) 우리가 언표할 수 있는 이러한 것도 저러한 것도 아니라는 말이다. 그분은 모든 존재를 넘어서 계신 존재(ein wesen ob allen wesen)이다. 그분은 존재 없는 존재(ein wesen weselôs)이다. 따라서 우리가 그분을 사랑하는 방식은 방식이 없다. 그분은 우리가 말로 표현할 수 있는 모든 것을 넘어서 계신다.

신이시여, 우리가 이러한 완전한 사랑에 도달할 수 있도록, 우리를 도우소서. 아멘.

---

496) 참조. DW III, 387쪽 1행 이하. : DW V, 269쪽 3행 이하.
497) 참조. Bernhard v. Clairvoux, De diligendo deo c. 1 n. 1, PL 182, 974.

설교 83(Pf. 99, QT. 42)

정신이 새롭게 되어야 한다.
Renovamini spiritu.

− 에페소서 4, 23[498]

(437쪽) 마음(gemúte)이라고도 불리고 "정신(mens)이라고도 불리는 너희들의 영(geiste)에 있어서 그대들은 새롭게 되어야 한다." 성 바오로가 이렇게 말하고 있다.[499]

이제 아우구스티누스는 신께서는 영혼의 존재와 함께 여기서 '정신' 또는 '마음'이라 불리는 영혼의 최상위의 부분에 스승들이 정신적 형상들 또는 형상적 상들(이념들−퀸트)의 그릇 또는 상자라 부르는 능력을 창조하셨다고 말하고 있다. 이러한 능력(아우구스티누스에 따르면, 기억−역자)은 영혼과 아버지를 같게 한다. 아버지는 자신의 신성을 흘려보내심으로써 그분은 자신의 신적 존재의 재보(財寶) 모두를 위격의 차

---

498) 참조. "여러분의 영과 마음이 새로워져," 에페소서 4, 23. 역자.
499) 퀸트에 따르면 삼위일체 축일 이후 19번째 일요일 미사 때의 독서이다. 여기서 거론되는 정신, 마음 등은 에크하르트가 말하는 영혼의 작은 불꽃, 영혼의 근저라 부르는 것과 같다. 역주.

이 속에 있는 아들로 그리고 성령으로 쏟아부으셨다. 이는 마치 영혼의 기억이 그 자신의 상들의 재보를 (그 밖의 다른-퀸트) 영혼의 능력 안으로 쏟아붓는 것과 같다. 하지만 비록 영혼이 이 능력을 갖고 상을 지닌 것(bildekeit)을 직관한다고 하더라도, — 영혼은 한 천사의 상 또는 천사가 지니고 있는 고유한 상을 직관한다고 하더라도 — 이러한 것은 영혼에 다소 미흡하다. 영혼이 (신성이 아니라,-퀸트) 신인 한, 신으로 또는 상인 한, 신으로 또는 세 위격인 한, 신으로 신을 인식한다고 하더라도 — 이 또한 영혼에는 미흡하다. 하지만 이 모든 상이 영혼에서 떠나 있다면, 그리고 영혼이 오직 하나인 하나(einig ein)만 직관한다면, 영혼의 순수한 존재는 모든 것을 넘어서 있는 존재인 순수하고 모든 형상에서부터 벗어나 있는 신적 단일성의 존재를 발견할 것이다. (438쪽) 영혼은 자기 자신 가운데 머물러 쉬면서 수동적으로 신의 닥쳐옴을 당할 것이다.[500] 오, 놀랍고도 놀랍도다. 얼마나 고귀한 당당함인가. 영혼의 존재가 오직 순수한 신의 하나임 이외에 그 어떤 다른 것도 겪지(당하지) 않으니 말이다!

이제 성 바오로는 "너희들의 영(정신, geiste)에 있어서 그대들은 새롭게 되어야 한다."라고 말하고 있다. 새로움(núwekeit)은 신 아래 있는 모든 피조물이 겪는 것이다.[501] 그러나 신 (자신-퀸트)은 어떠한 새로움도 겪지 않으신다. 그분은 (항상-퀸트) 영원하실 따름이다. 영원성이 무

---

500) 참조. DW V, 255쪽 8행 이하.
501) 이때 '새로움'은 젊어진다는 긍정적 의미보다는 변화한다는 부정적 의미를 해석해야 할 것 같다.

엇인가? 주목하라. 영원성의 속성은 존재와 젊음이 항상 하나라는 것이다. 왜냐하면, 만약 영원성이 새롭게 될 수 있다면, 그리고 항구적이지 않다면, 영원성은 영원하지 않을 것이기 때문이다.[502] (하지만-퀸트) 이제 나는 새로움은 천사에게도 떨어진다고 말한다. (440쪽) 특히 미래의 일의 관점에서 그러하다. 왜냐하면, 신께서 천사에게 미래를 알려주는 한, 천사는 미래의 것을 알기 때문이다. 또한, 영혼이 영혼이라 불리는 한, 새로움은 영혼에도 떨어진다. 왜냐하면, 영혼이 신체에 생명을 주고, 신체의 (능동적-역자) 형상인 한, 영혼은 영혼이라 불리기 때문이다. 영혼이 이러한 의미에서 정신(geist)이라 불리는 한, 새로움은 역시 영혼에도 해당한다.[503] 영혼은 여기와 지금 그리고 모든 자연적인 것(naturelicheit)에서부터 떠나 있기에, 영혼은 정신이라고도 불린다.[504] 영혼은 (이러한 의미에서 정신일 경우-역자) 신의 모습(상, bilde)이며, 신처럼 이름이 없다.[505] 거기서는 영혼은 어떠한 새로움에도 떨어지지 않고, 오히려 신처럼 오로지 영원성에 머문다.

(441쪽) 이제 주목하라! 신은 이름이 없다. 왜냐하면, 누구도 그분에 관해 말하거나 이해할 수 없기 때문이다. 그래서 이에 대해 이교도 스

---

502) 참조. DW Ⅱ, 459쪽 72행 이하, 324쪽 1행 이하.
503) 참조. DW Ⅰ, 53쪽 1행 이하.
504) 아리스토텔레스의 『영혼론』에 따르면, 한편으로는 영혼은 신체의 능동적 형상이므로, 영혼은 신체와 절대 분리될 수 없다. 그러나 다른 한편, 영혼은 정신으로서 신체와 분리될 수 있다. 곧, 정신은 신체의 영향을 받지 않으며, 신체와 분리(separata)될 수 있다. 에크하르트는 영혼의 양면을 여기서 말하고 있다. 역주.
505) 참조. DW Ⅱ, 31쪽 5행 이하, 329쪽 1행, 330쪽 1행 이하, 341쪽 2행 이하. : DW Ⅲ, 337쪽 5행 이하.

승이 최초의 원인에 대해 우리가 이해하거나 말하는 것은 최초의 원인에 대해서라기보다는 오히려 우리 자신에 대해 말하는 것이다. 왜냐하면, 최초의 원인은 모든 언명과 이해를 넘어서 있기 때문이라고 말하고 있다.[506] 이제 내가 만약 "신은 선하다."라고 말한다면, ― 그것은 참이 아니다. 오히려 내가 선하다. 반면에 신은 선하지 않다! 나는 그것을 넘어 "나는 신보다도 더 선하다."라고 말할 수도 있다. 왜냐하면, 선한 것은 더 선할 수 있기 때문이다. 그리고 더 선한 것은 가장 선한 것이 될 수 있기 때문이다. (하지만-퀸트) 신은 선하지 않다. 그 까닭에 그분은 더 선할 수가 없다. 그리고 그분은 더 선할 수가 없기에, 가장 선할 수도 없다. 왜냐하면, 신은 이러한 세 가지 곧, 선한 것, 더 선한 것, 가장 선한 것 등과는 거리가 멀다. 왜냐하면, 그분은 이런 모든 것을 넘어서 계시기 때문이다. 만약 내가 "신은 지혜로우시다."라고 말한다면, ― 그것은 참이 아니다. (이 경우-역자) 내가 신보다 더 지혜롭다![507] (441쪽) 내가 또한 만약 "신은 존재이다."라고 말한다면, ― 그것은 참이 아니다. 그분은 존재를 아득히 넘어 계신다. 그분은 존재를 넘어 존재하는 무(nitheit)이시다. 여기에 관해 성 아우구스티누스는 "우리가 신에 관해 말할 수 있는 가장 아름다운 일은 우리가 내적 풍요로움의 지혜에 가득 차서 침묵할 수 있는 것이다."라고 말하고 있다.[508] 따라서 침묵하고 신에 대해 (함부로-역자) 지껄이지 마라. 왜냐하면, 그대가 신에 관해 지

---

506) 참조. Liber de causis prop. 6, prop. 22. : DW Ⅰ, 329쪽 1행 이하, 346쪽 3행 이하. : DW Ⅱ, 190쪽 4행 이하.
507) 참조. DW Ⅰ, 148쪽 5행 이하.
508) 참조. DW Ⅴ, 292쪽 2행 이하.

껄임으로써 그대는 거짓을 말하고, 죄를 짓기 때문이다. (그와 달리-역자) 그대가 죄 없이 완전하게 있고자 원한다면, 신에 관해 지껄여대지 마라. 그대는 신에 대해 인식하고자 하지도 말아야 한다. 왜냐하면, 신은 모든 인식을 넘어서 계시기 때문이다.[509] 한 스승(아우구스티누스-역자)은 이해할 수 있는 신을 내가 만약 갖고 있다면, 나는 그 신을 결코 신으로 여기지 않을 것이라고 말하고 있다.[510] (443쪽) 그대가 신에 대해 어떤 것을 인식한다고 하더라도, 그것은 그분이 아니다. 그대가 신에 관해 어떤 것을 인식함으로써, 그대는 무-인식(unverstandenheit)으로 떨어질 것이다. 그리고 이러한 무-인식을 통해 그대는 동물적인 것으로 떨어질 것이다. 왜냐하면, 피조물에 있어서 인식하지 못하는 것이 바로 동물적이기 때문이다. 만약 그대가 이제 동물적인 것으로 되지 않으려고 한다면, 말로 언표할 수 없는 신에 대해 아무 것도 인식하지 말아야 한다.[511] — 아, 그렇다면, 나는 과연 어떻게 해야 하나요? — 그대는 그대의 그대임(diner dinisheit)에서 온전히 벗어나서 그분의 그분임(sine sinesheit)으로 해체되어야 한다. 그래서 그대의 그대임과 그분의 그분임이 온전히 나의 것이 되도록 해야 한다. 그때 그대는 그분의 생성되지 않는(변화하지 않는-역자) 그분의 존재(sin ungewordene istikeit)와 이름 없는 그분의 무(sin ungenanten nitheit)를 그분과 함께 인식하게 될 것이다.[512]

∙∙∙

509) 참조. DW II, 533쪽 6행 이하.
510) 참조. Augustinus, Sermo 117 c, 3 b, 5, PL 38, 663.
511) 참조. DW II, 179쪽 7행 이하, 556쪽 4행 이하.
512) 참조. DW I, 239쪽 8행 이하, 197쪽 4행 이하. : DW II, 107쪽 4행 이하. : DW III, 281쪽 2행 이하. : DW V, 298쪽 4행 이하.

(444쪽) 이제 성 바오로는 "너희들의 영(정신, geiste)에 있어서 그대들은 새롭게 되어야 한다."라고 말하고 있다. 만약 우리가 정신에 있어서 새롭게 되고자 한다면, 영혼의 여섯 가지 능력, 곧, 최상위의 (3개의-역자) 능력과 최하위의 (3개의-역자) 능력 각각이 신적 사랑의 금으로 덧칠해진 금반지를 가져야 한다. 주목하라! 최하위의 능력들은 세 개다.[513] (445쪽) 최하위의 능력 가운데 첫 번째 능력은 분별하는 능력인 오성(bescheidenheit, rationalis)이다. 이 오성에 있어서 그대는 황금 반지, 곧 빛을 가져야 한다. 그래서 그대의 분별하는 능력인 오성이 신적 빛에 의해 항상 끊임없이 비치도록 해야 한다. 두 번째 능력은 분노하는 능력(zurnerin, Irascibilis)이다. 이 능력에 있어서 그대는 금반지 곧, 평화를 가져야 한다. "왜 그러한가?" — 그대가 평화 가운데 있는 한, 그대는 신 가운데 있기 때문이다. (그와 달리-역자) 그대가 평화 바깥에 있는 한, 그대는 신 바깥에 있기 때문이다.[514] 세 번째 능력은 욕망(begerunge, Concupiscibilis)이다. 이 능력에 있어서 그대는 금반지 곧, 자기만족이라는 금반지를 껴야 한다. 그래서 그대는 신 아래 있는 모든 피조물에 만족해야 한다. 그러나 그대는 신에는 결코 만족해서는 안 된다. 왜냐하면, 그대는 신을 충분히 가질 수 없기 때문이다. 그대가 신을 더

•••

513) DW Ⅱ, 141쪽 5행에 따르면, 최상위의 능력은 3개이다. 곧, 이성적 인식(bekanntnisse), 위로 솟구쳐 오르는 능력인 분노하는 능력(irascibilis), 그리고 의지(wille)이다. 이는 아리스토텔레스가 말하는 영혼의 능력 곧, 이성적 인식, 분노하는 능력, 그리고 욕망(concupiscibilis)에 준하는 분류법이다. 하지만 여기서 에크하르트는 최하위의 능력을 분별하는 오성(rationalis)과 분노하는 능력(irascibilis) 그리고 욕망(concupiscibilis)으로 분류하고, 최상위의 능력을 기억(memoria), 직관하는 이성(intellectus), 의지(voluntas)로 분류하고 있다. 역주.
514) 참조. DW Ⅰ, 231쪽 6행 이하, 118쪽 2행 이하. : DW Ⅱ, 141쪽 6행 이하. : DW Ⅴ, 308쪽 4행 이하.

욱 더 많이 가지면 가질수록, 그대는 더욱 더 그분을 목말라 할 것이다. 만약 그대가 신을 충분히 가진다면, 그래서 그대가 신에 만족한다면, 그때 신은 신이 아닐 것이다.[515]

(446쪽) 또한 최상위의 능력 각각도 금반지를 가져야 한다. 최상위의 능력도 또한 세 개다.[516] 첫 번째 능력은 저장하고 보존하는 능력, 곧 기억(memoria)이다. 우리는 이 능력을 삼위일체 중 아버지(성부)에 비유한다. 이 능력에서 그대는 금반지 곧, 그대는 영원한 사물들(사물들의 영원한 이념들-퀸트)을 그대 가운데 보존해야 한다는 의미에서 '보존'(enthalten)이라는 금반지를 껴야 한다. 두 번째 능력은 이성(ver-stendikeit) 곧, Intellectus이다. (447쪽) 우리는 이 능력을 아들(성자)에 비유한다. 이 능력에 있어서 그대는 금반지 곧, 그대가 신을 항상 인식해야 한다는 '인식'(bekantnis)이라는 금반지를 껴야 한다. ─ "그렇다면, 어떻게 신을 인식할 수 있다는 말인가?" ─ 그대는 상(相, 이성상 species intellectualis 이나 감각상 species sensibilis-역자)도 없이, 어떠한 매개(mittel)도 없이, 그리고 어떠한 유사한 상(glicheit)도 없이, 신을 인식해야 한다. 만약 내가 이러한 방식으로 어떠한 매개도 없이 신을 인식한다면, 나는 단적으로 그분이 되고, 그분은 단적으로 내가 될 수

⋯

515) DW II, 493쪽 3행 이하, 420쪽 5행 이하.
516) 여기서 에크하르트는 아우구스티누스에 따라 최상위의 능력을 기억(memoria), 직관하는 이성(intellectus), 의지(voluntas)로 나누고 있다. 아우구스티누스는 기억은 성부에, 이성은 성자에, 의지는 성령에 해당시키고 있다. 역주. 참조. Augustinus De trin. VII c. 11 n. 18. PL 42, 983. : DW I, 230쪽 6행 이하.

밖에 없을 것이다. 더 나아가 나는 말한다. 신은 단적으로 내가 되고 나는 단적으로 신이 되어, 완전히 하나가 된다. 그래서 이 '그분'과 이 '나'는 하나의 '존재'(Ein 'ist')가 되고 하나의 '존재'이게 되어, 이러한 존재성(istikeit) 가운데서 영원히 하나의 작용을 하게 된다. 왜냐하면, 이 '그분'과 이 '나', 곧 신과 영혼은 (영원히 하나의 작용을 하면서-퀸트) 아주 많은 풍요로운 열매를 맺기 때문이다. (그러나 거기에-퀸트) 단 하나의 여기와 단 하나의 지금이라도 작용하게 되면, (곧, 시간과 공간 없는 영원한 작용이 단 하나의 여기와 단 하나의 지금에 영향을 받게 되면,-역자) 이 나와 이 '그분'은 결코 (더불어-퀸트) 작용하지도 하나이지도 않게 될 것이다.[517] 세 번째 능력은 의지(wille) 곧, Voluntas이다. 이 능력을 우리는 성령에 비유한다. 이 능력에 있어서 그대는 금반지 곧, 그대가 신을 사랑해야 한다는 '사랑'(minne)이라는 금반지를 껴야 한다. 그대는 신이 사랑받을 가치가 있는지 따지지 않고, 신을 사랑해야 한다. 곧, 신이 사랑받을 가치가 있기에 신을 사랑하지 마라. 왜냐하면, 신은 사랑받을 가치가 전적으로 없기 때문이다. 곧, 신은 모든 사랑과 사랑받을만한 가치를 넘어서 계시기 때문이다. "그렇다면, 내가 어떻게 신을 사랑해야 하나요?" — 그대는 신을 정신적이지 않은 방식(nich-geistlich)으로 사랑해야 한다. (448쪽) 곧, 그의 영혼이 정신적이지 않게 하여, 모든 (능동적-역자) 정신성(geistekeit)에서부터 벗어나도록 하라. 왜냐하면, 그대의 영혼이 정신적인 한, 그대의 영혼은 상들(bilde, 이성상이나 감각상-

---

517) 참조. DW Ⅱ, 99쪽 34행. : DW Ⅲ, 194쪽 13행 이하.

역자)을 갖기 때문이다.[518] 그리고 그대의 영혼이 상들을 갖는 한, 그대의 영혼은 매개(mittel)를 갖기 때문이다. 그리고 그대의 영혼이 매개를 갖는 한, 그대의 영혼은 하나임(einikeit)도 ,일치(einberkeit)도 갖지 못하기 때문이다. 그대의 영혼이 (신과의-퀸트) 일치를 갖지 않는 한, 그대의 영혼은 신을 올바르게 사랑하지 못한다. 왜냐하면, (신을-역자) 올바르게 사랑하는 것은 (신과의-역자) 일치에 매달려 있기 때문이다. 따라서 그대의 영혼은 모든 정신적인 것들(allen geisten)에서부터 벗어나야 한다. 그대의 영혼이 정신적이지 않게(geisteloz) 되어야 한다. 왜냐하면, 그대가 신이 상인 바대로, 신이 정신(geist)인 바대로, 신이 위격(person)인 바대로, 신이 상(bilde)인 대로, 신을 사랑한다면, ─ (그대는-역자) 이 모든 것에서부터 마땅히 벗어나야 하기 때문이다! "그렇다면, 내가 어떻게 신을 사랑해야만 하는지요?" ─ 그대는 그분을 신이 아닌 하나(Ein nit-got)로, 정신이 아닌 하나(Ein nit-geist)로, 위격이 아닌 하나(Ein nit-person)로, 상이 아닌 하나(Ein nùt-bilde)로 사랑해야 한다. 오히려 그분은 하나의 맑고 순수한 투명한 하나(ein luter pur clar Ein)이기에, 모든 둘에서부터(von aller zweiheite) 벗어나야 한다. 그리고 이러한 하나 가운데서 우리는 영원히 무에서 무로 가라앉아야 한다.

신이시여, 이를 위하여 우리를 도우소서. 아멘.

⋯

518) 이때, 에크하르트가 말하는 정신은 수동 정신이 아니라, 능동 정신으로 추정된다. 그는 수동 정신을 '아침 인식'에 능동 정신을 '저녁 인식'이라고 말하고 있다. 수동 정신은 신을 있는 그대로 수용하지만, 능동 정신은 사물의 본질을 탐구하는 철학자의 이성을 뜻한다. 역주.

설교 84(Par. an. 57, Evans Ⅱ, 42)

소녀야, 일어나라.
Puella, surge.

— 루카 8, 54[519]

(454쪽) 우리 주님께서 소녀에게 '일어나라'라고 말씀하셨다.[520]

우리 주님은 오직 한마디의 말씀(einigen worte)을 갖고 영혼이 모든 유형적 사물 너머로 드높여져야 한다는 걸 우리에게 가르치고 계신다. 아들(성자)이 아버지의 말씀이듯이, 그분은 영혼에 단 한마디의 말씀으로써 (455쪽) 영혼이 어떻게 일어나야만 하는가를, 그리고 영혼이 어떻게 자기 자신을 넘어서야 하는가를, 그리고 영혼이 어떻게 자기 자신을 넘어서 머물러야 하는가를 가르치고 계신다.[521] 아버지는 자기 아들인 말씀을 말씀하셨다. 이러한 단 한마디 말 가운데서 모든 사물을 발설하

---

519) 참조. "예수님께서는 아이의 손을 잡으시고 말씀하셨다. '아이야, 일어나라.'" 루카 8, 54. 역자.
520) 퀸트에 따르면, 죽었던 야이로의 딸의 일어남에 관한 이야기인 이 성경 구절은 도미니코회 미사력에 따르면 삼위일체 축일 이후 24주일 미사 때, 그리고 로마 미사력에 따르면, 삼위일체 축일 이후, 23주 미사 때의 복음이다. 역주.
521) 참조. DW Ⅰ, 304쪽 9행 이하.: DW Ⅱ, 164쪽 6행 이하.: LW Ⅳ, 287쪽 1행 이하.

셨다. 왜 그분은 한마디 말씀 이외에 아무 것도 말씀하시지 않으셨는가? 왜냐하면, 모든 사물은 그분(말씀-역자) 가운데 현재(gegenwertic)하고 있기 때문이다.[522] 만약 내가 이미 생각했거나 앞으로 생각하게 될 나의 모든 생각을 하나의 생각 속에 다 포섭할 수 있다면, 나는 오직 하나의 말만 가지고 있게 될 것이기 때문이다. 왜냐하면, 입이 마음속에 품고 있는 것을 바깥으로 내뱉기 때문이다. 하지만 이 문제에 관해 여기서는 더 말하지 않고자 한다.

영혼이 '일어나야'만 하고, 자기 자신을 넘어서 머물러야만 하는 네가지 이유가 있다. 첫째 이유는 영혼이 신 가운데 발견하는 다양한 행복 때문이다. 왜냐하면, 신의 완전함은 피조물들을 자기 자신으로부터 흘러 나오게 하는 걸 억제할 수 없게 하기 때문이다. 그분은 피조물들에 자신을 전달하실 수 있다.[523] (457쪽) 그리고 피조물들은 신과 같은 것을 받아들일 수 있다. 그 까닭에 신께서 자신을 비우시면 비우시는 만큼, 피조물들은 한도 끝도 없이 흘러 나와지는 것이기에, 모래 알갱이나 풀 또는 나무 이파리보다도 더 많은 천사가 있다. 이런 모든 천사를 통해 빛과 은총과 선물이 우리에게 내려온다. 모든 이러한 피조물 또는 자연들을 통해 흘러 나오는 것을 신께서는 영혼에 받아들이게끔 하신다. 하지만 만약 신께서 그분 자신을 선물로 주지 않으신다면, 신께서 이렇게 줄 수 있는 모든 것은 영혼에 (여전히-퀸트) 너무나 적다.[524] (458쪽)

•••

522) 참조. DW Ⅱ, 433쪽 8행 이하, 98쪽 1행 이하.
523) 참조. DW Ⅲ, 13쪽 1행 이하, 26쪽 1행 이하, 265쪽 7행 이하.
524) .참조. DW Ⅲ, 247쪽 5행 이하.

두 번째 이유는 영혼이 신 가운데 발견하는 순수성(lûterkeit) 때문에 '일어나야만' 한다. 왜냐하면, 모든 사물은 신 가운데서는 순수하고 고귀하기 때문이다. 하지만 이들이 신으로부터 흘러 나와 가장 가까운 피조물로 흘러 들어가자마자, 신으로부터 흘러 나온 것들은 어떤 것(iht)과 무(niht)가 다른 것처럼 그렇게 다르게 된다. 왜냐하면, 신 가운데서는 빛과 존재만 있으며, 피조물 가운데서는 어두움과 무만 있기 때문이다. 신 가운데는 빛과 존재인 것이 피조물 가운데서는 어두움과 무이기 때문이다.[525]

(459쪽) 세 번째 이유는 영혼이 신 가운데 발견하는 전일성(全一性, die samentheit) 때문에 영혼은 '일어나야만' 한다. 왜냐하면, 이러한 전일성 가운데서는 어떠한 차이도 없기 때문이다. (곧, 신 가운데 모든 것은 차이 없는 하나이기 때문이다.-역자) 지혜와 선성은 신 가운데서는 하나이다. 지혜와 선성은 또한 같다. 자비와 정의 역시 같다. 만약 신 가운데 선성과 지혜가 서로 다르다면, 영혼은 결코 신에서 만족할 수 없을 것이다. 왜냐하면, (한편-퀸트) 영혼은 본성적으로 선으로 기울어지는 반면, 모든 피조물은 본성적으로 (생존을 위한-역자) 지혜를 원하기 때문이다. 영혼이 선성으로 자신을 쏟아붓고자 할 때, 선성과 지혜가 서로 다른 것이라면, 영혼은 고통스럽게 지혜를 포기할 수밖에 없을 것이기 때문이다. (반면에-역자) 영혼이 다시 지혜로 자신을 쏟아붓고자 할

---

525) 참조. DW Ⅰ, 80쪽 12행 이하. : DW Ⅱ, 67쪽 1행 이하, 189쪽 10행 이하, 369쪽 1행 이하. : DW Ⅲ, 149쪽 2행 이하, 227쪽 6행 이하.

때, 영혼은 또한 고통스럽게 선성을 포기할 수밖에 없을 것이기 때문이다.[526)] 따라서 성 아우구스티누스는 (460쪽) 하늘나라에 있는 영혼들은 완전히 행복하지 않다. 왜냐하면, 영혼들이 (지상의 무덤들에 있는-퀸트) 신체와 여전히 연관을 지니고 있기 때문이라고 말하고 있다.[527)] 따라서 영혼은 신 이외에 그 누구에게도 휴식을 가질 수 없다. 왜냐하면, 영혼은 신 가운데서 (아무런 차이도 지니지 않는-역자) 전일(全一)한 모든 선성을 발견하기 때문이다. 그래서 영혼이 만약 신을 갖고자 한다면, 영혼 또한 자기 자신 너머에 거주해야만 한다. (왜냐하면, 영혼이 자기 자신 너머에 거주할 때, 영혼은 자기 자신의 고유한 존재를 낳기 때문이다.-역자) 모든 것은 자기 자신을 낳고자 한다. 모든 것 각각은 자신의 (고유한-퀸트) 본성을 산출하기 때문이다. 사과나무의 본성이 왜 포도를 생산하지 못하는가? 그리고 포도나무가 왜 사과를 생산하지 못하는가? 왜냐하면, 그것은 자신의 본성이 아니기 때문이다. 더 나아가서 포도나무와 사과나무에 해당하는 이야기는 모든 피조물에 해당하는 이야기이다. 곧, 불은 불을 낳는다. 만약 불이 자신과 가까이 있는 모든 걸 불로 만들고자 한다면, 불은 그렇게 할 것이다. 또한, 물도 그렇게 할 것이다. 만약 물이 자신과 가까이 있는 모든 것을 물로 만들고, 물로 적시고자 한다면, 물 역시 그렇게 할 것이다. (461쪽) 이같이 피조물은 자신이 신으로부터 받은 자신의 고유한 존재를 대단히 사랑한다. 만약 누군

---

526) 참조. DW Ⅰ, 164쪽 15행 이하. : DW Ⅱ, 328쪽 9행. : DW Ⅴ, 116쪽 10행 이하.
527) 참조. DW Ⅱ, 596쪽 6행 이하. : Augustinus, De Gen. ad litt. XII c. 35. 여기서 죽어서 하늘나라에 있는 영혼이 전적으로 행복하지 않은 이유는 여전히 지상의 무덤에 있는 신체와 관계하고 있기에, 자신 속에 여전히 차이 나는 것을 갖고 있는 까닭이다. - 역주.

가가 영혼에 지옥의 모든 고통을 쏟아붓는다고 해도, 영혼은 존재하지 않기를 원하지 않을 것이다. 이같이 모든 피조물은 신으로부터 직접 받은 자신의 고유한 존재를 대단히 사랑한다.[528] 영혼이 만약 신을 갖고자 한다면, 영혼도 또한 자기 자신 너머에 거주해야 한다. (462쪽) 아무리 영혼이 — 신이 천 개의 하늘과 천 개의 땅을 창조하였다 하더라도 — 창조된 모든 것을 하나의 능력(최상위의 이성, 영혼의 작은 불꽃–역자)을 갖고 물론 이런 창조된 모든 것을 파악할 수 있지만, 그런데도 영혼은 신을 파악할 수는 없다. 영혼 가운데 계신 측량할 수 없는 신이 측량할 수 없는 신을 파악할 수 있을 뿐이다. 영혼 가운데서 신은 신을 파악하고, 신은 신 자신을 영혼 가운데 낳고, 그분 자신에 따라 영혼의 꼴을 만드신다.[529]

네 번째 이유는 영혼이 신 가운데 발견하는 측량할 수 없는 무한성 때문에, 영혼은 '일어나야'만 한다. 왜냐하면, 모든 것(모든 영원한 이념–퀸트)은 신 가운데서 시간 없이 (항상–역자) 새롭기 때문이다. 따라서 성 요한은 『묵시록』에서 "어좌(御座)에 앉아 계신 분께서 말씀하셨습니다. '보라, 내가 모든 것을 새롭게 만든다.'"(묵시록 21, 5)고 말하고 있다.[530] 모든 것은 아들과 함께 새롭게 된다. 왜냐하면, 아들은 마치 자신이 절대로 낳아지지 않았던 양, 오늘 아버지로부터 낳아지고 있기 때

---

528) 참조. DW Ⅰ, 379쪽 11행 이하, 180쪽 8행 이하. : DW Ⅱ, 238쪽 1행. : DW Ⅴ, 33쪽 11행 이하.
529) 참조. DW Ⅱ, 118쪽 3행 이하, 303쪽 2행 이하. : DW Ⅲ, 22쪽 3행 이하. : DW Ⅴ, 40쪽 16행 이하.
530) 참조. "그리고 어좌에 앉아 계신 분께서 말씀하셨습니다. '보라, 내가 모든 것을 새롭게 만든다.'" 묵시록 21, 5. 역자.

문이다. 그리고 신께서 영혼 안으로 흘러 들어가듯이, 영혼도 꼭 그렇게 신께로 되돌아 흘러간다.[531] (464쪽) 그리고 마치 우리가 두들겨 맞기 전에, 불안으로 인해 죽을 수 있는 것처럼, 우리는 또한 기쁨으로 인해 죽을 수도 있다. 이같이 영혼도 또한 자신이 신 안으로 넘어 들어가기 이전에, (영원한 지복에 대한 엄청난 기쁨에 대한 기대로 인해-퀸트) 그 자신에 있어서 죽을 수도 있다. 영혼은 신께로 들어서는 네 단계를 갖는다. 최초의 단계는 두려움과 희망과 욕망이 영혼 가운데 자라나는 것이다. 둘째 단계는 영혼은 더 앞으로 나아간다. 이때 두려움과 희망과 욕망이 완전히 사라진다. 세 번째 단계는 (465쪽) 영혼은 모든 시간적인 사물을 망각하게 된다. 네 번째 단계는 영혼은 신 안으로 들어선다. 거기서 영혼은 영원히 머물게 될 것이다. 영원성 가운데서 신과 함께 다스리면서 영혼은 결코 시간적인 사물이나 자기 자신을 생각하지 않을 것이다. 오히려 영혼은 신 가운데로 깡그리 흘러 들어가 신과 하나가 되고, 신도 영혼 가운데로 깡그리 흘러 들어가 영혼과 하나로 될 것이다.[532]

신이시여, 우리가 여기 이 지상에서 이 네 단계를 거치고 죽을 수 있게끔, 그래서 우리가 영원 가운데서 이로 인해 복락을 누릴 수 있도록, 우리를 도우소서. 아멘.

---

531) 참조. DW Ⅰ, 312쪽 3행 이하, 335쪽 3행 이하. : DW Ⅱ, 321쪽 1행 이하.
532) 참조. DW Ⅰ, 185쪽 6행 이하.

설교 85(Par. an. 58, Evans Ⅱ, 43)

소녀야, 일어나라.
Puella, surge.

- 루카 8, 54[532]

(468쪽) '일어나라'

우리 주님은 자신의 손을 어린 소녀에게 얹고 '일어나라'라고 말씀하셨다.[534] 신의 손은 성령이다.[535] 모든 일은 열기 가운데서 행해진다.[536] 신에 대한 뜨거운 사랑이 영혼 가운데 식으면, 영혼은 죽는다. 신께서 영혼 가운데 작용하시기 위해서는 신께서는 영혼 가운데서 (영혼과—역자) 하나이어야 한다. 그리고 영혼이 신과 하나이고 하나가 되기 위해서는 영혼은 모든 것으로부터 떠나 있어야 하고, 마치 신께서 홀로이신 것

---

533) 참조. "예수님께서는 아이의 손을 잡으시고 말씀하셨다. '아이야, 일어나라'." 루카 8, 54. 역자.
534) 퀸트에 따르면, 이 설교는 앞의 설교 84번과 같은 성경 구절을 인용하고 있다. 분명히 이 설교도 삼위일체 대축일 이후의 24주일 미사의 복음이다. 하지만 다른 해에 행해졌을 것이다. 역주.
535) 참조. DW Ⅲ, 422쪽 4행 이하.
536) 참조. DW Ⅱ, 605쪽 10행.

과 같이 홀로 있어야 한다.[537] 신께서 텅 비어 있는 영혼 가운데 작용하시는 하나의 작용이 (그분이-역자) 하늘과 땅보다(하늘과 땅을 창조하신 것보다-역자) 더 낫고 가치 있다.[538] 영혼이 신과 하나이게 하기 위해, 신께서는 영혼을 창조하셨다. (469쪽) 한 성인은 영혼은 무(無)로부터 만들어졌다. 신께서는 누구와 함께 영혼을 만드신 것이 아니라, 홀로 영혼을 만드셨다고 말하고 있다.[539] 만약 누군가가 신과 함께 만들었다면, 그분은 영혼이 그 누군가로 기울어지지 않을까 신께서는 노심초사 하실 것이다. 따라서 영혼은 마치 신께서 홀로이신 것과 같이 홀로이어야 한다.

정신적인 사물과 유형적인 사물은 서로서로 하나일 수 없다.[540] 만약 신적 완전성이 영혼 가운데 작용하기 위해서는, 영혼은 마치 신께서 정신적인 것처럼, 반드시 정신적이어야 한다. 신께서 영혼 가운데서 영혼에 (무엇을-역자) 주고자 하신다고 하더라도, 그분은 제한되게(mit maze) 영혼에 주실 수밖에 없다. 따라서 그분은 영혼을 그분 자신 가운데서 그분 자신으로 끌어당길 수밖에 없다. 이러한 방식으로 영혼은 그분과 하나이게 된다.[541] 이에 대해 비유가 있다. (470쪽) 비록 불과 돌이 둘 다 물질적이고 유형적이지만, 이 둘은 하나가 될 수 있다. 그런대로 돌은 그 자신이 지니는 물질적 밀도 때문에, 가끔 그 내부는 차갑게 머

---

537) 참조. DW Ⅰ, 9쪽 4행 이하. : DW Ⅱ, 398쪽 2행, 339쪽 5행 이하, 615쪽 11행 이하.
538) 참조. DW Ⅱ, 325쪽 2행 이하.
539) 참조. Augustinus, De Gen. ad litt. Ⅶ c. 21.
540) 참조. DW Ⅲ, 99쪽 2행 이하.
541) 참조. DW Ⅱ, 181쪽 3행 이하, 400쪽 6행. : DW Ⅲ, 21쪽 3행 이하.

문다. 그리고 공기와 불도 그러하다. 그대가 공기 가운데 보는 모든 걸 그대는 해에서도 볼 수 있다. 그러나 이 양자는 둘 다 질료적이기 때문에, 반 마일보다 한 마일에 있어서 더 많은 빛이 있으며, 집안보다는 반 마일에 있어서 더 많은 빛이 있다. (그러나-퀸트) 우리가 찾을 수 있는 가장 적절한 비유는 몸과 영혼과의 비유이다. 이 양자는 서로서로 하나로 있기에, 몸은 영혼 없이 작용할 수 없고, 영혼은 몸 없이는 작용할 수 없다. 영혼이 몸과 관계하는 것과 똑같이, 신은 영혼과 관계한다. 그래서 만약 영혼이 몸에서 분리되는 것이 몸의 죽음이다. 이같이 만약 신께서 영혼에서 분리되면, 영혼 또한 죽는다.[542]

영혼이 신과 하나이지 못하게 하는 세 가지 방해 요인이 있다. 첫째의 방해 요인은 영혼이 너무나 산만해서 영혼이 단순하지 않은 것이다. 영혼이 피조물로 기울여질 때, 영혼은 단순하지 않다.[543] 둘째의 방해 요인은 영혼이 시간적 사물과 하나로 되는 것이다. 셋째의 방해 요인은 영혼이 몸에 기울여지는 경우이다. 그래서 영혼은 신과 하나이지 못하게 되는 것이다.[544]

이와 더불어 신과 영혼이 하나이게 도움을 주는 세 가지 요인이 있다. 첫째 요인은 영혼이 단순하고 산만하지 않은 것이다. 왜냐하면, 영혼이 신과 하나이고자 한다면, 영혼은 신께서 단순하신 것처럼 단순해야 하

---

542) 참조. DW II, 406쪽 4행 이하, 214쪽 1행 이하.
543) 참조. DW I, 250쪽 13행 이하. : DW II, 107쪽 1행 이하, 384쪽 6행 이하.
544) 참조. DW II, 134쪽 2행 이하.

기 때문이다. 둘째 요인은 영혼이 자기 자신과 모든 시간적인 사물 너머에 거주해야 하며, 신과 (항상-역자) 접해야 한다는 것이다.[545] (471쪽) 셋째 요인은 영혼은 모든 유형적인 사물로부터 떠나 있어 자신의 근원적인 순수성(자신의 신적 근저-역자)에 따라 작용해야 한다는 것이다.[546] 아우구스티누스는 "당신이 나를 원하지 않을 때, 나는 당신을 원하나이다. 그리고 내가 당신을 원할 때, 당신은 나를 원하지 않나이다. 내가 당신을 찾을 때, 당신은 나로부터 달아나나이다."라고 자유로운 영혼에 관해 말하고 있다. 순수한 정신들은 당신께로 복귀할 때, 한 길로 신의 순수성으로 향해 간다.[547]

---

545) 참조. DW Ⅲ, 460쪽 3행 이하, 461쪽 4행.
546) 참조. DW Ⅲ, 458쪽 1행 이하.
547) 일반적 설교의 끝맺는 부분이 빠져 있다.

설교 86(Pf 9, QT 28, Evans Ⅱ, 2)

예수께서 어떤 성으로 들어갔는데, 마르타라 불리는 어떤 부인이 자신의 집으로 주님을 맞아들였다.
Intrvit Jesus in quoddam castelum, et mulier quaedam, Martha nomine excepit illum etc.

- 루카 10, 38-40[548]

(481쪽) 성 루카는 복음서에서 "우리 주님 예수 그리스도는 작은 성으로 올라가셨다. 거기서 마르타라 불리는 한 부인이 주님을 맞아들였다. 그녀에게는 마리아라는 동생이 있었다. 마리아는 주님의 발아래 앉아 그의 말씀을 듣고 있었던 반면, 마르타는 이리저리 돌아다니면서 사랑하는 그리스도를 시중들었다." 라고 말하고 있다(루카 10, 38-40).[549]

• • •

548) 참조. "그들이 길을 가다가 예수님께서 어떤 마을에 들어가셨다. 그러자 마르타라는 여자가 예수님을 자기 집으로 모셔 들였다. 마르타에게는 마리아라는 동생이 있었는데, 마리아는 주님의 발치에 앉아 그분의 말씀을 듣고 있었다. 그러나 마르타는 갖가지 시중드는 일로 분주하였다. 그래서 예수님께 다가가, '주님, 제 동생이 저 혼자 시중들게 내버려 두는데도 보고만 계십니까? 저를 도우라고 동생에게 일러 주십시오.'하고 말하였다." 루카 10, 38-40. 역자.
549) 퀸트에 따르면, 이 성경 구절은 성모승천 대축일(8월 15일) 미사 때의 복음이다. 이 설교는 명상적 삶(마리아)과 실천적 삶(마르타)의 관계 및 가치 우열을 주제로 삼고 있다. 에크하르트는 복음서의 객관적 의미와 달리, 주님의 발아래 앉아 있는 마리아에게가 아니라, 마르타에게 더 높은 점수를 주고 있다. 그러나 이때의 마리아는 후에 주님의 죽음 이후에 나타났던 때의 마리아와 같이 성숙한 참된 마리아가 여전히 아니다. 마리아는 삶의 학교에서 실천적 삶과 명상적 삶을 활동적 일에서 하나로 결합하

세 가지 요인이 마리아에게 주님의 발아래 앉아 있게 했다. 첫째는 신의 선성(güete gotes)이 그녀의 영혼을 사로잡았다는 것이고, 둘째는 크고 말할 수 없는 욕망(begirde)이었다. 곧, 그녀는 어디로 향해야 할지도 모르고 바랬고, 무엇을 알지 못하고 무엇을 바랬다. 세 번째는 그녀가 그리스도의 입에서 흘러나오는 영원한 말씀으로부터 얻은 달콤한 위로와 즐거움(süezer trôst und lust)이었다.

또한, 마르타를 이리저리 돌아다니게 하고 사랑하는 그리스도를 시중들게 한 세 가지 요인이 있다. 첫째의 것은 성숙한 나이와 최고로 철저하게 연마된 그녀의 (존재-퀸트) 근거(ein wohl geübter grunt)이다.[550] 따라서 그녀는 자신의 일솜씨가 그 누구에게도 못지않았다고 믿었다. (482쪽) 둘째의 것은 외적인 일을 사랑의 요구에 따라 최고의 것으로 올바르게 방향 지을 줄 아는 지혜로운 사려(wîsiu verstantnisse)이다. 세 번째의 것은 그녀가 사랑하는 손님(그리스도-역자)이 지니고 있는 높은 존엄성 때문이다.

스승들은 신은 인간이 원하는 대로 모든 인간에게 만족감을 이미 최고로 충분히 주었다. 곧, 인간의 이성적(정신적-역자) 만족감과 감각적

...
    는 것을 배우고 난 다음에, 언니 마르타처럼 이에 숙달되었다. 이때 명상적 삶이란 기쁨과 환희에 찬 환시의 의미로 주로 이야기되고 있다. 반면에 실천적 삶이란 확고한 자기 인식에 바탕을 둔 좋은 삶의 수련이라는 의미로 언급되고 있다. 이에 대한 논의는 『중세 고지 독일어 작품집 V』「영적 강화」 140~146쪽에 잘 나타나 있다. 역주.
550) 아마도 그녀는 존재 자체가 바뀜에 따라, 그녀의 삶의 태도가 철저하게 바뀌었다는 말을 하고자 한다고 추측된다. 역자.

만족감(redelicher genüegede und sinnelicher)을 모든 인간에게 최고로 충분히 다 주었다고 말하고 있다.[551] 신이 우리에게 (한편으로는-역자) 이성적으로 만족하게 하고, 다른 한편으로는 또한 감각적으로 만족하게 했다. 우리는 이성적 만족감과 감각적 만족감을 신의 사랑스러운 동무라는 입장에서 (명백하게-퀸트) 구분할 수 있다. 우리가 감각적인 것(sinnelicheit)에 만족한다는 말은 곧 신께서 우리에게 위로, 기쁨, 만족감을 준다는 것이다. (그러나-역자) 거기에 너무 심취해 유약해지는 일이 신의 사랑스러운 동무들의 낮은 감각 영역(nidern sinnen)에는 일어나지 않는다.[552] 이에 반해 이성적 만족은 정신에서의 만족이다. 모든 (감각적-역자) 기쁨으로 인해 최상의 영혼의 정점(daz oberste wipfelîn der sêle, 영혼의 작은 불꽃, 최상위의 이성-역자) 아래로 기울어져 쾌감에 빠져들지 않고, 오히려 힘차게 그 위로 솟아오를 때를 나는 이성적 만족감이라 부른다. 그래서 피조물의 기쁨과 고통이 최상의 (영혼의-퀸트) 정점[553]을 아래로 기울게 할 수 없을 때만, 사람은 이성적 만족감에 자리한다. 나는 우리가 신 아래에서 볼 수 있고, 지각할 수 있는 모든 것을 '피조물'이라 부른다.

∴

551) 참조. DW II, 294쪽 5행 이하.
552) 참조. DW V, 224쪽 5행 이하. 여기서 '신의 동무'란 말은 전문 용어인 신의 동무(Gottesfreund)를 가리키는 게 아니라, 요한복음 15, 15의 "나는 너희를 더는 종이라고 부르지 않는다. 종은 주인이 하는 일을 모르기 때문이다. 나는 너희를 친구라고 불렀다. 내가 내 아버지에게서 들은 것을 너희에게 모두 알려 주었기 때문이다."에 나오는 신의 동무를 뜻한다.
553) '최상의 정점'은 에크하르트가 이름으로 부를 수 없는 영혼의 가장 내적인 근저를 나타내기 위해 사용하는 많은 메타포 가운데 하나이다. 그는 특히 '영혼의 불꽃' 또는 '영혼의 작은 불꽃'이라는 말을 선호한다. 역주.

이제 마르타가 "주여, 마리아가 저를 도우라고 말해주세요."라고 말한다. 마르타는 짜증스럽게 이렇게 말한 것이 아니라, 오히려 그녀에 붙어 있는 애정에 찬 좋은 의도에서 말한 것이다. 우리가 이를 애정에 찬 좋은 의도 또는 사랑 어린 잔소리라고 불러야 할 것이다. 왜 그런가? 다음을 주목하라! 마르타는 마리아가 쾌감 속에서 영혼의 완전한 만족을 갈구하고 있는 것을 보았다. 마르타는 마리아가 마르타를 아는 것보다 더 잘 마리아를 알았다. 왜냐하면, 그녀는 (이미-퀸트) 오래 그리고 올바르게 살아왔기 때문이다. (말하자면-퀸트) 삶은 가장 고귀한 인식(daz edelste bekennen)을 선물하는 법이다. 삶은 우리가 신 아래에 있는 이 지상에서의 삶에서 도달할 수 있는 모든 걸 (환시 때의-역자) 기쁨과 빛이 인식하는 것보다도 더 잘 인식하며, 어떤 의미에서 (환시 때의-역자) 영원의 빛이 부여할 수 있는 그러한 것보다도 더 순수하게 인식할 수 있다.[554] (483쪽) 곧, (환시 때의-역자) 영원의 빛은 언제나 (오직-퀸트) 우리 자신과 신을 인식하게 하지만, (환시 때의-역자) 신을 전제하지 않고서(âne got) 우리 자신을 인식하게 하지는 않는다. 우리가 (환시 때의 신을 전제하지 않고,-역자) 단지 자기 자신만을 바라볼 때, 삶은 같은 것(그럴듯한 것-역자)과 같지 않은 것(그럴듯하지 않은 것-역자)의 차이를 더 예리하게 볼 것이다. (한편-퀸트) 성 바오로가 그리고 다른 한편 이교도 스승이 이를 잘 증언하고 있다. 성 바오로는 자신의 탈아적

⋮

554) 이 구절은 완전한 것이 아닌 것 같다. '기쁨과 빛'이라는 말도 명백하지 않다. 그리고 '영원의 빛'이라는 말도 그러하다. 아마도 '탈아적 환시' 때, 느끼는 기쁨과 영원한 빛을 뜻하는 것 같다. 여기서 삶(경험)이 세상사에 대해 가장 잘 가르쳐 준다. 또는 실천적 삶(vita activa)이 명상적 삶(vita contemplativa)보다 선행한다는 것이 이 구절의 대략적 의미인 듯 하다. 역주.

(脫我的) 환시 속에서(in sînen zucke) 신과 자기 자신을 신 가운데서 정신적 방식으로 바라보았지만, 각각의 모든 덕목이 이러한 직관에 충분히 자신을 드러내지는 않았다. 이는 그가 (이러한 환시 이전에-역자) 각각의 덕목을 (실천적-역자) 일 속에서 연습하지 않았기 때문이다. 이에 반해 (이교도-역자) 스승은 덕목들을 연습함으로써 아주 높은 인식에 도달했기 때문에, 최초의 탈아적 환시 가운데 있었던 바오로나, 어떠한 성인들보다 각각의 모든 덕목을 직관적으로 더 잘 인식할 수 있었다.

이런 사정은 마르타에도 그대로 해당한다. 그 때문에 그녀는 "주여, 마리아가 저를 도우라고 말해주세요."라고 말했다. 이 말로 그녀는 "내 동생이 (오직-퀸트) 당신으로부터 위로를 받기 위해 당신 옆에 앉아 있는 한, 자신이 하기를 원하는 것만을 해도 된다고 생각하는 것 같습니다."라고 말하고자 했다. (그래서 마르타는-역자) "마리아가 자신의 사정이 그러함을 알게 해 주세요. 그녀가 몸을 일으켜 당신에서 떠나게 해 주세요!"라고 말하고자 했다. 뒤의 말은 비록 마르타가 심사숙고해서 한 말이겠지만, 부드러운 사랑을 느끼게 한다. 마리아는 욕망(girde)으로 가득 차 있기에, 어디로 향해야 하는지도 모르고 욕망했고, 무엇을 알지 못하고 무엇을 원했다! 우리는 사랑스러운 마리아가 이성적 이득(redlichen nutz)을 위해서보다는 기쁨(lust)으로 인해 거기에 앉아 있었던 게 아닌가 하는 의구심을 갖게 된다. 따라서 마르타는 "그녀가 일어나라고 말해주세요!" 말했다. (292쪽) 왜냐하면, 마르타는 마리아가 이러한 행복감에 빠져 더는 발전하지 않을까 봐(자신처럼 실천적 삶으로 성장하지 않을까 봐-퀸트) 두려웠기 때문이다. 이에 대해 그리스도는 마르타에게 "마르타, 마르타, 너는 너무 근심이 많다. 너는 너무 많은 것을 생각하고 있다. 하나만 필요하다! 마리아는 누구도 그녀에게서 빼앗을 수 없는 가장 좋은 몫을 선택했다."(루카 10, 41-41)라고 답했다.[555] (5) 그리스도는 마르타에게 비난조로 이 말씀을 하신 것이 아니라, 오히려 마리아가 마르타가 원하는 대로 될 것이라는 확신을 주시고자 이렇게 답하신 것이다.

(484쪽) 왜 그리스도는 '마르타, 마르타'라고 말씀하시면서, 두 번씩이나 이름을 불렀는가? 이시도루스는 신(성자-역자)은 인간이 되기 이전이나 인간이 되고 난 이후나, 잊힌 사람을 이름을 갖고서 부른 적이 없다는 것은 의심의 여지가 없다고 말한다. 그러나 신이 이름을 갖고 부르지 않았던 사람들에 대해서는 이런 이야기가 의심스럽다(신이 이름을 갖고 부르지 않은 사람들은 다 잊힌 사람들인가 하는 것은 의심스럽기는 하지만, 그의 말은 기본적으로 옳다.-역자). 그리스도가 (누군가를-역자) 이름을 갖고 부른다는 것(nennen-Kristi)은 그분의 영원한 인식에 기인한다고 나는 말한다. 곧, 모든 피조물이 창조되기 이전, 영원으로부터 살아 있는 책인 '성부-성자-성령'(in dem bouche 'vater-sun-und-heilic-geist') 가운데 변함없이 쓰여 있던 영원한 지식에 기인한다고 나는 말한다. 영원으로부터 살아 있는 책 속에서 이름 불리웠던 사람

---

[555] 참조. "주님께서 마르타에게 대답하셨다. '마르타야, 마르타야! 너는 많은 일을 염려하고 걱정하는구나. 그러나 필요한 것은 한 가지뿐이다. 마리아는 좋은 몫을 선택하였다. 그리고 그것을 빼앗기지 않을 것이다.'" 루카 10, 41-42. 역자.

이나, 그리스도가 그러한 이름을 말로 부른 사람은 결코 잊혀진 적이 없다. 신 자신이 "나는 그대의 이름까지 알고 있다."(탈출기 33, 12)[556]라고 말한 모세와 사랑하는 그리스도가 "그대가 무화과나무 잎사귀 아래 누워 있을 때, 내가 그대를 알았다고 말한 나타나엘이 이를 증언하고 있다"(참조. 요한 1, 50).[557] 무화과나무는 그 속에 나타나엘의 이름이 영원으로부터 씌어있는 신을 뜻한다. 따라서 그리스도가 자신의 입으로 영원한 말씀으로부터(영원한 생명의 책으로부터, 곧 자기 자신으로부터-퀸트) 이름을 갖고 불렀던 사람 중 아무도 잊힌 적이 없었고 잊히지도 않을 거라는 것이 증명되었다.

왜 그리스도는 마르타의 이름을 두 번씩이나 불렀는가? 그분은 이를 갖고 마르타가 피조물이 가질 수 있는 시간적인 좋은 것과 영원한 좋은 것(daz zîtliches und êwiges goutes) 등 모든 좋은 것을 온전히 갖고 있다는 것을 의미하고 있다. 최초로 '마르타'라고 부름으로써, 그분은 시간적 활동 속에서의 그녀의 완전함을 나타내었다. (485쪽) 그리고 두 번째 '마르타'라고 부름으로써, 그분은 영원한 지복을 위해 필요한 모든 것이 그녀에게 아무것도 결여되어있지 않음을 나타내었다. 그래서 그분은 "너는 너무 근심이 많다."라고 말했는데, 그분은 이 말로써 그녀는 사물

∴

556) 참조. "모세가 주님께 아뢰었다. '보십시오, 당신께서는 저에게 이 백성을 데리고 올라가거라.' 하고 말씀하셨습니다. 그러나 당신께서는 저와 함께 누구를 보내실지 알려 주시지 않았습니다. 그러면서도 당신께서는 '나는 너를 이름까지도 잘 알뿐더러, 너는 내 눈에 든다.'라고 하셨습니다." 탈출기 33, 12. 역자.
557) 참조. "예수님께서 나타나엘에게 이르셨다. '네가 무화과나무 아래에 있는 것을 보았다고 해서 나를 믿느냐? 앞으로 그보다 더 큰 일을 보게 될 것이다.'" 요한 1, 50. 역자.

들 곁(bî den dingen)에 있지만, 사물들이 그녀 속에는(in dir) 있지 않다는 걸 나타냈다. 따라서 (마르타처럼 참된 의미에서-역자) 근심에 찬 사람은 모든 활동(gewerbe)에 있어서 방해받지 않는다. 이같이 방해받지 않고 있는 사람은 영원한 빛의 전형에 따라 모든 일을 질서정연하게 정돈한다. 이런 사람이 바로 사물들 곁에(bî den dingen) 있으면서도 사물 안에(in den dingen) 있지는 않은 사람이다. 이 사람들은 (사물들 곁에-퀸트) 온전히 가까이(vil nâhe) 있다고 하더라도, 우리가 저기 저 위의 영원성의 원환에 서 있을 때보다도 더 적지 않게 전적으로 (신-역자) 가까이 있게 된다. 내가 '(사물들 곁에-퀸트) 온전히 가까이(vil nâhe)'라고 말한 까닭은 모든 피조물은 매개물이기 때문이다. 두 종류의 매개물이 있다. 하나는 그것 없이는 내가 신에 도달할 수 없는 것으로, 곧 시간 가운데의 일과 활동(werk und gewerbe in der zît)이다. 이것이 영원한 지복을 감소시키지는 않는다. 일(werke)은 덕행을 쌓는 일에서처럼, 바깥에서 자신을 연습하는 단순 노동을 뜻하며, 활동(gewerbe)은 이성적 숙고를 갖고(mit redelîcher bescheidenheit) 내면에서부터 수련하는 것이다. 두 번째 매개물은 이러한 모든 것(최초의 매개-퀸트)에서 풀려나 자유롭게 되는 것이다. 그런데 우리는 시간적이고 이성적인 활동을 통해(von zîtlichen vernünftigen gewerbe) 시간 가운데서 신께 더욱 가까이 가기 위해 그리고 신과 더욱 같게 되기 위해(우리가 피조물에 따른 구속과 피조물과의 가까움에서 풀려나기 위해-퀸트), 우리는 시간 안에 머물 수밖에 없다. 성 바오로가 "시간에서 벗어나라(loeset). 날들이 악하다."(에페소 5장 16)고 말했을 때 이를 뜻한 것이었다.[558] "시간을 벗어난다."라는 것은 우리가 중단 없이 이성(vernünfticheit) 가운데서 신께로 상승해야 한다는 것을 뜻한다. 곧, 차이 나는 다양한 표상들(bildelícher underscheidenheit) 가운데가 아니라, 이성적이고 생명으로 가득 찬 진리 속에서 그렇게 해야 한다는 걸 의미한다. 그리고 "날들이 악하다."라는 말은 낮은 밤을 지시한다는 뜻이다. 만약 밤이 없다면, 어떤 낮도 없을 것이다. 그렇게 되면, 사람들 또한 낮에 대해 말할 수도 없다. 그럴 때, 모든 것은 하나의 빛밖에 없게 될 것이다. 이 성경 구절에서 바오로는 빛의 삶은 아주 드문 반면, 빛의 삶에 항상 어두움이 자리하고 있어, 영원한 지복을 고귀한 정신에 감추고 흐리고 있다고 말하고자 했을 것이다. 그리스도가 그대들에게 "빛이 있는 동안 전진하라."(요한 12, 35)라고 말했을 때, (486쪽) 이를 염두에 두고 한 말이다.[559] 왜냐하면, 빛 가운데 일하는 사람은 모든 매개(alles mittels)에서 자유롭게 풀려나서 신께로 상승하는 사람이기 때문이다. (곧, 이때-역자) 그 사람의 빛은 그의 활동(sîn gewerbe)이며, 그의 활동은 그 사람의 빛이다.

이런 사정은 사랑스러운 마르타에게도 그대로 해당한다. 그래서 그리스도는 그녀에게 둘이 아니라, "하나만 필요하다."라고 말했다. 나와 그대는 하나인 영원한 빛에 의해 홀연히 일단 사로잡히게 될 때, 하나(einez)이게 된다. 그러나 둘-하나(zwei-einez)는 영원성의 원환에서 모든 사물 너머에 있지만, 여전히 신 아래 서 있는 불타오르는 정신이

⋯
558) 참조. "시간을 잘 쓰십시오. 지금은 악한 때입니다." 에페소 5, 16. 역자.
559) 참조. "그러자 예수님께서 그들에게 이르셨다. '빛이 너희 가운데 있는 것도 잠시뿐이다. 빛이 너희 곁에 있는 동안에 걸어가거라. 그래서 어둠이 너희를 덮치지 못하게 하여라. 어둠 속을 걸어가는 사람은 자기가 어디로 가는지 모른다.'" 요한 12, 35. 역자.

다.⁵⁶⁰⁾ 둘이 되는 까닭은 신을 매개들 없이 (직접-역자) 보지 못하기 때문이다. (주체로서의-역자) 그의 인식과 그가 보는 존재(인식 대상-역자) 또는 그의 인식과 그가 인식하는 인식의 상이 결코 하나가 되지 못하기 때문이다. 우리는 신이 (모든 표상적 상에서 벗어나-역자) 정신적으로 보이는 곳에서만, 모든 표상에서 벗어나서 신을 본다. 그곳에서 하나가 둘이고, 둘이 하나이다. 빛과 (빛을 보는-역자) 정신 양자가 영원한 빛에 사로잡혀, 하나이게 된다.⁵⁶¹⁾

영원성의 원환(umberinc der êwicheit)이라는 말이 무엇을 의미하는지 주목해 보자. 영혼이 신에 이르는 길은 세 개다. 첫 번째의 것은 다양한 활동과 열렬한 사랑을 갖고 모든 피조물 속에서 신을 찾는 것이다. 다윗 왕이 "모든 것 안에서 나는 안식을 찾았다."라고 말했을 때 바로 이를 염두에 두고 한 말이었다.⁵⁶²⁾

두 번째 길은 길 없는 길이다. 이 길은 자유로운 길이지만, 여전히 묶여 있는 길이기도 하다. 이 길에서 사람은 의지 없이 그리고 상(표상-역자) 없이 자신과 모든 것을 넘어서 아득히 고양되어 황홀경을 느끼지만, 이 길에는 여전히 본질적인 것(신을 신의 본성 속에서 바라보는 것-역자)이 빠져 있다.⁵⁶³⁾ (그 때문에 여전히 인간적 방식에 묶여 신을 바라보

---

560) 둘-하나는 플로티노스의 정신에 대한 정의인 '하나-둘'을 떠올린다. 역주.
561) 참조. DW Ⅲ, 165쪽 4행 이하. : DW Ⅱ, 48쪽 4행.
562) 참조. "그분께서는 이처럼 사랑받는 도성에서 나를 쉬게 하셨다. 나의 권세는 예루살렘에 있다." 집회서 24, 11. 역자.

고 있다.-역자) 그리스도가 "베드로야, 너는 행복하다! 살과 피가 아니라," 오히려 '이성으로 고양된 존재'(in-die-vernunft-erhaben-sîn)가 너에게 알려 준 것이다. 곧, 네가 나를 '신'이라고 나에게 말했을 때, "하늘에 계신 나의 아버지가 (오히려-역자) 네게 열어내 보인 것이다."(마태오 16, 17)라고 말씀하셨을 때, 그분은 바로 이 길을 염두에 두신 것이다.[564] 하지만 성 베드로은 감추어지지 않은 채 벌거벗고(bloz) 있는 신을 직관하지 못했다. 물론 그는 모든 창조된 파악 능력을 넘어 하늘에 계신 아버지의 능력에 의해 영원성의 원환(탈아적 환시-역자)에 이르기까지 황홀경에 빠지긴 했지만, 여전히 그러하다. (487쪽) 그가 가득한 사랑에 둘러싸여 세찬 폭풍우와 같은 능력을 지니고서 부지불식(不知不識) 간에, 하늘에 계신 아버지에 의해 모든 파악 능력 너머 하늘에 계신 아버지의 전능으로 우뚝 솟아 있는 정신 속에, 위를 열망하는 정신 속에 사로잡혔다고 나는 말한다. 그때, 모든 감각적 향락과는 전적으로 거리가 있긴 하지만, 달콤한 피조물의 톤을 한, 목소리가 성 베드로에게 위에서 들려왔다. 천상의 아버지-아들의 위격 안에 머무는 신-인(神-人)의 일치(그리스도-역자)의 단순한 진리로부터, (달콤한-역자) 목소리가 그에게 들려왔다. 만약 성 베드로가 훗날 그렇게 했듯이, 그리고 제3의 하늘로 사로잡혀 고양되었을 때의 바오로가 그랬듯이, 그분(신-역자) 자신의 본성 가운데 있는 신을 매개 없이(âne mittel) 직접 쳐다보았다면, 가장 고귀한 천사의 목소리라 하더라도 그에게는 조야하게 들렸

∴

563) 참조. DW II, 165쪽 1행.
564) 참조. "그러자 예수님께서 그에게 이르셨다. '시몬 바르요나야, 너는 행복하다! 살과 피가 아니라 하늘에 계신 내 아버지께서 그것을 너에게 알려 주셨기 때문이다.'" 마태오 15, 17. 역자.

을 것이라고 나는 대담하게 말한다. 이런 연유로 참되게 아버지와 아들이 일치하는 자유 속에서 온전히 아무런 매개 없이(âne allez mittel) 직접 신 앞에 서 있는 사랑 하올 예수는 심정과 정신의 근저(신성의 근저-역자) 안을 꿰뚫어 보았기 때문에, 그분께는 전적으로 필요로 하지 않는 달콤한 톤의 목소리에 대해 베드로가 여러 번 언급한 것이다. 바오로가 "어떤 사람이 황홀경에 빠져, 모든 사람에게 발설되지 않는 그런 말을 들었다."(2 코린토 12, 2-4)라고 말했을 때,[565] 이를 염두에 두고 말했다. 따라서 그대들은 성 베드로가 영원성의 원환(탈아적 환시-역자)에 서 있었을 때, 신과 하나 되어, 신 자신의 고유한 존재(삼위 일체적 존재-역자) 가운데 있는 신을 여전히 바라보지는 못했다는 것을 인식해야 한다.

세 번째 길은 실로 길이긴 하지만, (이미-역자) 고향에 당도한 길(heime)이다. 세 번째 길은 신의 고유한 존재 속에서(in sînesheit) 신을 아무런 매개도 없이 직접 바라보는 것이다. 사랑하는 그리스도께서 "나는 길이요, 진리요, 생명이다"라고 말씀하셨다(요한 14, 6).[566] (성자라는-역자) 하나의 위격으로 존재하는 하나의 그리스도(ein Kristus

---

...

565) 참조. "나는 그리스도를 믿는 어떤 사람을 알고 있는데, 그 사람은 열네 해 전에 셋째 하늘까지 들어 올려진 일이 있습니다. 나로서는 몸째 그리 되었는지 알 길이 없고 몸을 떠나 그리 되었는지 알 길이 없지만, 하느님께서는 아십니다. 나는 그 사람을 알고 있습니다. 나로서는 몸째 그리 되었는지 몸을 떠나 그리 되었는지 알 길이 없지만, 하느님께서는 아십니다. 낙원까지 들어 올려진 그는 발설할 수 없는 말씀을 들었는데, 그 말씀은 어떠한 인간도 누설해서는 안 되는 것이었습니다." 2코린토 12, 2-4. 역자.
566) 참조. "예수님께서 그에게 말씀하셨다. '나는 길이요, 진리요, 생명이다. 나를 통하지 않고서는 아무도 아버지께 갈 수 없다.'" 요한 14, 6. 역자.

ein persone), 하나의 아버지로 존재하는 하나의 그리스도(ein Kristus ein vater), 하나의 정신(성령-역자)으로 존재하는 하나의 그리스도(ein Kristus ein geist)는 셋이면서 하나이다. 곧, 그분은 '길, 진리, 생명'인 까닭에 셋이지만, 그분 자신 가운데 이 모든 것이 있기에, 사랑하는 그리스도는 하나이다. (488쪽) 이 길 바깥에 있는 모든 피조물은 매개물로서 (이 길을-역자) 둘러싸고 있다. 하지만 이 길 위에서 (모든 피조물은-역자) 아버지의 말씀의 빛(성자-역자)을 통해 신(성부-역자)으로 인도되며, 이 양자의 정신(성령-역자)의 사랑에 사로잡힌다. 이는 우리가 말로써 파악할 수 있는 모든 것을 넘어서 간다.

이제 놀라움에 귀 기울어라! (이 세 번째 길에 있어서-역자) 바깥에 있는 것이 안에 있는 것이며, 파악하는 것이 파악되는 것이며, 바라보는 것이 (동시에-퀸트) 바라보이는 것이며, 잡는 것이 (동시에-퀸트) 잡히는 것이라는 것은 그 얼마나 놀라운 일인가. 이것이 (길의-역자) 최종 목적지이다. 사랑하는 영원(신성-역자)과 하나 된 정신이 휴식 중에 머무는 곳이다.[567]

사랑스러운 마르타와 모든 신의 벗들이 어떻게 근심 곁에 서 있었음에도, '근심 속에' 있지는 않았다는 우리의 논의로 이제 되돌아가자. 이 경우, 시간 속의 일은 신 가운데 자리하고 있는 것(dehein vüegen in got) 만큼 고귀하다. 왜냐하면, 이 경우, 일은 오직 벌거벗고 있는 그분

---

[567] 참조. DW Ⅰ, 201쪽 53행 이하. : DW Ⅱ, 342쪽 10행 이하.

자신의 본성 가운데 있는 신을 바라보는 것만 제외하고, 우리에게 주어질 수 있는 최고의 방식으로 우리를 (신께-역자) 가까이 데리고 가기 때문이다. 그래서 그리스도는 "너는 사물들 곁에(bi) 그리고 근심 곁에(bi) 서 있구나."라고 말씀하시고, 이로써 그녀가 낮은 능력들로 인해 어렵고 힘든 상황 속에 있음을 말씀하고자 하셨다. 왜냐하면, 그녀는 (마리아처럼-역자) 정신적 감미로움에 의해 녹아들어 있지 않았기 때문이다. (하지만-역자) 그녀는 사물들 곁에 서 있었지만, 사물들 속에 서 있지는 않았다. 그녀는 사물들로부터 떠나 있었다. 그리고 사물들은 그녀로부터 떠나 있었다.

특히 우리의 일들에서 간과해서는 안 되는 세 가지 것이 있다. 이 세 가지 것은 우리가 '질서정연하게'(ordenliche) 그리고 '깊은 통찰력으로'(redeliche) 그리고 '사려 깊게'(wizzenliche)이다. '질서정연하게'라는 말은 모든 점에서 최고의 것에 상응하는 것을 뜻한다. '깊은 통찰력으로'라는 말은 시간 속에서는 그보다 더 나은 어떤 것도 결코 알 수 없다는 것을 뜻한다. 마지막으로 '사려 깊게'라는 말은 좋은 일들 가운데서 다행스럽게도 현전하고 있는 살아 있는 진리를 느끼는 것을 뜻한다. 이 세 가지 것이 주어질 때, 이들(세 가지 것-역자)은 사막(그녀 스스로 선택한 황량한 은수 생활-퀸트)에서의 마리아 막달레나의 기쁨이 그러했듯이, (우리를-역자) (신께로-퀸트) 가까이 데려가며, 또한 이들은 사막에서의 마리아 막달레나의 기쁨이 그러했듯이, (우리를-역자) 힘차게 할 것이다.

(489쪽) 이제 그리스도는 "너는 하나가 아니라, 너무 많은 것에 신경을 쓰고 있다."라고 말씀하신다. 이 말은 다음을 뜻한다. 한 영혼이 어떠한 활동도 없이(âne allen gewerp) 순수하고 단순하게 영원성의 원환(탈아적 환시-역자)을 향해 서 있다고 하자. 그럴 경우, 그 영혼은 매개물인 어떤 것에 의해 방해받아, 저기 저 위에서 순수하게 즐겁게 있을 수 없게 된다면, (반드시-역자) 고통을 겪게 될 것이다. 그러한 사람은 어떤 것에 의해 '고통 받아' 근심과 곤경 속에 처하게 된다. 그러나 마르타는 성숙하고 확고한 덕과 자유로운 마음을 갖추고 있어, 어떤 것에도 방해받지 않고 있다.[568] 그래서 그녀는 자신의 동생이 자신과 같이 되기를 바랐던 것이다. 왜냐하면, 그녀는 마리아가 존재의 근거에(wesenliche) 자리 잡고 있지 않다는 것을 보았기 때문이다. 그녀는 바로 성숙한 (영혼의-역자) 근저로부터 마리아도 영원한 지복이 속하는 모든 것에 머물기를 원했다. 그래서 그리스도는 "하나만 필요하다!"고 말씀하신다. 무엇이 이 하나인가? 이 하나는 바로 신이다. 이 하나는 모든 피조물에 필요한 것이다. 신께서 자신의 것을 가져가 버린다면(신이 피조물을 자신에서 떼어 버리신다면-역자), 모든 피조물은 무(無)가 될 것이다. 신께서 그리스도의 영혼으로부터 그분 자신의 것을 ─ 거기서 그리스도의 영혼의 정신은 영원한 위격(성부-역자)과 결합 되어 있다. ─ 떼어낸다면, 그리스도는 단순한 피조물로 남게 될 것이다. 따라서 우리는 저 하나를 매우 필요로 한다. 마르타는 자신의 동생이 행복감과 달콤함에 빠져 거기에만 머물까 봐 겁이 나, 그녀도 자기 (자신-퀸트)과 같이 되었

---

568) 참조. DW V, 401쪽 8행 이하.

으면 하고 바랐다. 그래서 그리스도는 "마르타야, 걱정하지 마라. 마리아는 가장 좋은 몫을 택했다."라고 말문을 여셨다. 이는 다음을 말하고자 하신 것이다. 곧, (마리아의-역자) 이곳에서 지금 (갖고 있는 태도는-역자) 사라질 것이다. 피조물에 부여될 수 있는 최고의 것이 그녀에게 부여되었다. 그녀는 너처럼 복되게 될 것이다!

이제 덕들에 대해 가르칠 것이다! 덕스러운 삶은 의지와 관계하는 세 가지 점에 달려 있다.[569] 그 하나가 바로 신 안에서 (자신의-역자) 의지를 포기하는 것이다. 왜냐하면 (악에서-퀸트) 떠나든 (선을-퀸트) 받아들이든, 자신이 알고 있는 것을 철저하게 수행하기 위해, 그렇게 하는 것이 반드시 꼭 필요하기 때문이다. 세 부류의 의지가 있다. 첫째 것은 감각적 의지(sinnelicher wille), 둘째 것은 이성적 의지(redelicher wille), 셋째 것은 영원한 의지(êwiger ger wille)이다. 감각적 의지는 가르침을 요구한다. 참다운 스승에게 귀 기울이고자 해야 한다. 이성적 의지는 (490쪽) 우리가 예수 그리스도와 성인들의 모든 행적을 따르는 것, 곧 우리가 말, 행실 그리고 활동을 똑같이 최고의 것으로 향하게 하고 거기로 질서 짓는 것 가운데 성립한다.[570] 이러한 모든 것이 완수되면, 신은 영혼의 근저에 더 많은 것, 곧 성령의 사랑에 찬 계명을 지니고 있는 영원한 의지를 선물한다. 그래서 영혼은 "주여, 무엇이 당신의 영원한 의지인지를 저에게 말해주소서!"라고 말한다. 영혼이 이러한 방식으

⋯
569) 에크하르트는 실제로 의지와 관계하는 세 가지 점에 대해 말하고 있지 않다. 약간의 혼돈이 있는 것 같다. 역주.
570) 참조. DW V, 259쪽 5행 이하.

로 우리가 앞에서 말한 것을 충족시킨다면, 그리고 신이 기꺼워하신다면, 사랑하올 아버지는 자신의 영원한 말씀(아들-역자)을 영혼 속으로 발설하신다.

어리석은 사람이 어떠한 기쁨도 우리를 더는 동요시킬 수 없을 만큼, 그리고 기쁨과 고통에 흔들릴 수 없을 만큼, 우리는 완전하게 되어야 한다고 말한다. 그들은 이 점에서 잘못하고 있다. (그러나-퀸트) 나는 (기쁨과 고통에-역자) 동요될 수 없을 정도로 위대한 성인은 없었다고 말한다. 그에 반해 나는 어떤 것도 성인을 신에서 떼어낼 수 없도록, 세상살이 가운데서 그에게 동요를 줬다고 말한다. 그대들은 (험한-역자) 말들이(wort) 그대들을 기쁨과 고통으로 몰아넣을 수 있다면, 자신들이 불완전한 것이 아닌가? 하고 생각할 수도 있다. 그렇지 않다! 그리스도가 "나의 영혼이 죽음에 이르기까지 고통스럽다."라고 말했을 때, 그분 (자신이-퀸트) 그렇지 않다는 것을 보여주었다.[571] 모든 피조물의 고통이 (유일하게-퀸트) 하나의 피조물에 떨어졌다고 하더라도, 이것이 그리스도가 고통받았던 것보다도 더 나쁜 것일 수 없었을 만큼, (험한-역자) 말들이 그리스도에게 고통을 주었다. 이는 그분의 본성의 고귀함과 (그분 자신 안의-퀸트) 신적 본성과 인간적 본성의 거룩한 결합에 기인한 것이다. 그러므로 나는 고통이 전혀 고통스럽지 않고 기쁜 것이 전혀 기쁨을 주지 않을 정도의 성인은 있었던 적도 없고, 또한 그러한 경지에

---

571) 참조. "그때 그들에게 '내 마음이 너무 괴로워 죽을 지경이다. 너희는 여기에 남아서 나와 함께 깨어 있어라.'" 하고 말씀하셨다. 마태오 26, 38. 역주.

도달할 수 있는 성인도 없다고 말한다.[572] 자신의 신앙이 (터무니없이 이단이라고-역자) 비난받는 어떤 사람이 신의 사랑과 호의와 기적에 의해 은총으로 가득 채워진다면, 사랑과 고통 가운데서도 전적으로 한결같은 마음으로 있는 일이 물론 여기저기서 일어나기도 한다. (491쪽) 하지만 어떤 것도 성인을 신에서 떼어내지 못하도록, 비록 은총 속에 있지 않아 마음은 고통 중에 있지만, 의지는 여전히 신 가운데 단순하게 머물러 "주여, 저도 당신께 귀 기울이고, 당신도 그렇게 하나이다!"라고 말하는 경우로 다시금 그를 몰고 가는 일이 발생하기도 한다. (이런 사람을-역자) 덮치는 것이 무엇이든 간에 영원한 지복을 방해하지는 못한다. 이런 고통이 저기 저 위의 정신의 최상의 정점(oberste wipfelîn des geistes)을 덮치지 않는 한, 그러하다. 저기 저 위에서 정신의 최상의 정점은 신의 가장 사랑스러운 의지와 결합해 있다.

이제 그리스도는 "너는 너무 많은 것에 신경을 쓰고 있다."라고 말한다. (하지만-역자) 마르타는 자신의 존재 근저에(weselich) 항상 머물고 있었기 때문에, 그녀의 활동이 그녀를 방해하지 못했다. 그녀의 일과 활동이 그녀를 영원한 지복(êwiger saelde)으로 데리고 갔다. 물론 (여기서의-퀸트) 영원한 지복은 다소 매개물을 통한 것이긴 하지만, 앞서 말한 의미에서 고귀한 본성과 끊임없는 근면성 그리고 덕이 대단히 도움이 되었다. 마리아도 (성숙한-퀸트) 마리아이기 이전에, 마르타와 같이 (분주하게 일하는-역자) 사람이었다. 왜냐하면, 마리아가 (여전히-퀸

---

572) 참조. DW Ⅲ, 397쪽 8행 이하.

트) 주님의 발아래 앉아 있었을 때, 그녀는 (여전히 참다운-퀸트) 마리아가 아니었기 때문이다. 마리아는 이름만 마리아였지, (여전히-퀸트) 그 존재의 근저에 있어서(an dem wesene) 마리아는 아니었다. 왜냐하면, 마리아는 (여전히-퀸트) 행복감과 달콤한 느낌에 사로잡혀 앉아 있었기 때문이다. 그녀는 (비로소-퀸트) 사는 것을 배우려고 (이제 막-역자) 학교에 들어갔기 때문이다. 그러나 마르타는 전적으로 존재의 근저에(weseliche) 머물고 있었다. 그래서 마르타는 "주여, 저는 마리아가 행복감에 겨워 거기 앉아 있지 않았으면 합니다. (오히려-퀸트) 마리아가 사는 것을 배웠으면 합니다. 존재의 근저 있어서(weseliche) 사는 것을 알았으면 합니다. 마리아가 완전하게 되도록 마리아를 일어나도록 해 주세요."라고 말하려고, "주여, 그녀에게 일어나라고 하세요."라고 말했다. 그리스도의 발아래 앉아 있었을 때, 마리아는 (참다운-역자) 마리아가 아니었다. 오히려 나는 현명한 영혼(wîsen sêle)에 복종하는 잘 훈련된 몸을 마리아라 부른다. 나는 현명한 통찰(bescheidenheit)이 제공하는 걸 의지가 (잘-역자) 따라 하는 것을 순종(gehôrsam)이라 부른다.

이제 어리석은 사람들은 감각적 사물들의 현존이 감각에 영향을 미칠 수 없는 경지에 도달할 수 있다고 헛되게 생각한다. 그러나 이런 일은 이루어질 수 없다. 고통스러운 소음 소리가 달콤한 칠현금 소리와도 같이 내 귀에 아늑하게 들릴 수 있는 경지에, 나는 결코 도달할 수 없을 것이다. (492쪽) 하지만 우리가 이성적인 신적 모습을 한 의지(redelich gotgeformeter wille)가 모든 자연적 즐거움(natiurlichen lustes)으로부터 자유로운 경지까지는 도달할 수 있도록은 해야 한다. 곧, 현명한 통찰이 고통스러운 소음 소리를 지각하고, 그 다음에 이러한 통찰이 의지에 그 소음 때문에 귀찮아 하지 말라고 명령하고, 그에 따라 의지가 나는 기꺼이 그렇게 하겠다! 라고 말하는 데까지는 도달할 수 있도록 노력해야 한다. 보라! 여기서 (치열한-역자) 갈등이 즐거움으로 바뀌는 것을. 왜냐하면, 우리가 큰 노력으로 투쟁할 수밖에 없는 것이 우리에게 가슴 벅찬 기쁨을 가져다 주기 때문이다. 그때, (비로소-퀸트) 열매가 맺어지기 때문이다.[573]

이제 어떤 사람들은 아무런 일 없이 있을 수 있는 경지에 이를 수 있기를 희망한다. (그러나-퀸트) 나는 "그러한 것은 있을 수 없다!"라고 말한다.[574] 제자들이 성령을 받은 시점 이후에 비로소 덕을 베풀기 시작했다. 그래서 마리아가 주님의 발아래 앉아 있었을 때, 그녀는 배우고 있었다. 왜냐하면, 그녀는 비로소 학교에 들어가서 사는 것을 배우고 있었기 때문이다. 그러나 후에, 그가 배우기를 마치고, 그리스도가 하늘로 올라가신 후 그녀가 성령을 받았을 때, 비로소 그녀는 봉사하기 시작했고, 바다를 건너가 설교하고 가르치면서 제자들을 챙겨주었다. 성인들이 성인이 되고 난 다음에, 비로소 덕을 펼치기 시작했다. 그렇게 해서 그들은 비로소 영원한 지복의 재보(財寶)를 쌓았다. 그들이 그 이전에 행한 모든 것은 단지 죄를 속죄하고 (지옥에서의-퀸트) 영원한 형벌을 피하는 데만 소용되었기 때문이다. 이에 대한 증거를 우리는 그리스

---

573) 참조. DW V, 271쪽 7행 이하.
574) 참조. DW V, 221쪽 8행 이하

도에서 찾을 수 있다. 곧, 그리스도는 신이 인간이 되고 인간이 신이 되었던 시초에서부터 십자가에 죽었을 때인 마지막에 이르기까지 우리의 지복을 위하여 일하셨다. 그의 몸 가운데 특수한 덕을 연마하지 않은 지체는 하나도 없다.

신이시여, 우리가 참다운 덕을 연마하기 위해 참답게 그리스도를 따라 살 수 있도록, 우리를 도우소서. 아멘.

참고

역자 후기

- 역자 후기 -

M. 에크하르트의『중세 고지 독일어 작품집』은 총 5권으로 되어 있다. 1권은『M. 에크하르트의 설교 1-24』, 2권은『M. 에크하르트의 설교 25-59』, 3권은『M. 에크하르트의 설교 60-86』(이상은 J. 퀸트Quint가 편집하고 현대독일어로 번역), 4-1권은『M. 에크하르트의 설교 87-105』, 4-2권은『M. 에크하르트의 설교 106-117』(이상 J. 슈티어Steer가 편집하고 현대독일어로 번역), 5권은 J. 퀸트가 편집하고 현대독일어로 번역한『마이스터 에크하르트의 논고』이다. 이들 1-4권까지의 설교들은 산발적인 수고들을 오랫동안 고증하고 비교하여 비평적으로 정리한 것이긴 하지만, 그렇다고 이 작품들에 수록된 설교들이 연대별로 나열되어 있는 것은 아니다. J. 퀸트는 설교의 장소와 교회력에 따라 이들 설교를 연대별로 정리하려고 노력하고 있지만, 아직은 시작 단계인 것 같다. 이 번역서는『마이스터 에크하르트의 중세 고지 독일어 작품집 3권/ 설교 60-86』을 옮기고 있다. 이어서 그의 설교 117까지 계속 번역될 것이다.

이하 I 에서는 M. 에크하르트의 관구장 시절의 독일어 설교들과 라틴어 작품에 직접 영향을 미칠 뿐만 아니라, 후기 독일어 설교들에도 줄기차게 영향을 미치고 있는 아리스토텔레스의 이성 개념을 아베로에스를 통해 알아보기로 한다. 이는 아리스토텔레스의 이성 개념이 주석가 아베로에스를 통해 서양세계에 전달되었기 때문이다. II 에서는 관구장 시절의 설교들(1303-1311), Ⅲ에서는 슈트라스부르크 시대(1314-1322년/54-62세)와 쾰른 시대(1323-1328년/63세-68세)의 설교들에 관해 알아 볼 것이다.

Ⅰ. 아리스토텔레스의 이성 개념 - 아베로에스를 통하여

서양인들은 12세기부터 톨레도에서 그리고 그 후 남부 이탈리아에서 아랍어 작품들을 라틴어로 번역하기 시작한다. 서양인은 이들 작품 번역을 통해 아리스토텔레스에 대해 알게 된다. 서양에 새로 유입된 이러한 아리스토텔레스 사상은 마뉴스 알베르투스, 토마스, 디이트리히 폰 프라이베르크, 마이스터 에크하르트를 비롯하여 그 당대 정신세계를 뒤덮었다.

Ⅰ. 1. 이성에 대한 사전(事前) 이해

플라톤이나 아리스토텔레스가 말하는 누스(noûs)는 우리말로 정신 또는 지성, 이성(spirit, Geist, intellectus, Vernunft) 등으로 번역된다. 이하에서 우리는 noûs을 서양 철학의 전통을 따라 이성이라 번역할 것이다. 그런데 대개 소박 실재론자인 우리나라 사람은 서양의 이성 개념을 제대로 이해하기가 대단히 어렵다. 왜냐하면, 이성 개념은 이데아(idea)나 형상(form)과 관계되는 개념이기 때문이다.

플라톤은 특정 사물의 종(種)적인 본질(개념)을 이데아라 불렀다. 그에 따르면 이데아들은 실제로 존재한다. 이데아 세계는 최고선의 이데

아를 기점으로 질서 정연하게 체계화되어 있다. 우리가 사는 현실 세계는 이데아들이 스며들어 있는 그림자 세계일 따름이다. 이데아 세계는 감각 세계를 넘어서 있기에, 감각적 방식으로는 인식할 수가 없다. 이데아 세계는 이성적(예지적/정신적intelligible) 방식으로 인식할 수밖에 없다. 그는 이데아 세계를 인식하는 주체를 이성(noûs)이라 불렀고, 인식 대상인 이데아 세계를 이성적(예지적) 대상(noema/noeton)이라 불렀다. 그리고 이성이 예지적 대상을 직관하는 것을 인식(episteme)이라 불렀다. 예컨대, 우리는 삼각형을 감각적으로 지각할 수 있지만, 내각의 합이 180도인 삼각형의 본질은 감각적으로 지각할 수 없다. 삼각형의 이데아인 삼각형의 본질은 이성만이 인식할 수 있다.[1]

아리스토텔레스는 플라톤의 이데아 세계가 사물과 분리되어 존재하는 것이 아니라, 사물 가운데 있다고 말한다. 그리고 사물 가운데 있는 이데아를 형상(form)이라 부르고, 형상을 품고 있는 물질적인 것을 질료(matter)라 불렀다. 형상들은 순수 형상(형상들의 형상)을 기점으로 질서 지워져 있다. 순수 형상을 기점으로 하여 형상 전체를 인식할 수 있는 능력이 바로 이성이다. 그에 따르면, 물질적인 것을 제외한다면, 인식 주체인 이성과 인식 대상인 형상은 똑같다. 왜냐하면, 이성은 있는 그대로 형상을 인식하기 때문이다. 그래서 형상 세계를 완전히 인식하는 이성은 형상 세계 자체와 같다. 이런 의미에서 이성은 자기 자신을 인식하는 능력이라 말해진다.

⋯
1) 이들 이데아를 이데아들이 되게 하는 이데아가 최고선이라는 이데아이다. 이데아 세계는 최고선을 기점으로 질서 잡혀 있다. 철학의 목표는 이데아들에 대한 인식을 통하여 최고선에 도달하는 것이다. 이런 방식으로 이데아 세계 전체를 있는 그대로 인식할 때, 인간은 비로소 자기 자신을 완전히 인식하는 것으로 생각했다. 곧, 플라톤은 이성과 이데아 세계의 완전한 일치의 지점이 인간의 완전한 자기 인식의 지점이라 생각했다.

아리스토텔레스의 주석가인 아베로에스는 세계의 모습을 다음과 같이 생각한다. 천체는 우주의 중심에 있는 지구 주위를 돈다. 비물질적 이성이 천체의 운동에 질서를 부여한다. 그리고 그 위에 있는 최고의 비물질적 근원적 존재(이성 자체)는 운동의 근거일 뿐만이 아니라, 존재의 근거이기도 하다. 그리고 최하위에 지상의 사물에 형상을 부여하는 이성도 있다. 곧, 최고 이성 그리고 천체에 질서를 부여하는 이성, 또한 지상의 것에 형상을 부여하는 이성 등이 있다는 것이다. 이것이 그가 말하는 이성의 위계질서이다. 그는 감각적 사물 세계 이외에 이성의 세계가 있다고 생각했다.[2] 그중에서 인간이 관계하는 이성은 최하위의 이성이다. 아래에서 아리스토텔레스의『영혼론』에 나오는 영혼과 이성에 대한 논의로부터 개별적 인간과 이성과의 관계를 알아보았으면 한다.

Ⅰ. 2. 아리스토텔레스의 영혼과 이성에 대한 정의

아리스토텔레스는 식물, 동물, 인간이 살아 있는 것은 영혼을 갖기 때문이라고 한다. 그는『영혼론』제2권 1장에서 영혼(psyche)을, 생명을 가능태로 가지는 자연적 신체의 '형상' 또는 '현실태'로 정의한다. 이때, 신체와 영혼의 관계는 질료와 형상의 관계에 해당한다. 그래서 질료와 형상이 떨어질 수 없듯이, 신체와 영혼은 분리될 수 없는 하나이다. 그렇다면 그를 통해 영혼이 사유하는 이성도 신체 또는 질료와 결합할 수 있을까?

•••

[2] 플라톤의 말로 하면 이데아 세계이다. 아베로에스는 이데아 세계를 능동적으로 지적 활동을 하는 이성의 세계로 해석하고 있다.

아리스토텔레스는 『영혼론』 제3권 4장에 따르면, 인간 영혼이 그를 갖고 사유하는 이성은 "모든 것을 사유하기 위해 단순하며(simplex), 물질적인 것에 영향을 받지 않으며, 어떤 것과도 섞여 있어서도 안 되며, 모든 것에서부터 벗어나 있어야 한다."라고 말하고 있다. 그래서 이성은, 마치 시각이 신체 기관인 눈을 갖고 있는 것과 달리, 어떠한 신체 기관도 갖고 있지 않다고 말한다(이상은 De anima, Ⅲ, 4, 429a-b. 참조). 아리스토텔레스는 이성은, 눈이 모든 색깔을 받아들이기 위해 아무런 색깔을 지니고 있지 않듯이, 그 자신도 모든 것을 받아들이기 전에는 아무것도 씌어 있지 않은 텅 비어있는 서판(書板)과 같다. 모든 것을 받아들이고 수용한다는 측면에서 아리스토텔레스는 이 이성을 수동 이성이라 부른다.[3] 수동 이성은 "모든 것으로 된다."(pánta gínesthai)(De anima, Ⅲ, 4, 430a 15행). 수동 이성은 모든 사물의 본질 형상들 또는 인식 상(eidos, species, bilde)을 자신 안에 모아들인다. 곧, '영혼은 본질 형상들이 모이는 장소'(tópon eidōn, locus specierum)(De anima, Ⅲ, 4, 429a 28행)이다. 그래서 모든 존재자는 이성에 자신의 형상을 도장처럼 새겨 넣을 수 있다.

그리고 아리스토텔레스는 『영혼론』 제3권 5장에서는 능동 이성에 대해 논한다. 능동 이성은 감각 상(species sensibilis)으로부터 이성 상(species intelligibils)을 추상하고 밝히는 빛의 역할을 한다. 그리고 그 이성상을 수동 이성에 각인한다. 그는 마치 무엇이나 될 수 있는 가능적 질료와 그것을 현실화시키는 원인, 곧 형상이 있는 것처럼, 이성도 두

---
[3] 수동 이성을 아베로에스는 질료 이성, 중세 사람들은 가능 이성이라고도 부른다.

가지가 있다고 한다. 하나는 가능성만 지니고 있어 '모든 것이 되는' 이성이고 또 다른 하나는 '모든 것을 되게' 하는 이성이 있다. 전자는 수동 이성이며, 후자는 능동 이성이다. 곧, 능동 이성은 '빛과 같이 적극적 상태'에 있다. 이는 마치 '빛이 가능적 색깔을 현실적 색깔로 만드는' 것과 같다(De anima, Ⅲ, 5, 430a, 14-17행).

능동 이성은 신체에서 '분리되며'(chōristòs), 질료 등으로부터 '영향 받지 않으며'(ápathēs), 그 어떤 것과도 '섞이지 않는'(ámigēs) 것으로 묘사되고 있다. 왜냐하면, 능동 이성은 본질적으로 '능동적 현실성'(énergeía)이기 때문이다(De anima, Ⅲ 5, 430a, 18-19행). "개별자에 있어서 가능적인 것이 시간적으로 현실적 지식에 앞서지만, 전체적으로 보면 가능적인 것이 앞서지 않는다."(De anima, Ⅲ 5, 430a, 21-22행) 시간적으로는 가능성이 앞서지만, 논리적으로는 현실성이 앞선다는 말이다. 왜냐하면, 현실성이 전제되어야 가능성이 따라갈 방향을 잡기 때문이다. 능동 이성이 '참다운 자아'이다. 능동 이성만이 '불멸적이고 영속적'(áthánaton kaì áidion)이다(De anima, Ⅲ 5, 430a, 24행). 능동 이성 없이 아무것도 생각할 수 없다.

M. 에크하르트는 이성을 수동 이성과 능동 이성으로 구분하지 않는다. 이성은 특정 대상의 이성상이 아니라, 진리 자체인 아버지의 상을 있는 그대로 받아들이는 것이기 때문이다. 따라서 능동 이성의 역할이라는 것은 무의미하다. 아들은 아버지의 말씀(logos, ratio, verbum)을 있는 그대로 받아들일 뿐이다. 따라서 M. 에크하르트에서는 수동 이성이 이성 그 자체이며, 몸과 분리되어 있으며, 그 근저를 알 수 없는 그런 것이다. 그의 이성 개념은 영혼의 근저에 대한 논의와 맥을 같이 한다.

Ⅰ. 3. 이성에 대한 아베로에스의 해석

아리스토텔레스는 질료에 해당하는 신체의 형상인 영혼은 신체와 분리될 수 없다고 말한다. 그러나 동시에 인간 영혼이 그를 통해 사유하는 이성은 신체와 섞일 수 없다고 말하고 있다. 도대체 이성과 영혼의 관계는 어떻게 되는 것일까? 아리스토텔레스는 이런 문제를 난제로 남겨두었다. 이런 문제를 해석하기 위해, 3세기경 아프로디아스의 알렉산더와 4세기경 테미스티우스와 같은 주석가들이 고심하게 된다. 이들에 이어 아베로에스를 비롯한 이슬람 철학자들이 이 문제를 해명하려고 시도한다. 과연 13세기 중세 지성사에 충격을 준 아베로에스의 이에 대한 해석은 어떤 것일까?

그는 이성은 감각과 달리 인간 영혼의 일부분이 아니라고 단정한다. 곧, 이성은 영혼의 정의에 속할 수 없다고 보았다. 이성이 신체와 전혀 섞이지 않는다면, 그것은 비-물질적인 실체일 수밖에 없다. 개별적 인간과 분리된 지성체(知性體)일 수밖에 없다. 아베로에스는 이 이성을 인간종(人間種)과 관계하는 단 하나밖에 없는 이성이라 해석한다. 곧, 모든 인간이 공동으로 사용할 수 있는 하나의 이성이라 생각한다. 왜냐하면, 질료가 개체화의 원리라면, 결코 질료일 수 없는 이성은 자연적으로 모든 인간에게 관계하는 하나일 수밖에 없다. 그렇다면 이성은 개별 인간의 이성이 아니게 된다. 모든 인간은 단일한 이성을 공유할 뿐이다. 이런 논의가 바로 아베로에스의 그 유명한 '이성 단일론'이다. 실제로 보편 문법이나 수학의 법칙 또는 논리학 법칙 등은 인간의 사유 이전에, 이미 주어져 있는 모든 인간에게 공통적인 선험적 사유 틀(frame)이다. 신체와 섞여 있지 않지만, 인간의 사유 이전에 이미 전제되어 있는,

이런 선험적인 사유 틀을 통해 인간은 사유하기 때문에, 각각 다른 사람들이 사유해도, 동일한 결론에 도달할 수 있게 된다. 이런 논리에 따르면 개별 인간은 감각적 영혼, 곧 신체-심리적 주체에 지나지 않게 된다. 이성은 모든 인간이 사유할 수 있도록 하는, 신체와 관계없는 사유 틀에 비유할 수 있다.

아베로에스에 따르면 인간은 동물과 달리 사고 작용을 한다. 그는 신체와 전혀 다른 이성은 신체와 존재론적 관계는 갖지 않지만, 이성이 작용하는 과정에서 신체와 접한다고 주장한다. 우선 개별적 인간의 인식 과정은, 간단하게 말하면 감각적 지각(sense)→표상(imagination)이라는 예비적 단계를 거친다. 감각적 지각에는 오류가 없지만, 표상에는 오류가 있을 수 있다. 감각적 지각은 주어진 대상을 직접 보는 것이라면, 표상은 직접 보는 것이 아니라, 머리에 떠올리는 것이기 때문이다. 우리는 눈을 감고서도, 잠을 자면서도 표상을 가질 수 있다. 표상은 감각적 지각을 매개로 성립한다. 아베로에스에 따르면 능동 이성은 이런 표상으로부터 형상을 곧 추상해낸다. 이때 개별적 인간의 표상이 이성과 접하게 된다. 이것이 그의 개별적 인간과 보편적 이성이 접목한다는 접목(conjunction) 이론이다.

여기서 접목은 곧장 하나로 통합(union)된다는 것을 뜻하는 것은 아니다. 아베로에스에 따르면, 이성적 통찰에 헌신하는 삶을 통해, 모든 것을 이성적인 것으로 만드는, 능동 이성이 우리의 고유한 형상(form)이 될 수도 있다는 것이다. 아베로에스는 이성적 인식에도 단계가 있다고 생각했다. 사유하는 인간은 더욱 더 정신적 세계로 성장해 들어갈 수 있다. 개별 인간이 이성적 삶 가운데서 이성과 접목하여 더욱 더 이성을 자신의 고유한 형상으로 삼을 수 있다는 것이다. 개별 인간과 이성의 접목이 상승 과정을 통해 하나로 결합(copula)하는 지점이 바로 목표 지점이다. 이는 사람이 완전히 달라지는 지점을 뜻한다.

아베로에스는 이 지점에 도달하면, 이성이 나의 본질 형상이 될 것이라 주장한다. 나는 나 자신이 되어 버린 이성을 통해 모든 존재자를 인식하게 될 수 있다. 인간은 이런 인식을 통해 신과 유사하게 된다. 왜냐하면, 나의 인식은, 모든 것의 형상적 근거인, 신적 지식에 참여하기 때문이다. 신적으로 된 삶이 바로 인간의 참된 행복(지복, 至福)이다. 이제 행복은 피안에서 오는 것도 아니고, 외투를 걸치듯이 바깥으로부터 오는 것도 아니다. 이제 인간의 행복은 현세에서도 가능하게 되었다. 아베로에스는 아리스토텔레스를 따라 이성의 완전한 실현에서 행복을 찾았다.[4] 아베로에스는 수동 이성이 아니라, 능동 이성 중심으로 이성을 해석하고 있다. 이런 흐름은 토마스로 흘러들어 간다.

Ⅰ. 4. 아베로에스 이성 개념의 서양 세계로의 전파

이러한 '이성 단일론'은 아랍 세계보다는 13세기에 아베로에스 주석서를 통해 아리스토텔레스를 받아들인 라틴 세계의 철학자들(라틴 아베로에스주의자)에게 수용된다. 라틴 아베로에스주의자들은 13세기의 신학자들에게 거부감을 일으키기도 한다. 특히 이성을 개별 인간의 한 부분

---

4) 하지만 현세에서의 완전한 행복의 성취는 그리 쉽지 않을 것 같다. 아베로에스에 따르면, 신의 인식과 인간의 인식은 여전히 다른 것이다. 신의 인식은 만물의 원인에 해당하는 인식이지만, 인간의 인식은 이미 주어진 결과(만물)로부터 시작하기 때문에, 완전성의 정도가 다르기 때문이다. 그렇다면, 인간은 어느 순간, 어느 정도에 있어서 행복을 느낄 수 있는 것으로 보아야 할 것이다.

으로 보고자 하는 신학자들의 개별자의 구원에 대한 주장은 아베로에스 입장과 충돌한다. 그리고 급기야 파리대학의 인문학부 일부 교수들은 1270년과 1277년에 단죄되기에 이른다. 그 이외에도 아베로에스는 서양 중세에 많은 논쟁을 불러일으킨다. 서양 사람들이 '이중 진리론'으로 불렀던 아베로에스의 철학과 신학(종교)에 대한 논의, 그리고 내세가 아닌 현세에서의 행복 실현의 가능성에 대한 아베로에스의 논의 등이 그러했다. 다들 종교적 이유에서 비롯된 논쟁들이다.

하지만 아베로에스는 모든 인류가 공유하는 이성은 신체적-심리적 주체인 개별 인간과 무관하게 존재하지만, 개별 인간이 이성과 접목할 수 있거나, 더 나아가 이성으로 전환될 수 있음을 주장함으로써, 개별 인간도 이성적으로 인식할 수 있다고 주장하고 있다. 그러니까 신체적-심리적 주체로 사는가 아니면, 이성적 주체로 사는가 하는 문제는 개인의 의지적 선택 문제로 볼 수 있다. 그리고 현세에서의 참된 행복 실현의 가능성에 대한 논의, 이성적 종교 해석 등도 철저히 아리스토텔레스의 입장을 일관되게 고수한 귀결이다. 이런 이성주의 입장은 M. 에크하르트로 흘러 들어간다. 하지만 그는 이성에 대한 논의를 수동 이성의 관점에서 수용한다. 그래서 그는 개별 인간이 질료적인 것, 시간적인 것, 공간적인 것을 버리고 떠나 있게 되면, 순수한 수동 이성이 되어 신적 형상을 있는 대로 수용할 수 있게 되어, 신과 하나 될 수 있다고 한다.[5]

• • •

5) 또한, 아베로에스의 '이성론'은 헤겔을 연상시킨다. 헤겔은 이성을 정신(Geist)이라 부른다. 절대정신(신)의 역사 속에서의 자기 전개 과정을 그리고 있는 그의 『정신현상학』의 최초의 제목은 『의식의 경험의 학』이다. 그러니까 이 두 제목을 합하면, 절대정신(절대 이념, 최고 형상)이 역사 속에서 자신을 전개하는 대로, 유한한 인간 정신이 그 전개 과정을 뒤따라가면서 경험할 수 있다는 것이다. 이는, 자신을 역사 속에서 전개하는 신적 능동지성을 수용할 수 있는 인간의 수동지성을 연상시킨다. 이러한 정신이 칸

Ⅰ. 5. 아리스토텔레스의 이성 개념에 대한 나의 해석

영혼은 신체와 하나로 되어 있다고 주장하는 동시에, M. 에크하르트가 영혼의 최상위의 부분이라고 부르는 이성은 신체와 분리되어 있다는 아리스토텔레스의 주장을 어떻게 이해해야 할까?[6] 나는 이성이 신체와 분리되어 있다는 그의 주장을 그의『영혼론』의 내용에 따라 다음과 같이 해석해보았다. ① 첫째, 귀의 감각 지각 작용은 소리에, 눈의 감각 지각 작용은 보이는 영상에 인식이 제한되어 있다. 곧, 각각의 감각 기관은 특정한 대상의 성질에 제한된다. 반면에 이성 작용은 어떠한 특정한 대상의 성질에 구속되지 않는다는 점에서 이성은 신체와 분리되어 있다고 주장할 수 있다. ② 둘째, 우리의 신체는 뜨거운 대상과 접촉하면, 그 대상처럼 우리 신체도 동시에 뜨거워진다. 곧, 대상은 신체에 곧장 영향을 미친다. 하지만 이성 작용에 있어서 인식된 이성적인 대상(noeton)이 사유 주체에 어떠한 신체적 변화를 일으키지 않는다는 점에서 이성은 신체와 분리되어 있다고 주장할 수 있다. ③ 셋째, 인간은 두뇌의 작용 없이는 생각할 수 없다. 이런 의미에서 아리스토텔레스의 말대로 영혼은 신체와 분리될 수 없다. 그러나 동시에 인간의 사유는 사유의 신체적 기

⋯

트에 의해 제한된다. 정신의 제한을 설파한 칸트의 저서가 바로『순수이성비판』이다. 결국, 아베로에스의 사상은 감각적 경험에서 출발하여 관념 철학으로 귀결되는 관념론(idealism)에 해당한다. 그의 논의는 M. 에크하르트뿐만 아니라, 독일 관념론의 초석이기도 하다. 아무튼, 아리스토텔레스의 이성 개념은 아베로에스를 통해 서양에 전해졌다. 그 이후로 서양 사람들이 이성, 정신 등을 기점으로 세계와 인생을 해석하고 싶어 했다. 이상의 논의는 K. Flasche, Meister Eckhart, München: Verlag C.H.Beck, 2006. 46-121쪽. 참조.

6) 전통 철학은 신체와 분리되어 있는 이성(신체를 초월하는 이성)의 측면을 중시한다면, 니체는 이성은 결코 신체와 분리될 수 없다는 주장을 고수한다. 그는 오히려 신체적 의지와 욕망이 더 근원적인 것이고, 이성은 그것에 편승하는 것으로 보고 있다. 따라서 그는 몸을 큰 이성, 전통적 이성을 작은 이성이라고 주장하고 있다.

반이 되는 두뇌 자체를 사유할 수 있다는 측면에서, 두뇌조차도 초월하고 있다. 우리는 두뇌 없이 사유할 수 없지만, 동시에 우리의 사유는 두뇌를 넘어서고 있다. 이는 우리의 일상적 의식 경험이다. 흔히 인간은 신체와 분리될 수 없지만, 인간을 의식적 존재로 인정하는 것은 의식이 신체를 넘어서기 때문이다. 우리는 누군가가 방으로 들어오면, 누구의 신체가 들어왔다고 말하지 않고, 의식적 주체로서 누군가가 방 안에 들어왔다고 말한다. 이런 의미에서 인간은 모든 것을 초월할 수 있는 의식적 주체이다. 이를 순수 자아라고 말한다. 이 자아는 모든 경험에 앞서 미리 전제되어 있는 선험적 주체를 뜻한다. 물론 자아도 자기 생각, 성격, 환경, 경험에 따라 다양한 내용을 가질 수 있다. 하지만 동시에 자아는 자신의 다양한 내용을 끊임없이 초월할 수도 있다. 이러한 초월의 극점(極點)을 가리키는 말마디가 아리스토텔레스의 이성 개념이 아닐까? 아리스토텔레스의 이성 개념은 후설의 순수 의식과 상통한다. 또 그의 이성적 대상 인식은 후설의 본질 직관과 상응한다. 또한, 수동 이성은 텅 비어있어, 모든 것을 있는 그대로 받아들이는 작용을 한다는 주장은 이성 자체는 항상 대상과의 관계 속에서만 성립한다는 후설의 의식의 지향성을 떠올리게 한다. ④ 인간은 동물과 달리 N. 하르트만의 말대로 이념적 영역과 맞물려 있다.[7] 곧, 인간의 사유가 수학의 공리, 논리학의 법칙, 보편 문법을 만든 것이 아니라, 오히려 후자가 인간의 사유를 규정하고 있다. 우리는 일정한 법칙성의 틀을 전제로 하여 사유하고 있다.

---

[7] N. 하르트만(1882-1950)은 세계는 물질 영역(materielle Sphäre)과 이념 영역(ideale Sphäre)으로 되어 있다고 한다.

이런 법칙성은 선험적(先驗的)이다.

만약 나의 자아가 다양한 의식 내용으로부터 텅 비어있을 수 있다면, 전체에 대한 지적 통찰(intellectual insight)이 나에게 문득 주어지는 것이 아닐까? 이어서 M. 에크하르트의 관구장 시절의 설교에 대하여 개관하기로 한다.

II. 관구장(管區長) 시절의 설교들(1303-1311)

여기서는 독일어 설교들의 연대별 큰 묶음만 논의하고자 한다. 왜냐하면, 큰 묶음에 따라 M. 에크하르트 설교의 관점이 변화하기 때문이다. 그 큰 테두리는 다음과 같다.

1. 『영적 강화』(1294-1298년/34-38세)를 중심으로 한 설교들.
2. 1300년 중반에 도미니코회의 수사들이 취합한 『이성적 영혼의 낙원(Pardisus anime intelligentis)』에 실려 있는 에크하르트의 삭소니아 관구장 시절의 설교들(1303-1311년/43-51세).
3. 슈트라스부르크 시대(1314-1322년/54-62세)와 쾰른 시대(1323 또는 1324-1328년/63세 또는 64-68세)의 설교들.

일단 『영적 강화』를 중심으로 한 설교들은 M. 에크하르트의 『중세 고지 독일어 작품집』에 수록되어 있지 않기 때문에, 여기서 거론할 필요가 없다. 문제가 되는 것은 삭소니아 관구장 시절의 설교들과 슈트라스부르크 시대와 쾰른 시대의 설교들이다. 여기서는 관구장 시절의 설교들만 잠시 살펴볼 것이다.

이 시절의 설교들은 첫 번째 파리대학 교수 시절(1302-1303년/42-43세)에 나온 『파리 문제집(Questiones Parisienses) I, II』과 관계있다. 이 문제집 I에서 그는 존재(esse, das Sein)보다 이성(intellectus, Erkennen)을 높이 평가하고 있다. 그는 "신은 존재하기 때문에, 신이 인식하는 것"이 아니라, "신이 인식하기 때문에, 신이 존재한다."라는 입장에 서게 된다.(Quest. Par. I. n. 4) 이때, 존재는 피조물을 지칭하는 개념이고, 이성은 아리스토텔레스의 순수 수동 이성을 지칭하는 개념이다. 이성을 신으로 정의하는 그 당시 에크하르트의 입장은 신적 직관에 있어 이성 우위를 주장하는 도미니코회와 의지와 사랑의 우위를 주장하는 프란치스코회와의 논쟁에서 비롯된 것이다. 이런 『파리 문제집』의 노선에 따른 에크하르트의 설교들이 『이성적 영혼의 낙원』에 실려 있다. 『이성적 영혼의 낙원』에는 총 64개의 설교가 실려 있다. 그중 32개의 설교가 에크하르트의 것이고, 나머지는 도미니코회의 다른 수사들이 행한 설교들이다. 32개의 설교 중 『중세 고지 독일어 작품집』에 실려 있는 설교는 다음과 같다. 설교 7, 9, 19, 20b, 32, 33, 37, 38, 43, 56, 57, 60, 70, 72, 80, 82, 84, 85(총 18개의 설교)이다. 나머지 13개의 설교는 여전히 비평을 거치지 못한 채 있다. 그리고 『이성적 영혼의 낙원』에는 실려 있지는 않지만, 『파리 문제집』의 노선을 대변하고 있는 설교 3, 26, 36a, 45, 69, 71이 『중세 고지 독일어 작품집』에 실려 있다. 한마디로, 『파리 문제집』의 노선에 따른 에크하르트의 설교들 24개가 『중세 고지 독일어 작품집』에 실려 있는 셈이다. 이하에서는 이들 설교를 이해하기 위한 지평인 『파리 문제집(Questiones Parisienses Ⅱ)』의 사유 지평을 간단히 살펴보고자 한다.

M. 에크하르트는 이성을 수동 이성과 능동 이성으로 구분하지 않는다. 역자의 해석에 따르면, 능동 이성은 감각을 통해 수용된 감각상에 빛을 비추어 그것을 현실적인 인식상으로 만들고, 수동(가능) 이성은 이렇게 만들어진 인식상을 수용한다는 것이 아리스토텔레스의 근본적 인식 지평이다. 하지만 에크하르트의 인식 지평은 피조물의 특정 대상의 인식 상들에 근거한 최종적 근원에 대한 인식이 아니라, 애초부터 최종적 근원 자체인 아버지의 인식 상을 있는 그대로 다 받아들이는 것이다. 따라서 받아들인 것의 본질을 또다시 밝혀내는 그에게 능동 이성의 역할이라는 것은 무-의미하다. 이 경우, 최종적 근원인 아버지 안에 모든 것(아들, 사물의 원형 등)이 이미 다 포함되어 있다. 따라서 아들(logos, ratio, verbum)은 있는 그대로의 아버지를 받아들일 뿐이다.[8] 따라서 M. 에크하르트가 말하는 이성은 수동 이성이며, 이 이성은 몸과 분리되어 있으며, 그 근저를 알 수 없는 그런 것이다. 그의 이성 개념은 영혼의 근저에 대한 논의와 맥을 같이 한다. 『파리 문제집(Questiones Parisienses Ⅱ)』에 나오는 그의 이성 개념은 수동 이성이다. 그 주요 특징은 다음과 같다.

---

8) 에크하르트는 대상들에 대한 인식 상으로부터 사물들의 최종적 근원으로 나가는 인식 지평을 '저녁 인식'이라 부르고, 최종 근원에서 사물들의 본래 모습을 인식하는 인식 지평을 '아침 인식'이라고 한다. 따라서 '저녁 인식'은 피조물의 인식 상들 → 근원에서 그것들을 인식하는 것이라면, '아침 인식'은 최종적 근원 → 피조물의 인식 상을 인식하는 것이다. M. 에크하르트의 『요한복음 주해』에서 나오는 요한복음 1장 1-3절까지의 주석에서 그는 모든 것은 아버지 가운데 이미 다 선재(先在)되어 있다고 한다. 아버지 안에 이미 선재되어 있는 사물의 이념 또는 원형을 그는 탁월한 방식으로(virtuelle) 존재하는 것이라고 부르고, 아버지 안에서부터 바깥으로 흘러나오고 난(ebullito) 다음의 사물의 이념을 형상적(formalis)으로 존재하는 것이라 이름 하여, 양자를 엄격하게 구분하고 있다.

"이성인 한, 이성(intellectus, in quantum intellectus)은, 모든 것을 인식할 수 있기 위해 이성이 인식하는 그러한 것들(이성의 대상들-역주)이 아니고, 오히려 (그런 것들과) '혼합되지' 않은 것이어야 하고 '어떤 것과도 어떤 것을 공유하지 않아야 한다'('immixtus', 'nulli nihil habens commune'). 『영혼론』Ⅲ에서 시각이 모든 색깔을 보기 위해 어떠한 색깔도 갖지 않아야 한다고 말하듯이."(Quest. Par. Ⅱ. n. 2)

모든 것을 인식할 수 있기 위해 이성은 이성의 인식 대상도 아니고, 그런 것과 혼합되거나 그 어떤 것과도 결코 공유하는 것이어서는 안 된다는 것이다. 이런 논의는 아리스토텔레스의 『영혼론』에 따른 논의이다. 그는 "소리 없는 것이 소리를 수용하듯이, 색깔 없는 것이 색깔을 수용한다."라고 말한다.(De Anima, Ⅱ, Ⅶ, 418b, 26-27행) 또한 그는 다음과 같이 말한다. "이성은 모든 것을 사유하기 때문에, 혼합되어서는 안 된다는 것은 필연적이다. … 따라서 이성은 수용하는 능력 이외에 어떠한 특징도 가질 수 없다. 우리가 이성이라 부르는 … 영혼의 그 부분은 사유하기 이전까지는 어떠한 현실적 존재도 갖지 않는다. 따라서 이성이 신체와 혼합되어 있다고 상정하는 것은 불합리한 것이다. 왜냐하면, 그 경우 이성은 질적인 어떤 것이 될 것이기 때문이다. 곧, 뜨겁게 되거나 차갑게 될 것이기 때문이다. 또는 심지어 감각 기관이 갖고 있는 것과 같은 어떤 기관을 갖게 될 것이다. 그러나 이성은 어떤 것도 갖고 있지 않다."(Aristotle, De Anima, Ⅱ, Ⅶ, 429a, 18-27행)

이 논의는 『파리 질문집Ⅰ』의 끝머리에도 등장한다. "이는 마치 아리스토텔레스가 시각은 모든 색깔 있는 것을 보기 위하여 색깔이 없어야 한다. 그리고 이성은 모든 형상을 인식하기 위해 자연에 주어진 형상들에 의해 규정되어서 안 된다고 말한 것과 같이, 나 또한 신 자신에게서 (창조된-역자) 존재와 그러한 것을 부정한다."(Quest. Par Ⅰ. n. 12) 이성은 구체적이고 개별적 존재자들로부터 분리되어야 한다. 이성은 구체적인 존재와 전적으로 다른 존재 방식을 지닌다. 이런 사유를 J. D. 카푸토(Caputo)는 의식의 부정성 또는 무에 대한 논의라고 말하면서 근대 철학의 특징이라고 한다.[9] 그는 "이성이 (창조된-역자) 존재로부터 풀려나 존재에 예속되지 않기 때문에, 이성은 자율성의 능력이고 자기 규정(self-determination)의 능력이다."라고 말한다.(J. D. Caputo, 105쪽)

『파리 질문집Ⅰ』에서는 이러한 복합적인 인간 이성의 극점에 해당하는 순수 이성이 신적 이성이 된다. 곧, 이성(정신)은 최종 근원인 아버지(이성, 정신-역자)를 있는 그대로 수용하는 아들(이성, 정신-역자)이다. 그리고 신적 이성은 존재 또는 존재자와 철저하게 다르다. 이 당시 그는 후기 설교들에서 신을 가리키는 말마디인 존재 또는 존재자를 피조물을 지칭하는 말로 격하시킨다.[10] 따라서 『파리 질문집Ⅰ』에서 그는 다음과 같이 단언한다. "신은 존재하기 때문에, 이성 작용을 한다는 방식으로가 아니라, 신은 이성적 인식 작용을 하기 때문에, 존재하는 것이라 생각한

• • •

9) J. D. Caputo, The Nothingness of Intellect in Meister Eckharts "Parisian Questions", in the Thomist 39, 1975. 85-87쪽 참조.
10) M. 에크하르트가 존재 또는 존재자를 피조물을 지칭하는 말로 사용하게 된 이유는, 『원인론』의 3장에 나오는 다음의 주장에 기인한다. "창조된 사물 가운데 최초의 것은 존재이다. 존재 이전에 어떤 다른 창조물도 존재하지 않는다."라는 명제에 기인한다. Die pseudo-aristotelische Schrift, Ueber das reine Gute bekennt unter dem Namen Liber de causis, bearbeitet von Otto Bardenhewer, Freiburg im Breisgau, Herder'sche Verlagshandlung, 1882. 166쪽. * 이하에서는 Liber de causis로 줄임.

다. 따라서 신은 이성이고 이성 작용이며, 이성 작용 자체가 존재 자체의 토대라는 것을 보여주고자 한다."(Quest. Par. n. 4)라고. 이상이 관구장 시절의 설교를 이해하기 위한 기본적 이해 지평이라면, 이하는 슈튜트라스부르크와 쾰른 시대의 설교를 이해하기 위한 기본적 이해 지평을 소개하고 있다.

III. 슈트라스부르크 시대(1314-1322년/54-62세)와 쾰른 시대(1323 또는 1324년-1328년/63세 또는 64세-68세)의 설교들

이 시기의 설교들은 연대순으로 편집되어 있지 않다. 이 설교들의 연대순을 J. 퀸트는 다음과 같은 기준에 따라 확정하려고 노력하고 있으나, 아직도 시작에 머물러 있을 뿐이다. 그 기준은 설교 장소, 다른 설교와의 관련성, 교회력에 따른 설교들의 자리매김 등이다. 특히 퀸트는 설교 장소와 다른 설교와의 관련성을 통해 이런 작업을 하고자 했다. 그는 적어도 설교 10, 11, 12, 13, 14, 15, 22, 51은 내용적으로 서로 밀접하기에, 같은 그룹에 넣을 수 있는 1322-1325년에 쾰른에서 행해진 설교라고 주장한다. 그 이외에는 슈트라스부르크 시대의 설교로 일단 추정된다. 이들 설교의 저변에 꾸준히 등장하는 영원성, 귀속적 유비, 생성과 변화 등의 개념을 일단 살펴보기로 한다.

III. 1. 영원성의 개념

『원인론』 2장에 다음과 같은 명제가 나온다. "보다 높은 모든 존재

(esse)는 ① 영원성보다 더 위에 있거나 영원성보다 앞서 있든지 ② 또는 영원성과 함께 있든지 ⓒ 또는 영원성 이후에 있지만, 시간 위에 있든지 이다."[11] 영원성에 앞서 있는 존재가 제1원인(causa prima)이다. 이 존재가 영원성의 원인이기 때문이다. 하지만 영원성과 함께 하는 존재는 이성(intelligentia)이다. 이성은 제2의 존재이다. 그 때문에, 영원성과 함께 하는 이성은 영향 받지도 파괴되지도 않는다. 그러나 영원성 이후에 있지만, 시간 위에 있는 존재는 영혼이다. 영혼은 영원성의 지평보다 훨씬 아래 있지만, 시간보다는 위에 있다. 그래서 영혼은 시간의 원인이다. 이를 영원성보다 앞서는 존재(제1 원인)→영원성(이성 또는 정신 또는 이데아 세계)→영원성 이후에 있지만 시간 위에 있는 영혼으로 간단히 도식화할 수 있다. 이때, 이들 사건의 진행은 영원성 가운데 진행되는 것이기에, → 는 시간적 순서를 뜻하지 않는다.

M. 에크하르트의 경우, 최종적 근원인 '하나'(ein)(아버지) 또는 아버지와 아들의 '하나임'(einicheit) 안에 모든 것의 모든 상이한 이념들의 영원한 원상(Urbild)들이 다 이미 선재되어 있다. 이 원상들이 바깥으로 흘러나와(유출) 사물 세계가 성립된다. 결국, 사물 세계의 본질은 아버지 가운데 있던 영원한 이념들의 원상이다. 따라서 이들 원상은 시간에 따라서 변화하지 않는다. 구체적 원은 변해도, 원의 이념은 변화하지 않는다. 그래서 M. 에크하르트의 사유방식에 따라 '하나' 또는 '하나임'(영원성의 원인, 제1원인, 근원적 원인, 본질적 원인, 유비적 원인과 그 안에 포함되어 있는 영원한 이념들) → 영원한 이념들의 유출(Ausbruch) →

---

11) Liber de causis, 명제 2, 165쪽. 원문자는 필자의 것임.

영원한 이념들의 '하나'로 복귀하는 돌파(Durchbruch) 등으로 간단히 도식화할 수 있다. 물론 이때, → 는 시간적 순서를 나타내는 것이 아니라, 상호간의 논리적 관계를 표현하고 있다. 이러한 신적 사건은 시간 안에 진행되는 것이 아니라, 불변적인 영원 가운데 일어나는 사건들이기 때문이다.

영원성(이념들)의 원인인 신 가운데서는 과거, 현재, 미래라는 시간이 없다. 현재만 있을 뿐이다. 영원한 신안에서의 작용은 내재적 자기 인식 작용밖에 없다. 이것이 아버지가 아들을 낳는다. 또는 아들이 되 돌이켜 아버지를 낳는다는 말로 표현된다. 이를 내재적 또는 신성 안에서의 유출(bullitio)이라 한다.[12] 아버지가 나를 자기 아들과 동일한 아들일 수 있게끔, 나의 영혼의 근저에 자기 아들을 낳는다고 말할 때, 이는 영원성 가운데 일어나는 신성의 자기 인식 작용이 우리의 영혼 근저에서 일어난다는 말이다. 그래서 아버지의 유일한 아들이 그러한 것처럼, 나도 참된 자기 인식에 도달한다. 곧, 우리 영혼의 근저는 영원한 신성의 자기 인식 작용이 일어나는 마당이다. 우리 영혼의 근저는 영원한 생성이 생기(生起)하는 장소이다. 하이데거식으로 말하면, 열려 있는 터를 지닌-존재(Da-sein)는 존재(Sein)가 뛰어노는 돗자리인 셈이다. 그의 사상은 영원성과 시간성의 엄격한 구분을 바탕으로 하고 있다. 하이데거가 존재와 존재자를 철저하게 구분하듯이. 이어서 생성이라는 말마디의 의미를 새겨 보도록 하자.

---

12) 신성에서의 유출을 bullitio(안에서 끓어오름)로, bullitio는 신성 안에서의 신의 자기 인식 작용(아버지가 아들을 낳는다. 아들이 되 돌이켜 아버지를 낳는다)인 반면, 창조에 해당하는 신성 바깥으로의 유출을 ebullitio(끓어 올라 바깥으로 넘침)라고 이름 함으로 서로 구분한다.

Ⅲ. 2. 생성의 개념

생성(generatio, geburt)이란 무엇일까? 생성과 변화(alteratio)는 어떻게 다른 것일까? 이를 M. 에크하르트의 『요한복음 주해』에 따라 알아보고자 한다. 변화는 운동되고(moveri), 만들어지는(fieri) 과정 중에 있어, 여전히 순수 형상에 도달하지 못해 불완전한 것이라면, 생성은 운동이 완료된 것(motum esse), 이미 만들어진 것(factum esse), 순수 형상으로서 완성된 것(perfectum)이다. 그래서 변화가 가는 길(via) 위에 있다면, 생성은 종착점(terminus)이다. 그래서 변화는 순수 형상 때문에 존재한다. 여기서 세계 변화의 진행 과정의 목적 지점이 성립한다. 곧, 변화는 생성을 전제로 하여서만 설명될 수 있다. 그리고 가능성과 현실성이란 개념도 성립한다. 변화는 여전히 순수 형상의 실현 과정에 있기에, 가능성의 영역에 속한다면, 실현 과정이 완성되면, 순수 현실태의 영역으로 전환된다.[13] 이때, 순수 현실태가 모든 사물의 최종적 근원인 실체적 형상이다.[14]

이러한 아리스토텔레스의 세계관이 M. 에크하르트에 전제되어 있다. 에크하르트는 신의 신성 가운데서 아버지가 아들을 낳는다. 아들이 되돌이켜 아버지를 낳는다. 또는 '하나'(ein)인 아버지의 상을 아들은 있는 그대로 받아들인다. 그래서 아버지와 아들은 '하나임'(einicheit)이다. 신

⋯

13) Magistri Echardi Expositio Sancti Evagelii secundum Johannem, hrg. und übersezt. von K. Christ und J. Quint, Verlag von W. Kohlhammer, Stuttgart·Berlin, 1936. n. 143-149 참조.
14) 여기서 실체는 '자신 안에 존립한다.'(In-sich-bestehen, substiere)는 의미와 우연성의 담지자로 기저에 놓여 있음 뜻하는 아래에 '서 있다'(substare)는 두 가지 의미를 지닌다. M. 에크하르트의 설교 중에는 '자기 자신 안에 있는 신'이라는 말이 많이 나온다. 이를 통해 우리는 그가 아리스토텔레스의 실체 개념을 전제로 하고 있음을 잘 엿볼 수 있다.

성 가운데서 생기하는 이러한 사건이 인간의 영혼의 근저에서 일어난다. 영혼의 근저가 모든 것에서부터 벗어난다면, 영혼의 근저는 신의 근저와 같을 수 있다는 것을 전제한다면, 이런 이야기는 성립한다. M. 에크하르트는 신의 근저와 나의 근저는 하나라고 말한다. 하이데거식으로 말하면, 모든 것에서 벗어나 존재의 터(Da)에 도달할 수 있는 터-존재(Da-sein)일 때, 존재의 소리(Stimme)가 들린다.

그런데 이상의 논의는 인간이 피조물적인 것, 시간적인 것, 공간적인 것, 물질적 세계에 사로잡혀 있는 자신의 자아에 벗어날 때, 가능한 이야기이다. 다른 말로 하면, 우리는 변화 과정 중에 있는 모든 것에서부터 벗어나야 한다. 그때, 세상에서 일어나는 모든 변화의 목적인 순수 형상 또는 순수 현실태에 거주할 수 있다. 곧, 생성의 영역에 머물 수 있다. 생성은 시간성과 차원을 달리하는 영원의 영역에서 끊임없이 생기하는 사건이다. 그리고 참다운 생성은 아리스토텔레스의 형이상학에 나오는 말로 하면, 자기 인식("신은 자기 자신을 사유한다.")이다. 플로티노스의 일자도 결국은 최종적 자기 인식의 영역을 가리키는 말이다. M. 에크하르트는 이런 최종적 자기 인식을 신은 아들을 낳는다(geburt)는 말로 설교하고 있다. 고대 중세의 사상이 대개 자기 인식에 대한 정신적 경험을 중심으로 전개된다면, 오늘날의 추세는 대상을 정복하고, 길들이는 대상 인식 중심으로 전개된다. 이런 추세의 끝 지점이 인스타그램의 시대, 인공 지능의 시대이다. 생성은 우리가 망각하고 있던 정신적 경험을 일깨우고 있는 것이 아닐까? 이어서 M. 에크하르트의 독특한 유비 이론에 대해 생각해보기로 한다.

Ⅲ. 3. 귀속적 유비 이론(attributiva analogia)

유비란 무엇일까? 특히 귀속적 유비란 무엇일까? M. 에크하르트의 『집회서에 대한 설교와 강의』를 통해 알아보자. "다의적이란 말마디(aequivoca)는 그 말마디에 의해 지시되는 다양한 사물에 의해 구분되고, 일의적이라는 말마디(univoca)는 동일한 사물(유개념-역자)이 다양한 종차(種差)에 의해 구분된다. 그러나 유비적이라는 말마디(analogia)는 (그 말마디에 의해 지시되는-역자) 상이한 사물들을 통해서도, 사물들의 종차를 통해서도 구분되지 않고, 오히려 단적으로 동일한 것(동일한 말마디-역자)이 (존재-역자) 방식을 통해 구분된다."[15]

다의적인 말마디는 동일한 말이 다양한 사물을 가리키는 경우이다. 곧, 라마라는 말은 낙타를 가리키기도 하고 동시에 라마승을 가리키기도 한다. 일의적인 말마디는 동일한 유개념을 갖지만, 그 개념에 포섭되는 종들이 종차에 의해 구분되는 경우이다. 동물류 아래 포섭되는 종들은 종차에 의해 구분된다. 인간이나 원숭이나 다 동물이지만, 그 종차는 다르다. 따라서 인간과 원숭이는 같으면서도 동시에 서로 다르다. 반면에 유비적이라는 말마디는 어떤 특정한 사물에만 귀속되는 의미를 다른 사물이 그 특정 사물을 지시하고 있다는 의미에서 사용되는 말마디를 의미한다. 곧, 실체가 있다. 우유성(偶有性)이 있다고 말할 때, 있다는 의미는 본래 실체에만 적용되는 의미이다. 따라서 우유성은 있는 것이 아니지만, 실체의 존재를 지시하고 있다는 의미에서 있다고 말하는

---

[15] Expositio Libri Exodi, Sermones et Lectiones super Ecclesiastici, Expositio Libri Sapientiae, Expositio Cantici Canticorum, Hg. und Übers. H. Fischer, J. Koch, K. Weiss, 1992. Sermones et Lectiones super Ecclesiastici, n. 520이하.

것이다. 본래 있는 것은 실체뿐이다.

이를 M. 에크하르트는 다음과 같이 말한다. "생명 자체 가운데 있는 하나이고 똑같은 (의미를 갖는-역자) 건강(이라는 말마디-역자) 자체는 … 음식물이나 오줌에도 있지만, 건강이라는 말마디(생명체가 지니고 있는 건강에서와 똑같은 의미에서의 말마디-역자)는 돌 가운데 있지 않는 것 못지않게, 음식물이나 오줌 가운데 아예 없다. 오히려 오줌이 (생명체가 지니는 것과-역자) 동일한 (의미의-역자) 건강을 지시하기 때문에, 오줌이 건강하다고 말해지는 것이다, 이는 마치 어떠한 술도 지니고 있지 않은 월계수가 술을 가리키는 것과 같다."16) 실제로 술집에 걸려 있는 월계수는 포도즙이나 신선한 술이 팔리고 있다는 것을 지시하는 것이지, 자신 안에 술이라는 의미를 조금도 지니고 있지 않다. 이와 마찬가지로 오줌이나 음식물은 생명체가 지니고 있는 건강이라는 의미를 전혀 갖고 있지 않고, 생명체가 지니고 있는 건강을 지시하고 있을 따름이다.

이러한 것이 바로 에크하르트의 귀속적(歸屬的) 유비이다. 곧, M. 에크하르트에게 있어서 존재·하나·참·선 등 초월 개념은 신에게만 고유하게 적용되는 개념이다. 따라서 피조물은 하나·참·선·존재 등을 전혀 갖고 있지 않고, 하나·참·선·존재를 지시하고 있을 뿐이다. 단적으로 신만이 고유한 의미에서 존재이고, 하나이고 참이고, 선이다. 피조물은 이런 신만이 지니는 고유한 의미를 지시할 뿐이다. 한마디로 모든 피조물은

---

16) 앞의 곳.

신을 지시할 뿐, 신을 떠나서는 무(無)일 따름이다. 이것이 그의 귀속적 유비 사상이다.

에크하르트의 근본 사상의 토대는 일반적 일의성과 달리 동음동의적(同音同義的)인 일의성(하나ein 또는 아버지-신과 아들-신의 하나임 einicheit을 의미하는 일의성)과 귀속적 유비에 놓여 있다. 토마스의 존재 유비는 신의 존재와 인간의 존재는 존재라는 측면에서 어느 정도 닮아있다는 주장이다. 반면에 에크하르트의 귀속적 유비는 중세 철학자들이 말하는 초월 개념, 곧 존재·하나·참·선 등은 오직 신에게만 귀속되어 있다는 것이다. 따라서 인간은 창조된 자신과 시간과 공간 그리고 피조물 등에서 철저히 벗어나 있어야 한다. 그럴 때, 인간은 신만 갖는 초월 개념을 수용할 수 있다는 것이다. 따라서 이러한 초월 개념을 지시하고 있는 모든 피조물은 신을 떠나서는 무(無)일 수밖에 없다. 곧, 없는 것이다. 인간은 신으로부터 존재를 받아들이는 한, 존재할 수 있다. 선을 받아들이는 한, 선할 수 있다. 하나를 받아들이는 한, 하나일 수 있다. 참을 받아들이는 한, 참일 수 있다. 의로움을 받아들이는 한, 의로울 수 있다. 그때 인간은 신과 하나가 된다(동음동의적 일의성). 특히 이러한 그의 귀속적 유비 사상은 그가 이단 혐의를 받게 되는 결정적 요인이 된다.

Ⅲ. 4. 슈트라스부르크 시대와 쾰른 시대 설교들의 주요 주제와 플로티노스

에크하르트는 독일어 설교들의 가장 주요한 주제들을 설교 53에서 다음과 같이 정식화하고 있다. ① "(첫째-역자), 내가 설교할 때, 버리고 떠나 있음에 대해 자주 말하려고 했다. 그리고 인간이 자기 자신으로부터 그리고 모든 것들로부터 자유로워져야 한다고 자주 말하려고 했다. ② 둘째, 사람은 신, 곧 단순한 선성(gout)으로 되돌아가 그와 하나의 꼴로 바뀌어야 한다(îngebildet)고 자주 말하고자 했다. ③ 셋째, 신이 영혼 속에 불어넣어 준 위대한 고귀성(grôzen edelkeit)을 생각해야 한다고 자주 말하고자 했다. 그를 통해 사람이 놀라운 방식으로 신에 도달할 수 있음을 자주 말하고자 했다. ④ 넷째, 신적 본성의 순수성(götlicher natûre lûterkeit)에 대해 자주 말하고자 했다. 그리고 신적 본성에 자리 잡고 있는 그러한 광채는 말로 표현할 수 없다는 사실을 자주 말하고자 했다."[17]

하지만 옮긴이는 M. 에크하르트의 독일어 설교들의 주요 주제들을 비교적 체계적으로 이해하기 위해 다음과 같이 재설정하고 싶다. ① 영원한 감추어짐의 감추어진 어두움으로부터(ûz dem verborgenen vinsternisse der êwigen verborgenheit) 영원히 낳았던 아들과 아버지 가운데 머물러 있었던 사물들의 원상들에 대한 그의 근본 경험(Grunderfahrung).[18] 이는 에크하르트가 말하는 네 번째 항목, 곧 그의 신론(神

---

17) DW Ⅱ. 528쪽 5행-529쪽 2행.
18) DW. Ⅰ. 382쪽 3-4행.

論)에 해당한다. ② 신을 떠나서는 무(無)일 수밖에 없는 피조물에 대한 논의, 곧 신을 떠나서는 어떤 자립적 존재도 갖지 못하는 피조물에 대한 그의 근본 경험(귀속적 유비). 이런 논의가 인간이 피조물적인 것과 자신으로부터 "버리고 떠나 있어야 한다." 또는 "그냥 내맡겨두고 있어야 한다."라는 그의 주장의 근거가 된다. 곧, 첫 번째 항목에 해당한다. ③ 인간과 신의 역동적 관계에 대한 근본 경험, 영혼의 근저에 끊임없이 생기(生起)하고 있는 아들의 탄생에 대한 그의 근본 경험. 이것도 저것도 훨씬 뛰어넘어 있는 영혼의 근저에 대한 논의가 바로 그가 말하는 셋째 논의에 해당한다. ④ 영혼 근저 가운데 신의 탄생을 통해 신성으로 돌파에 대한 논의가 바로 그가 말하는 둘째 항목에 해당한다.

따라서 그의 설교들의 주요 거점은 ① 창조 이전의 아버지와 아들 및 사물의 원상들의 관계(내재적 삼위일체론)를 바탕으로 하는 신론, 그리고 ② 신을 떠나서는 무(無)라는 피조물의 본성을 바탕으로 하는 인간론, ③ 신은 끊임없이 영혼의 근저에 자신을 낳고, 영혼의 근저는 신을 낳는다는 신과 인간의 역동적 관계이다. ④ 어두움 가운데 감추어진 영원한 신성으로의 돌파 등이다. 이러한 틀은 형식의 측면에서 헤겔 철학의 근본적 틀이 되기도 한다. 곧, 그의 철학의 기본 틀은 창조 이전의 신의 영원한 자기 운동을 서술하는 논리학, 신으로부터 유래된 피조물인 자연에 대한 고찰인 자연 철학, 그리고 신과 인간의 역동적 관계를 서술하고 있는 정신현상학을 비롯한 정신철학 등으로 전개된다. 그러나 헤겔이 인간의 이성으로 영원한 진리를 이해하고 체계화하고자 했다는 점에서는 M. 에크하르트와는 대극점에 있다고 생각된다. 오히려 근대 헤겔의 이성주의와 데카르트 이래 번성하는 과학 기술주의를 비판하고,

참다운 '존재'를 경청하고 기다려야 한다는 하이데거의 입장이 오히려 M. 에크하르트와 내용에 있어 더 닮아있다. 어쩌면 M. 에크하르트에 나오는 '신성'(gotheit), 또는 '하나'(ein), '하나임'(einicheit)이 하이데거의 '존재' 개념이 아닐까? 해방과 자유, 그리고 초월의 개념에 바탕을 두는 이들 개념이 아니라면, 우리는 도대체 어떻게 살아야 할까?

① 창조 이전의 아버지와 아들 관계 및 아버지 속에 머물러 있는 사물의 원형들에 대한 논의인 M. 에크하르트의 신론은 그리스도교적으로 재해석된 플로티노스의 일자에 대한 근본 경험과 맥을 같이 한다. M. 에크하르트의 영원한 신성 안에서 이루어지는 끊임없는 신적 산출 또는 신적 탄생 등으로 대변되는 창조 이전의 내재적 삼위일체론을 제외한다면, 일자 안에서의 모든 것이 '차이 없는 차이'를 지니고 존재한다는 플로티노스의 주장은 그대로 에크하르트의 신론에 적용된다. 여기서 철저하게 지배적인 논의는 모든 것이 '똑같다' '하나이다'라는 것이다. 영원한 신성 안에서의 신적 산출에 있어서 산출자와 산출된 것은, 한편은 낳고 다른 편은 낳아졌다는 점에서 다르지만, 동시에 철저히 하나라는 것이다. 그뿐만 아니라, 산출된 것이 산출자 안에 머무르고 있는 한, 낳고 낳아짐도 없이 둘은 전적으로 하나라는 것이다. 곧, 동음동의적 일의성(一義性)이 지배적이다. ② 피조물은 원래 신 가운데서는 신과 차이 없이 있었다. 그런데 신으로 흘러나온 이후, 신을 떠나서는 무일 수밖에 없게 되었다. 그러나 인간은 신과 하나 될 수 있는 가능성을 여전히 가지고 있다. 버리고 떠나 있어 그냥 손에 놓아두고 있는 인간의 영혼의 근저에는 신이 탄생하기 때문이다. 그는 신과 하나 되는 경험을 한다. 그래서 그는 모든 것을 넘어서 있게 된다. 그는 영원 가운데 있게 된다. 시

간도 공간도, 유형적인 것도, 또 그와 같은 냄새를 풍기는 어떤 것도 넘어서 있게 된다. 그래서 인간은 영원한 신성과의 관계 속에서만, 자신의 고유한 자아를 되찾게 된다. 신은 영원 가운데만 있기에, 과거도 미래도 없다. 있다면, 현재만이 있다. 따라서 신의 탄생을 경험한 사람에게는 현재만 있게 마련이다. 플로티노스에서는 일자의 산출물들이 갖는 일자와의 관계 정도에 따른 위계가 주요 주제라면, 에크하르트에서는 그렇지 않다. 에크하르트에서 중요한 것은 인간이다. 역사 속에 사는 개개인이 영원한 신성 가운데서 항상 생기하는 신적 발출을 경험함으로써 신성과 일의적으로 하나 되는 것이 그에게는 주요 관심사이다. ③ 에크하르트의 인간론은 신과의 관계 속에서만 이해될 수 있다. 그것도 신과의 고정적 관계가 아니라, 역동적 관계 속에서 그러하다. 인간이 피조물로 채워지는 만큼 신으로부터 비워지는 반면, 신으로 채워지는 만큼 피조물로부터 비워진다. 그래서 인간은 때로는 더 고유한 자신으로, 때로는 덜 고유한 자신으로 되기도 한다. 또, 사람마다 신과의 관계가 다르다. 그래서 동일한 자신에서도 전적으로 동일한 순간이 없으며, 모든 인간 사이에도 전적으로 동일한 경우가 없다. 이를 에크하르트는 영혼의 근저에 신의 끊임없는 탄생, 끊임없는 창조, 육화(肉化) 등으로 풀이한다. 이는 하나 가운데서만 인간의 자기 인식이 완성된다는 플로티노스의 근본 경험이 그리스도교 특유의 육화와 창조 사상으로 다시 해석된 것이다.

아무튼, M. 에크하르트의 설교들은 대담하고 날카로우면서 비상하는 듯한 언어들로 구성되어 있다. 그에게 신학은 곧 철학이었다. 그 역도 마찬가지였다. 그는 삼위일체, 육화, 창조 등 그리스도교 계시 전체를 통하여 철학적 진리를 찾았다. 하지만 이런 그의 신학적 철학 또는 철학적 신학은 모든 언어를 넘어서는 그의 근본 경험에 바탕을 두고 있다. 그래서 그는 설교 52에서 "이 강론을 이해하지 못하는 사람은 그 때문에 신경을 쓰지 마라. 왜냐하면, 인간이 이러한 진리와 같아지지 않는 한, 그는 이 말들을 알아듣지 못할 것이기 때문이다. 이 진리는 신의 마음으로부터 아무런 매개 없이(âne mittel) 도래하는 감추어지지 않고 드러나 있는 진리이다."라고 말한다.[19] 그는 신의 마음으로부터 매개 없이 도래하는 감추어지지 않고 드러나 있는 진리와 같아졌다. 신성을 아무런 매개 없이 경험했다. 그렇다면 그의 철학적 신학 또는 신학적 철학적 언어들은 언어를 넘어선 그의 경험을 우리에게 전달하기 위한 하나의 개 짖는 소리에 지나지 않을 것이다. 그의 언어는 세상의 존재자들과 확연하게 다르게, 사유이전의 존재(das Unvordenkliches), 곧 확고부동한 버리고 떠나 있음 자체인 신 또는 하이데거가 말하는 '존재'를 우리에게 전달하려는 몸부림이었을 것이다. 그는 용수의 『중론』의 논의처럼 근원적 현실과 언어와의 괴리를 너무나 잘 알고 있었다.[20] M. 에크하르트에게 근원적 현실은 끊임없는 현재하는 생성(generatio)이었다. 이런 의미에서 그의 사상은 철저하게 이성을 신뢰하면서도 이성을 넘어서고자 했다는 점에서 일정 부분, 전통 형이상학과의 단절이라 말할 수 있다. 이성보다는 근본 경험이 우선이 아니겠는가. 하이데거의 말에 따르면, 뿌리보다 뿌리가 뿌리박고 있는 땅(Grund)이 우선이지 않겠는가.[21]

∴

19) DW. Ⅱ. 506쪽. 1-3행.
20) 참조. 梶山雄一, 空の思想, 東京, 人文書院, 1993, 17-46쪽.
21) 참조. M. Heidegger, Was ist Metaphysik, Siebte Auflage, Frankfurt am Main, Vittorio Klostermann, 1955. 1-12쪽.

IV

철학은 무한히 진리를 찾아가는 과정일까? 그렇다면 철학은 그저 끝없는 사고의 여정이며, 최종적 목적지에 도달할 수 없는 부단한 추구에 지나지 않는다. 이러한 주장이 독일 낭만주의자들이 주장하는 무한주의(Infinitism)의 입장이다. 인간은 불완전하다. 따라서 완전성에 대한 인간의 논의는 단순히 꾸며낸 이야기에 지나지 않는다. 이러한 주장은 영국 경험론자의 기본 입장이다.

이런 입장과 달리, 인간은 불완전하지만, 완전성을 잠시나마 경험할 수 있다는 입장을 대변하는 이들도 있다. 이들이 플라톤, 플로티노스, 아우구스티누스, 위 디오니시우스, 알베르투스 마뉴스, 후기 토마스, 셸링, 프라이베르크의 디트리히, 마이스터 에크하르트, 야코프 뵈메, 루이 라벨, 후기 하이데거 등이다. 그뿐만 아니라, 범아일여(梵我一如)를 주장하는 우파니샤드 철학, 불이일원론(不二一元論)을 주장하는 샹카라, 노자, 장자 등도 이런 입장이다.

플라톤은 아름다움을 찾아가는 여정을 아름다운 육체→아름다운 영혼→아름다운 학문→아름다움 자체로 보았다. 그에 따르면, 인간은 발꿈치를 들어, 간신히 아름다움 자체의 영역을 들여다볼 뿐이지만, 아름다움 자체를 경험할 수는 있다. 이런 논의들이 플로티노스에 와서는 물질→영혼→정신→일자(一者)로 전환된다. 이것이 플로티노스가 말하는 상승의 길이다. 만약, 역으로 위로부터 내려온다면, 이는 하강의 길이다. 일자 안에 차이 없는 방식으로 있던 모든 것이 일자로부터 흘러나왔다(유출). 따라서 모든 것은 일자로 되돌아가야 한다(복귀), 일자는 모든 것을 있게 했지만, 그 자체는 있는 모든 것을 아득히 넘어선다. 따라서 일자에 대해 언어로 말할 수 없다. 기어코 말해야 한다면, '일자는 ······는 아니'라고 부정적으로 말할 수밖에 없다. 이것이 부정신학의 전통을 낳는다.

이런 입장이 위-디오니시우스를 거쳐 M. 에크하르트에 전달된다. 그의 철학적 신학 또는 신학적 철학은 신에 대해 말할 수 없다는 부정신학의 전통을 철저하게 받아들인다. 따라서 신에 대해 어떠한 이름도 붙일 수 없다. 그것이 삼위일체든 무엇이든지 간에 그러하다. 언어를 아득히 넘어선 신을 그는 '신성' 또는 '하나'라 부른다. 따라서 신에 대해서 침묵하는 것이 신에게 가장 잘 어울리는 방식이다. 그는 단순히 교리상의 신이 아니라, 그것을 넘어서 있는 근원을 찾았다. 모든 것은 철저하게 신성으로부터 흘러나왔고, 신성으로 돌파(복귀)해야 한다. 왜냐하면, 하나를 떠나서는 하나로부터 흘러나온 것은 무(無)에 지나지 않기 때문이다. 근원으로 돌파하려면, 신성을 받아들여야 한다. 그렇다면 신성과 관계없는 모든 것을 버리고 떠나야 한다. 그때, 영혼 가운데 신이 탄생한다. 이 표현은 동방교회 교부들의 표현이지만, 나와 신성과 합일을 뜻한다. 곧, 창조되기 이전의 신성 가운데 있던 고유한 나의 회복을 뜻한다. 따라서 에크하르트는 시종일관 낮은 단계의 자아, 곧 시간적인 것, 공간적인 것, 그리고 신체와 피조물을 전부로 생각하는 자아에 사로잡혀 있는 사람들을 다양한 사례를 들어 공격하고 있다. 이들은 신과 거래하는 장사꾼이다. 이런 논의는 그 당시 유럽 정신의 통속성을 적나라하게 드러내고 있다. 또한, 인간이 비우고 떠나는 정도에 따라, 신과의 합일성의 정도도 사람마다 다 다르다는 생각을 통해 제도권 교회의 획일성도

암암리에 문제시하고 있다. 또한, 외적 행위보다 내적 행위를 강조함으로써 인간의 자발성을 모든 행위의 토대로 삼고 있다. 그는 좋은 의지를 지닌 사람을 좋은 사람으로 보고 있다.

이런 그의 생각들은 의외로 니체와 닮아있다. 니체는 내적 자발성을 바탕으로 하는 자기 긍정을 말하고 있다. 스스로 원해서 무엇이든 해야 한다고 말하고 있다. 니체는 철저하게 바깥으로부터 부과되는 의무감에 사로잡혀 행하는 행위를 부정하고 있다. 외적인 원인에 의해 행동하는 사람은 당나귀이다. 우리가 철저하게 내적 의지에 따라 인생을 살아간다면, 어린아이가 될 것이다. 니체에서 어린아이는 모든 것에서 자유롭게 된 사람을 뜻한다. 또한, 니체는 그리스도교적 유럽인의 통속성을 쉼 없이 파헤치고 있다. 그는 획일적이고 집단적인 무리 동물(그리스도인)을 비판하고 개별성을 주장한다. 한 사람은 스콜라철학의 테두리에서 그렇게 했고, 한 사람은 그리스도교 전통에 반대하면서 그렇게 했다. 어쨌든 양자에서 신의 이름으로이든, 의지의 이름으로이든 특정 사유방식이 절대시 되는 것, 곧 이데올로기가 되는 것을 철저하게 비판하고, 그것들의 통속성을 적나라하게 드러내고 있다. 우리는 그것들을 버리고 떠나야 한다. 후기 하이데거에 따르면, 이제 철학은 끝나야 한다. 서양 형이상학은 끝나야 한다. 이제 새로운 사유(Denken)가 시작되어야 한다. 형이상학은 과학기술문명으로 치달았다. 그 까닭은 "모든 것은 이유(Ratio), 근거(Grund)를 갖고 존재한다."라는 생각에서 존재하는 모든 것의 이유와 근거를 형이상학이 캐묻는 데만, 치중해 왔기 때문이다. 오히려 '존재'가 말하는 소리에, 곧 하늘, 땅, 죽을 인간, 불멸의 신들이 말하는 소리에 귀를 기울여야 하지 않을까. 우리는 너무 인간 중심적으로 살아왔다. 버리고 떠나 있어 모든 것을 있는 그대로 그냥 놓아두고 있으면 안 될까? 그때 새로운 차원의 세계가 열릴 것이다. 그는 인간이 언어의 방식으로 체계화한 학문보다는 그 학문을 가능하게 하는 인간의 근원적 경험을 중시하고 있다. 그래서 후기의 그는 시적이고 종교적이다.

또한, 에크하르트는 일본의 선불교와 잘 통한다. 이는 크게 두 가지 점에서 가능했다. 첫째, 무엇이라고 이름 할 수 없는 황량한 사막으로 표현되는 신성과 공(空)의 근접성이다. 둘째, 사물이든 생각이든 그 어떤 것에도 매여 있지 말아야 한다는 점이다. 자유로워야 한다는 것이다. 하지만 이론적 배경은 다를 것이다. 한쪽은 스콜라적인 신을 전제하여 전개된 사상이라면, 다른 쪽은 그렇지 않다. 하지만 실천적 태도의 근접성만은 결코 부정할 수 없다.

아무튼, 그리스도교적 테두리 안에서든, 그렇지 않든, 동양인이든, 서양인이든, 남자든, 여자든, 마지막까지 가다 보면, 인간 정신은 서로 만나는가 보다. 그래서 깨달은 사람의 이야기는 보통 사람이든, 어떤 철학자든, 어떤 종교인이든 어느 정도 다 알아들을 수 있게 마련인가 보다. 에크하르트를 읽다 보면, 문화가 다른 인간 정신들의 상호 유사성을 철저하게 경험하게 된다. 그 까닭에 나는 그의 철학 이론을 통해 성경도, 용수도,『금강경』도 다시 이해할 수 있는 발판을 갖게 되었다. 심지어 오늘날 유행하는 사회생물학을 이해할 발판도. 플로티노스도, 플라톤도, 아리스토텔레스도, 토마스, 하이데거 등에도 또다시 관심을 갖게 되었다. 이들 철학 사상의 흐름은 이성을 넘어서 있는 진리를 직접 우리가 경험할 수 있다는 지평에서 전개되는 것이 아닐까? 철학은 낭만주의자들의 주장처럼 진리로 나가는 길목(unterwegs)에만 자리하는 것은 아니다. 철학자는 뱃사공이다. 이 뱃사공은 단지 강 중간에만 있는 자가 아니라, 강 이편과 저편, 곧 신의 편과 인간의 편을 왔다 갔다 하면서, 신의 것을 인간에게, 인간의 것을 신에게 전달하고 해석해 주는 사람이다. 우리는 이런 맥락에서 에크하르트를 읽어야 한다.

참고

인용 문헌 줄임표

- 인용 문헌 줄임표 -

Arch. II	= Archiv für Literatur- und Kirchengeschichte des Mittelalters, hsg. von Heinrich Denifle und Franz Ehrle, Bd. II, 1886
Bange	= Wilhelm Bange, Meister Eckeharts Lehre vom göttlichen und geschöpflichen Sein, dargestellt mit besonderer Berücksichtigung der lateinischen Schriften, 1937
Beuken	= J. H. A. Beuken, Rondom een middelnederlandsche Eckehart-Tekst (Ons geestelijk erf, Jg. 1934, S. 310-337)
BGPhMA	= Beiträge zur Geschichte der Philosophie des Mittelalters, hsg. von Clemens Baeumker
BgT	= Meister Eckharts Buch der göttlichen Tröstung und Von dem edlen Menschen (Liber Benedictus), hsg. von Philipp Strauch (Kleine Texte für Vorlesungen und Übungen, hsg. von Hans Lietzmann, Nr. 55) Neudruck 1933
BgT (Quint)	= Dass., unter Benutzung bisher unbekannter Handschriften neu hsg. von Josef Quint (Kl. Texte ..., hsg. von Kurt Aland, Nr. 55) 1952
von Bracken	= Ernst von Bracken, Meister Eckhart und Fichte, 1943
BvgA	= Das Buch von geistlicher Armuth, bisher bekannt als Johann Taulers Nachfolgung des armen Lebens Christi, hsg. von Heinrich Denifle, 1877
Brethauer, AfdA 53	= Karl Brethauer über Josef Quint, Die Überlieferung der deutschen Predigten Meister Eckeharts, AfdA 53 (1934) S. 48-54

Brethauer, ZfdA 69	= Ders., Neue Eckharttexte und Mystikerhandschriften, ZfdA 69 (1932) S. 241–276
Brethauer, ZfdA 71	= Ders., Zu Meister Eckhart, ZfdA 71 (1934) S. 267
Brethauer, Diss.	= Ders., Die Sprache Meister Eckharts im „Buch der göttlichen Tröstung". Diss. Göttingen 1931
Bulle	= Bulle Johanns XXII. „In agro dominico" vom 27. März 1329, hsg. von Heinrich Denifle, Arch. II S. 636–640
Büttner	= Meister Eckeharts Schriften und Predigten aus dem Mittelhochdeutschen übersetzt und hsg. von Herman Büttner, 2 Bde., 1917 – Volksausgabe in 1 Bd., 1934. Ich zitiere nach der zweibändigen Ausgabe, deren Text unverändert in die Volksausgabe übernommen wurde
CSEL	= Corpus Scriptorum Ecclesiasticorum Latinorum, hsg. von der Wiener Akademie der Wissenschaften
Daniels	= Augustinus Daniels, Eine lateinische Rechtfertigungsschrift des Meister Eckehart (Beiträge zur Geschichte der Philosophie des Mittelalters Bd. XXXIII H. 5, 1923)
Deniflc, Arch. II	= Heinrich Denifle, Meister Eckeharts lateinische Schriften und die Grundanschauung seiner Lehre, Arch. II (1886) S. 417–615 Ders., Das Cusanische Exemplar lateinischer Schriften Eckeharts in Cues, ebenda S. 673–687 Ders., Acten zum Prozesse Meister Eckeharts, ebenda S. 616–640
Deniflc, QF 36	= Taulers Bekehrung, kritisch untersucht von Heinrich Denifle (QF 36) 1879. Im Anhang I S.

	137–143 hat D. den Traktat „*Von den drin fragen in dien beslossen ist anpahent zûnement und volkomen leben*" herausgegeben. Dieser Traktat wird zitiert als: Traktat *Von den drin fragen*
Diederichs, Diss.	= Ernst Diederichs, Meister Eckharts „Reden der Unterscheidung", Diss. Halle 1912
Dolch	= Walther Dolch, Die Verbreitung oberländischer Mystikerwerke im Niederländischen, Diss. Leipzig 1909
DTM	= Deutsche Texte des Mittelalters, hsg. von der Preußischen Akademie der Wissenschaften
DW	= Meister Eckhart, Die deutschen und lateinischen Werke, hsg. im Auftrage der Deutschen Forschungsgemeinschaft. Die deutschen Werke, hsg. von Josef Quint (mit beigefügter Bandzahl)
Ebeling	= Heinrich Ebeling, Meister Eckharts Mystik, Studien zu den Geisteskämpfen um die Wende des 13. Jahrhunderts (Forschungen zur Kirchen- und Geistesgeschichte, hsg. von Erich Seeberg, Wilhelm Weber, Robert Holtzmann, 21. Bd.) 1941
Expos. cont. s. Matth. (Marc., Luc., Ioh.)	= Expositio continua super evangelium sec. Matthaeum (Marcum, Lucam, Iohannem)
Fahrner	= Rudolf Fahrner, Wortsinn und Wortschöpfung bei Meister Eckehart(Beiträge zur deutschen Literaturwissenschaft, hsg. von Ernst Elster, Nr. 31) 1929
St. Georgener Prediger	= Der St. Georgener Prediger aus der Freiburger und der Karlsruher Handschrift hsg. von

	Karl Rieder (DTM X) 1908
Greith	= C. Greith, Die deutsche Mystik im Predigerorden, 1861
„Gutachten"	= Franz Pelster, Ein Gutachten aus dem Eckehart-Prozeß in Avignon(Aus der Geisteswelt des Mittelalters, Studien und Texte, Martin Grabmann zur Vollendung des 60. Lebensjahres von Freunden und Schülern gewidmet, 1933, S. 1099-1124)
HavE	= Die Postille des Hartung von Erfurt, zitiert aus den von Adolf Spamer, Diss. S. 137-236, 3. Spalte angegebenen Hss.
HevE	= Die Postille des Heinrich von Erfurt, zitiert aus den von A. Spamer, Diss. S. 137-236, 1. Spalte angegebenen Hss.
Hs.	= Handschrift
In Eccli.	= (Eckhart) Sermones et Lectiones super Ecclesiastici cap. 24
In Exod.	= (Eckhart) Expositio Libri Exodi
In Gen. I	= (Eckhart) Expositio Libri Genesis
In Gen. II	= (Eckhart) Liber parabolarum Genesis
In Ioh.	= (Eckhart) In Iohannis (evangelium)
In Sap.	= (Eckhart) Expositio Libri Sapientiac
Jostes	= Meister Eckhart und seine Jünger, Ungedruckte Texte zur Geschichte der deutschen Mystik, hsg. von Franz Jostes (Collectanea Friburgensia Fasc. IV) 1895
Jundt	= Auguste Jundt, Histoire du panthéisme populaire au moyen âge et au seizième siècle, Paris 1875- Anhang II, S. 231-280: Sermons et pièces diverses de Maître Eckhart.

Karrer, Das Göttliche	= Otto Karrer, Das Göttliche in der Seele bei Meister Eckhart (Abhandlungen zur Philosophie und Psychologie der Religion, Heft 19) 1928
Karrer, M. E.	= Ders., Meister Eckehart, Das System seiner religiösen Lehre und Lebensweisheit, 1926
Karrer/Piesch	= Meister Eckeharts Rechtfertigungsschrift vom Jahre 1926, Einleitungen, Übersetzung und Anmerkungen von Otto Karrer und Herma Piesch (Deutscher Geist I. Bd.) 1927
Kopper	= Joachim Kopper, Die Metaphysik Meister Eckharts, eingeleitet durch eine Erörterung der Interpretation (Schriften der Universität des Saarlandes) 1955
Langenberg	= Rudolf Langenberg, Quellen und Forschungen zur Geschichte der deutschen Mystik, 1902
Lasson	= Adolf Lasson, Meister Eckhart, 1868 S. VII-XVI
Lasson ZfdPh 9	= Ders., Zum Text des Meister Eckhart, ZfdPh 9 (1878) S. 16-29
Lehmann	= Walter Lehmann, Meister Eckehart (Die Klassiker der Religion, hsg. von G. Pfannmüller 14. und 15. Bd.) 1919
Lexer	= Matthias Lexer, Mittelhochdeutsches Handwörterbuch, 3 Bände, 1872, 1876, 1878
v. d. Leyen, ZfdPh 38	= Friedrich v. d. Leyen, Über einige bisher unbekannte lateinische Fassungen von Predigten Meister Eckeharts, ZfdPh 38 (1906) S. 177 bis 197, 334-358
Lieftinck	= G. I. Lieftinck, De Middelnederlandsche Tauler-Handschriften, 1936
Lotze	= Alfred Lotze, Kritische Beiträge zu Meister

	Eckhart, Diss. Halle 1907
Lücker	= Maria Alberta Lücker, Meister Eckhart und die Devotio moderna(Studien und Texte zur Geistesgeschichte des Mittelalters, hsg. von Josef Koch, Bd. 1) 1950
LW (oder: Lat. W.)	= Meister Eckhart, Die deutschen u. lateinischen Werke, hsg. im Auftrage der Deutschen Forschungsgemeinschaft. Die lateinischen Werke(mit beigefügter Bandzahl)
MSB	= Sitzungsberichte der bayerischen Akademie der Wissenschaften
NvL	= Nicolaus von Landau
Pahncke, Diss.	= Max Pahncke, Untersuchungen zu den deutschen Predigten Meister Eckharts, Diss. Halle 1905
Pahncke, E. St.	= Ders., Eckehartstudien (Beilage zum 38. Jahresbericht des Gymnasiums zu Neuhaldensleben) 1913
Pahncke, Kl. B.	= Ders., Kleine Beiträge zur Eckhartphilologie (34. Jahresbericht des Gymnasiums zu Neuhaldensleben, 1909, S. 1–23)
Pahncke, ZfdA 49	= Ders., Zwei ungedruckte deutsche Mystikerreden ZfdA 49 (1908) S. 395–404
Par. an.	= Paradisus anime intelligentis, hsg. von Philipp Strauch (Deutsche Texte des Mittelalters Bd. XXX) 1919
PBB	= Beiträge zur Geschichte der deutschen Sprache und Literatur
Peters	= Barthold Peters, Der Gottesbegriff Meister Eckharts, 1936
Pf.	= Meister Eckhart, hsg. von Franz Pfeiffer, 4.

	unveränderte Auflage(Deutsche Mystiker des 14. Jahrhunderts, Bd. II) 1924
Pf. I	= Hermann von Fritslar, Nicolaus von Straßburg, David von Augsburg, zum erstenmal herausgegeben von Franz Pfeiffer (Deutsche Mystiker des 14. Jahrhunderts, Bd. I) 1845
Pfeiffer, ZfdA 8	= Franz Pfeiffer, Predigten und Sprüche deutscher Mystiker, ZfdA 8 (1851) S. 209-258 Ders., Predigten und Traktate deutscher Mystiker, ebenda S. 422-464
PG	= Migne, Patrologia Graeca
PL	= Migne, Patrologia Latina
Preger I, II, III	= Wilhelm Preger, Geschichte der deutschen Mystik im Mittelalter, 3 Bde., 1874, 1881, 1893
Preger ZfhTh 1864	= Ders., Ein neuer Traktat Meister Eckharts und die Grundzüge der Eckhartischen Theosophie, ZfhTh 34 (1864) S. 163-204
Preger ZfhTh 1866	= Ders., Kritische Studien zu Meister Eckhart, ZfhTh 36 (1866) S. 453-517
Prol. gener.	= (Eckhart) Prologus generalis in opus tripartitum
Prol. op. expos.	= (Eckhart) Prologus in opus expositionum
Prol. op. prop.	= (Eckhart) Prologus in opus propositionum
QF	= Quellen und Forschungen zur Sprach- und Culturgeschichte der germanischen Völker
Quint	= Josef Quint, Die Überlieferung der deutschen Predigten Meister Eckeharts, 1932
Quint Handschriftenfunde	= Ders., Neue Handschriftenfunde zur Überlieferung der deutschen Werke Meister Eckharts und seiner Schule (Meister Eckhart. Die deutschen und lat. Werke, hsg. im Auftrage der Deutschen Forschungsgemeinschaft. Un-

	tersuchungen 1. Bd.) 1940
Quint Mystikertexte	= Ders., Deutsche Mystikertexte I, 1929
Quint Textbuch	= Ders., Textbuch zur Mystik des deutschen Mittelalters. Meister Eckhart. Johannes Tauler. Heinrich Seuse, 1952, 2. Aufl. 1957
Quint Übersetzung	= Meister Eckehart, Deutsche Predigten und Traktate, hsg. und übersetzt von Josef Quint, o. J. (1955)
Quint ZfdPh 60	= Ders., Eine unbekannte echte Predigt Meister Eckeharts, ZfdPh 60 (1935) S. 173–190
RdU	= Meister Eckharts Reden der Unterscheidung, hsg. von Ernst Dicderichs (Kleine Texte für Vorlesungen und Übungen, hsg. von Hans Lietzmann, Nr. 117) 1913
„Rechtfertigungss- chrift"	= Gabriel Théry, Edition critique des pièces rel- atives au procès d'Eckhart contenues dans le manuscrit 33 b de la bibliothèque de Soest (Archives d'Histoire Doctrinale et Littéraire du Moyen Age t. I, 1926, p. 129–268), abgekürzt zitiert als: RS.
RS.	= „Rechtfertigungsschrift" (sieh oben)
Rv.	= Rückverweis
Schulze-Maizier	= Meister Eckharts deutsche Predigten und Traktate, ausgewählt, übertragen und einge- leitet von Friedrich Schulze-Maizier, 1927
Schulze-Maizier [2]	= Dass., 2. Auflage, o.J. (1934)
Seitz	= Josy Seitz, Der Traktat des „Unbekannten deutschen Mystikers" bei Greith, 1936
Serm.	= (Eckhart) Sermones
Seuse	= Heinrich Seuse, Deutsche Schriften, hsg. von Karl Bihlmeyer, 1907

Sievers, ZfdA 15	= Eduard Sievers, Predigten von Meister Eckart, ZfdA 15 (1872) S. 373-439
Simon	= Otto Simon, Überlieferung und Handschriftenverhältnis des Traktates „Schwester Katrei", Ein Beitrag zur Geschichte der deutschen Mystik, Diss. Halle 1906
Skutella, PBB 54	= Martin Skutella, Zur philologischen Eckhartforschung, PBB 54 (1930) S. 457-476
Skutella, ZfdA 66	= Ders., Eine Eckehartpredigt, ZfdA 66 (1929) S. 147-148
Skutella, ZfdA 67	= Ders., Beiträge zum Eckharttext, ZfdA 67 (1930) S. 97-107
Skutella, ZfdA 68	= Ders., Beiträge zur kritischen Ausgabe deutscher Predigten Meister Eckharts, ZfdA 68 (1931) S. 69-78
Skutella, ZfdA 71	= Ders., Beiträge zur handschriftlichen Überlieferung Meister Eckharts ZfdA 71 (1934) S. 65-79
Spamer, Diss.	= Adolf Spamer, Über die Zersetzung und Vererbung in den deutschen Mystikertexten, Diss. Gießen 1910
Spamer, Texte	= Ders., Texte aus der deutschen Mystik des 14. u. 15. Jahrh., 1912
Spamer, PBB 34	= Ders., Zur Überlieferung der Pfeifferschen Eckeharttexte, PBB 34 (1909) S. 307-420
Strauch, ZfdPh 54	= Philipp Strauch, Handschriftliches zur deutschen Mystik, ZfdA 54 (1929) S. 283-296
Strauch, PBB 49, 50	= Ders., Zur Überlieferung Meister Eckharts I, PBB 49 (1925) S. 355 bis 402; II, PBB 50 (1927) S. 214-241
Tauler	= Die Predigten Taulers, hsg. von Ferdinand

	Vetter (Deutsche Texte des Mittelalters Bd. XI) 1910
Theologia Deutsch	= Der Franckforter („Eyn Deutsch Theologia"), hsg. von Willo Uhl(Kleine Texte für Vorlesungen und Übungen, hsg. von Hans Lietzmann, Nr. 96) 1912
Théry	= sieh „Rechtfertigungsschrift"
VeM	= Liber „Benedictus" II: Von dem edeln menschen (DW 5, S. 106-136)
Wackernagel, Altd. Pred.	= Altdeutsche Predigten und Gebete, gesammelt und zur Herausgabe vorbereitet von Wilhelm Wackernagel, 1876
Wackernagel, Altd. Leseb.	= Wilhelm Wackernagel, Altdeutsches Lesebuch, 5. Auflage, 1873
ZfdA	= Zeitschrift für deutsches Altertum
ZfdPh	= Zeitschrift für deutsche Philologie
ZfhTh	= Zeitschrift für die historische Theologie, hsg. von Christian Wilhelm Niedner
Zuchhold	= Hans Zuchhold, Des Nikolaus von Landau Sermone als Quelle für die Predigt Meister Eckharts und seines Kreises (Hermaea II) 1905

마이스터 에크하르트의
중세 고지高地 독일어 작품집 Ⅲ (설교 60-86)

발　행 | 2025년 6월 17일 초판 1쇄 발행
저　자 | M.에크하르트
역　자 | 이부현
대　표 | 정현정
편　집 | 이재현 장윤이 박명주 최해빈
기　획 | 정현숙
총　무 | 최재연
재　무 | 최현정
홍　보 | 김평봉
마케팅 | 정현석
디자인 | 정현주
사　진 | 정현영
펴낸곳 | 메타노이아
　　　　경남 거제시 하청면 유계3길 36-5
　　　　T. 010-2717-2539
편집·디자인 | 디자인앤 T. 051)852-0786 E. trendup@hanmail.net

ISBN 979-11-989675-2-7(93160)
정 가 / 30,000원

※ 이 책의 무단전재 및 복제행위는 저작권법에 의거, 처벌의 대상이 됩니다.